交通事业单位
内部控制建设实践

林川泉 著

江苏大学出版社
JIANGSU UNIVERSITY PRESS
镇 江

图书在版编目(CIP)数据

交通事业单位内部控制建设实践 / 林川泉著. -- 镇江 : 江苏大学出版社, 2023.11
ISBN 978-7-5684-2015-0

Ⅰ. ①交… Ⅱ. ①林… Ⅲ. ①交通运输业—行政事业单位—管理—研究—中国 Ⅳ. ①D631.5

中国国家版本馆 CIP 数据核字(2023)第 140718 号

交通事业单位内部控制建设实践
Jiaotong Shiye Danwei Neibu Kongzhi Jianshe Shijian

著　　者/林川泉
责任编辑/张小琴
出版发行/江苏大学出版社
地　　址/江苏省镇江市京口区学府路 301 号(邮编: 212013)
电　　话/0511-84446464(传真)
网　　址/http://press.ujs.edu.cn
排　　版/镇江市江东印刷有限责任公司
印　　刷/镇江文苑制版印刷有限责任公司
开　　本/710 mm×1 000mm　1/16
印　　张/19.75
字　　数/364 千字
版　　次/2023 年 11 月第 1 版
印　　次/2023 年 11 月第 1 次印刷
书　　号/ISBN 978-7-5684-2015-0
定　　价/68.00 元

如有印装质量问题请与本社营销部联系(电话:0511-84440882)

前　言

改革开放以来，我国经济发展取得了举世瞩目的成就。在经济高速发展的同时，行政管理体制、机制中暴露出一些问题，如政府职能边界不清、管理效能有待提升。部分岗位对权力的监督不足，贪污腐败现象时有发生。2012 年，财政部《行政事业单位内部控制规范（试行）》(以下简称《规范》）的发布和实施，对提高行政事业单位运行效率、保证国有资产安全完整、防范贪污舞弊和经济活动风险具有里程碑式的意义。2013 年党的十八届三中全会通过的重要文件《中共中央关于全面深化改革若干重大问题的决定》第十项“强化权力运行制约和监督体系”中提出，“坚持用制度管权管事管人，让人民监督权力，让权力在阳光下运行，是把权力关进制度笼子的根本之策”，这就是行政事业单位内部控制建设的一个根本目标——建立起关住权力的制度笼子。2015 年，在中国共产党十八届中央纪委五次全会上，习近平总书记指出：“要着力深化体制机制改革，最大限度减少对微观事务的管理，推行权力清单制度，公开审批流程，强化内部流程控制，防止权力滥用。”这些政策和规范进一步明确了完善的内部控制体系必须形成不能腐的防范机制、不易腐的保障机制。

随着人民群众生活水平的提高，人们对政府的期望值也越来越高，不仅要求政府依法行政、惩治腐败，还要求政府提高行政效能，提供更优质的公共服务。为满足人民日益增长的美好生活需要，全面提升党的执政能力和执政水平，建设人民满意的政府，2019 年党的十九届四中全会对开展国家治理体系和治理能力现代化建设作出全面规划，通过了《中共中央关于坚持和完善中国特色社会主义制度、推进国家治理体系和治理能力现代化若干重大问题的决定》，强调要“完善标准科学、规范透明、约束有力的预算制度”，“坚持权责法定，健全分事行权、分岗设权、分级授权、定期轮岗制度，明晰权力边界，规范工作流程，强化权力制约”，等等。这既是宏观层面国家治理制度原理的体现，也是微观层面内部控制建立和实施的重要指导。

交通事业单位多数是财政性资金大量聚集的政府公共职能部门，容易产生腐败和违法乱纪问题。同时由于其肩负着政府公共交通出行管理方面的职责，一举一动都会受到社会关注，交通事业单位的内部控制建设不仅必须做，还应当做好。随着体制机制改革的不断深化和服务型政府建设的不断推进，以及党风廉政建设和反腐败斗争的不断深入，内部控制建设将面临更高的要求和挑战。

当前，交通事业单位的内部控制建设整体仍处于初级阶段，还面临着诸多问题。《规范》及其配套内部控制报告、内部控制评价等制度更多的是理论方面的指导。在实践中，许多交通事业单位从管理层到一般工作人员都认为这些规范、制度要求过于抽象、晦涩，让人无所适从。有的认为只要将这些规范、制度简单理解为执行上级的规章制度就行，不需要搞这么复杂；有的认为这些规范和制度的要求不切实际，增加工作量；有的认为既然要求控制，就事无大小都由领导班子研究决定；有的不明白内部控制要控制谁和控制什么。

学术界关于内部控制理论的应用研究不多，集中在对现状提出问题及采取的措施方面，关于如何系统地建设内部控制体系方面的研究比较少，其中能够结合具体案例进行研究的更少，而目前还没有针对交通事业单位的案例研究。对比单纯的理论研究和指导，结合案例研究内部控制理论应用于交通事业单位更具有借鉴意义和实操性，更容易让相关工作人员理解内部控制建设的内容、方式和方法，这也是笔者撰写本书的目的。本书选取的案例单位为一家大型交通事业单位，其内部控制建设过程也经历了一个从无到有、日趋完善成熟，从不理解到理解、熟悉的过程，内部控制成效在所在地区行业内处于领先水平，研究的角度具有典型性。另外，由于案例单位有别于从事一般事务性管理活动的行政事业单位，有组织实施公路工程建设项目的生产性活动管理职能，因此相关的内部控制建设经验和做法可以借鉴。目前交通事业单位有关内部控制的应用研究较为欠缺，本书在一定程度上可以为现阶段内部控制建设的应用提供有益补充。

本书结合案例研究，并不代表研究结果适用于所有的交通事业单位或其他行业的事业单位，各单位内外部环境不同，以及内部控制要素的客观情况不同，直接套用书中的经验和做法也不一定适合，还需结合本单位实际情况，量身打造适合本单位的内部控制体系。由于笔者精力和水平有限，本书难免存在不足之处，欢迎批评指正。

林川泉

2022 年 11 月

目　录

第一章

交通事业单位
内部控制建设理论概述

第一节

交通事业单位概述

一、交通事业单位的概念

国家事业单位登记管理局 2014 年 6 月 27 日修订的《事业单位登记管理暂行条例实施细则》中对事业单位的定义："事业单位是指国家为了社会公益目的，由国家机关举办或者其他组织利用国有资产举办的，从事教育、科研、文化、卫生、体育、新闻出版、广播电视、社会福利、救助减灾、统计调查、技术推广与实验、公用设施管理、物资仓储、监测、勘探与勘察、测绘、检验检测与鉴定、法律服务、资源管理事务、质量技术监督事务、经济监督事务、知识产权事务、公证与认证、信息与咨询、人才交流、就业服务、机关后勤服务等活动的社会服务组织。"《中共中央 国务院关于分类推进事业单位改革的指导意见》对事业单位类别进行了改革性划分，按照社会功能将事业单位划分为承担行政职能、从事生产经营活动、从事公益服务三个类别。对承担行政职能的，逐步将其行政职能划归行政机构或转为行政机构；对从事生产经营活动的，逐步将其转为企业；对从事公益服务的，继续将其保留在事业单位序列，强化其公益属性。对于从事公益服务的事业单位，根据职责任务、服务对象和资源配置方式等情况，进一步细分为两类：承担义务教育、基础性科研、公共文化、公共卫生及基层的基本医疗服务等基本公益服务，不能或不宜由市场配置资源的，划入公益一类，国家不允许其从事经营活动，其宗旨、业务范围和服务规范由国家确定；承担高等教育、非营利医疗等公益服务，可部分由市场配置资源的，划入公益二类，按照国家确定的公益目标和相关标准开展活动，在确保公益目标的前提下，可依据相关法律法规提供与主业相关的服务，收益的使用按国家有关规定执行。

本书中的交通事业单位是指以交通运输行政机关作为主管部门，从事各等级公路、民航、港口、航道等交通基础设施管理或交通运输管理，以及相关质量技术监督、信息事务等非物质生产或劳务服务，经费主要来源于各级公共财政支出的事业单位。比如某交通运输厅直属二层单位中的公路发展中心、道路运输发展中心、高速公路发展中心、港航发展中心、交通运输工程质量监测鉴定中心属于公益一类事业单位；交通职业技术学院、交通技师学院属于公益二类事业单位。

二、交通事业单位规模划分

关于事业单位的划分标准，目前没有任何政策法规或学术文献明确对此进行界定，但是可以借鉴关于大中小微企业的划分标准进行判断。根据《关于印发中小企业划型标准规定的通知》（工信部联企业〔2011〕300 号），交通运输业和邮政业中，从业人员 1000 人以下或营业收入 30000 万元以下的为中小微型企业；从业人员 1000 人以上或营业收入 30000 万元以上的为大型企业。本书借鉴该标准，并将此标准应用于事业单位，笔者认为：如果事业单位包括其垂直管理事业单位的事业编制人员达到 1000 人以上或者财政拨款收入达到 30000 万元以上的，可以归属为大型事业单位。比如本书案例中的某市级公路管理局 A 局（以下简称 A 局）2021 年度财务汇总决算显示其在职事业编制人员 1131 人，部门决算收入 4. 05 亿元，决算财政支出 3. 87 亿元，应归属大型事业单位。

三、交通事业单位在交通运输业发展中的重要地位

省（自治区、直辖市）级交通主管部门下属的二层单位有不少是公益一类事业单位，在交通运输业行业管理中起着举足轻重的作用，承担着交通主管部门授予的行业内具体领域的管理职能。比如某自治区公路管理发展中心为全区公路系统的行业主管部门，根据其官网中的机构职能定义，该中心为行使全区国省干线公路行政管理及农村公路行业管理职责的管理机构，具体工作职责有：① 贯彻执行国家、自治区有关公路行业的政策和法规；负责提出公路行业立法计划建议，按照自治区交通运输厅的部署和要求组织起草公路地方性法规、规章、规范性文件草案；制定公路行业管理的措施、办法和制度，并负责组织实施。② 编制全区专业公路建设、养护、管理、通行费征收年度计划，并负责组织实施。③ 负责全区专业公路养护管理工作，组织开展公路养护质量评定和检查工作。④ 负责全区专业公路安全生产管理。⑤ 负责全区国省干线公路大中修工程、抢修恢复工程建设、管理、检查和验收工作。⑥ 负责直属公路收费站（点）的管理。⑦ 负责全区公路资金的预决算编制、审核、执行、控制工作。⑧ 负责全区专业公路管理机构国有资产及票证管理工作。⑨ 负责全区专业公路行业科技进步工作，进行新技术、新工艺、新结构、新材料的试验研究和推广应用。⑩ 负责全区国省干线公路党建、人事、劳动工资、机构编制、职工教育、体制改革、行业文明建设等工作。⑪ 负责指导监督全区农村公路建设、养护、管理工作。从上述机构职能说明中可以看出，交通事业单位在其管理的行业领域内具有较大的影响力，其履职是否合法合规，以及工作是否高效有序，直接会影响一个地区交通运输业的发展态势。

四、案例单位基本情况概述

本书为了阐述内部控制理论在交通事业单位实践与应用，选取了内部控制

建设成效较好的 A 局作为案例，以此为切入点具体展示内部控制启动、建设与运行的全过程，深入剖析整个过程中的经验和教训，为借鉴者提供内部控制理论与实践相融合、促进内部控制水平提升的典型范例。下面是 A 局单位内部控制建设的基本情况。

A 局属于公益一类事业单位，主要业务范围为普通省干线公路养护及信息与安全管理。A 局主要职责为：负责辖区内普通国省干线公路养护管理的组织实施和指导工作；参与辖区内普通国省干线公路及其附属设施的规划、建设等事务性工作；负责辖区内普通国省干线公路路网的监测、预警、信息服务及技术支持等工作；组织实施辖区内普通国省干线公路及其附属设施的安全防护、应急处置工作。A 局下辖 16 个县（区）级公路管理局、34 个养护站（含 2 个渡口），辖区内国省干线公路和乡道总里程 3150 公里。纳入 A 局部门预算的事业编制在职人员 1329 人，在编实有车辆 87 辆，经批复的 2022 年年初部门预算支出总额为 4.71 亿元，属于大型交通事业单位。

随着内部控制工作的持续推进，A 局内部控制体系基本建成：一是建立了内部控制架构，成立了由单位主要负责人任组长的内部控制领导小组，对单位内部控制工作实行归口管理；二是全面梳理了关键业务流程中各科室、各岗位的职责与权限，系统分析了各项经济业务活动风险，在法律法规、政策和上级主管部门规范要求的基础上，结合本单位实际情况，陆续制定或修订了各项业务管理制度；三是风险管理文化逐步培育和塑造，通过多次开展内部控制风险学习和培训，单位干部职工逐步树立了内部控制风险管理理念，内部控制意识不断增强。2021—2022 年 A 局为了促进本单位内部控制水平再上一个新台阶，聘请了专业咨询机构为本单位提供内部控制咨询服务，取得了良好效果。在 2021 年度广西壮族自治区财政厅统一组织的内部控制评价中，A 局的内部控制评价得分取得了 80 分的良好成绩，比 2020 年提高了 8 分，在参评的广西壮族自治区交通运输厅直属单位中名列前茅。

第二节 事业单位内部控制建设相关理论

一、内部控制基础理论

内部控制基础理论源于公共受托责任理论，公共受托责任源于社会公众对于公共资源的所有权，这种所有权与政府受托经营管理权相分离。政府及其下属机构作为国家权力机关，在履行国家赋予的公共管理职能的时候需要行使对公共财政资源的筹措和运用权力。政府及其下属机构合法管理、保护公共财产的安全与完整之外，有责任按照经济性、效率性、效果性、公平性和环保性使用和管理受托财产。公共资源属于国家和全体公民，因此政府在分配社会资源时应接受社会公众的监督，同时还需借助内部治理与控制、外部监督来确保自身依法履行公共受托责任。公共受托责任分为内部与外部两个层次：内部受托责任指的是参与配置和使用公共资源的政府部门及其下属机构应对政府所负的责任；外部受托责任指的是政府就使用及管理公共资源的结果应对社会公众所负的责任。公共受托责任与一般的受托责任相比，具有以下特点：

（1）信息不对称

政府部门及其下属机构作为受托人在经济管理活动中对于公共资源信息的获取渠道、获取能力与获取的质量、数量，比作为委托人的社会公众更具优势，社会公众无法直接监督政府及其下属机构的管理行为，或者由于观测或监督行为成本过高而无法落地，那么政府部门及其下属机构就可能利用这种监督的缺失而以权谋私。

（2）利益不一致

在公共资源总量有限时，政府部门及其下属机构作为理性的受托人容易追求自身利益最大化，而社会公众希望得到公共产品与公共服务效率和效果最大化，处于优势的政府部门及其下属机构则可能会损害公众利益。

（3）机会主义的存在

人的思维是有限理性的，任何人都无法对未来所处的环境因素进行准确和全面地预期。缔结委托与受托契约关系的双方不可能充分估计契约期内的各种情况，无法达成完全周详、内容完备的契约条款，缔约双方不得不遗漏或预留某些内容，待情况出现后再行协商，这就容易给具有信息优势的受托方有机可乘。因此，社会公众通常以政府部门及其下属机构在履行受托责任过程中是否遵循既定约束性的程序和规则为标准来衡量和评判其是否履行了公共受托责任及履行情况，良好的规则和程序设计规范了政府部门及其下属机构履行公共受托责任的行为。但当这些程序和规则运行失效时，政府部门及其下属机构与公众之间的受托与委托的契约关系会被打破，会产生公共资金的损耗、公职人员贪污受贿、公共服务供给不平衡等社会问题。因此，坚实稳固的公众与政府之间的受托责任关系有利于推进国家治理体系和治理能力现代化建设，有利于健全民主制度，而内部控制发挥效用能够确保各项规则、程序落实，降低机会主义存在空间，减少各种问题的发生。目前政治体制改革的方向在于构建更能对公众负责、更能有效履行公共受托责任的政府体系。以公共受托责任理论为切入点，对完善我国内部控制理论体系有着促进效用，更好地指导事业单位内部控制建设。

二、事业单位内部控制建设的内涵

事业单位内部控制建设就是要创建和完善事业单位的内部控制体系。2012年11月29日，财政部印发了《规范》，其中所称的内部控制"是指单位为实现控制目标，通过制定制度、实施措施和执行程序，对经济活动的风险进行防范和管控"。2014年党的十八届四中全会通过的《中共中央关于全面推进依法治国若干重大问题的决定》指出，"对财政资金分配使用、国有资产监管、政府投资、政府采购、公共资源转让、公共工程建设等权力集中的部门和岗位实行分事行权、分岗设权、分级授权，定期轮岗，强化内部流程控制，防止权力滥用"，为事业单位内部控制建设指明了方向。财政部印发的《关于全面推进行政事业单位内部控制建设的指导意见》（财会〔2015〕24号）要求行政事业单位按照党中央有关会议决定精神和《规范》内容，全面推进内部控制建设，并就推进工作的总体要求、主要任务和保障措施提出了指导性意见和部署。

关于内部控制建设内涵，应避免以下几个认识误区：

1. 内部控制建设就是制度建设

20世纪80年代，美国反虚假财务报告委员会下属发起组织委员会（The Committee of Sponsoring Organizations of the Treadway Commission，COSO）成立，致力于研究内部控制。1992年，COSO公布的《内部控制—综合框架》指出，内部控制是一个过程，是实现目的的手段。而根据我国的《规范》要求，制度建设是内部控制建设的手段和方法，内部控制建设要通过制定与完善制度，建立与明确岗位职责，梳理和改善业务流程，进行信息公开和加强信息化建设，将法律法规、国家政策与规章制度融入职责、流程中，以达成提升单位内部治理水平、有效防范舞弊和预防腐败的目的。

2. 内部控制建设是单位财务部门的任务

内部控制建设的相关政策文件由财政部下发，通过省级财政主管部门转发到各行业主管部门，通常由行业主管部门中的财务处（室）主办，下发到所属行政事业单位，由所属行政事业单位的财务部门处理，不少干部和职工形成了一种错误的理念：内部控制建设是财务部门的任务，应该由财务部门完成，其他部门只需要配合财务部门即可。诚然，内部控制建设以资金管控为核心，与财务部门密切相关，但这并不意味着内部控制建设是财务部门的任务，毕竟一个事业单位的主要业务范畴不是财务。例如，对于公路事业单位，公路日常小修养护和养护大中修是其主要业务，上级主管单位在绩效考评时会把公路技术状况指标作为主要考评指标，而不会把财政投资总额或财政支出总额作为主要业绩考核指标。而且，涉及单位管理命脉的除了财务，还有工程、采购、合同管理等，这些仅依靠财务部门是无法实现的。华为技术有限公司主要创始人兼总裁任正非先生有一个观点很有见地——“业务承担所有的风险责任”。所以，内部控制建设是各业务部门分工协作、共同努力才可能实现的，不是财务部门的独角戏。

3. 内部控制建设由财务分管领导负责

以下规定均明确了内部控制建设必须是“一把手”工程，“一把手”对内部控制建设负总责，不应将内部控制建设视同财务工作交给财务分管领导负责：

(1)《规范》第六条规定：“单位负责人对本单位内部控制的建立健全和有效实施负责。”

(2)《规范》第六十三条规定：“单位负责人应当指定专门部门或专人负责对单位内部控制的有效性进行评价并出具单位内部控制自我评价报告。”

(3)“行政事业单位内部控制基础性评价指标评分表”中关于单位主要负责人承担内部控制建立和实施责任情况的评价内容，分别是单位主要负责人主持召开会议讨论内部控制建立与实施相关议题、主持制定内部控制工作方案，健全工作机制，主持开展内部控制工作分工及人员配备等工作。

内部控制覆盖了事业单位的经济活动六大业务领域，涉及组织架构、部门职责与分工、运行机制等事业单位各个层面，是单位全局性的工作。如果单位负责人不重视内部控制建设，不直接进行组织和领导，必然导致内部控制流于形式，没有效果。单位负责人应当统一领导、部署和协调单位经济活动的控制过程，确保控制措施落实到位，监督内部控制的建立和有效执行，对单位内部控制报告的真实性和完整性负责。

4. 内部控制建设的目标仅限于经济活动

内部控制原理不仅适用于企业经营活动，也适用于行政事业单位的经济管理活动，事业单位的内部控制建设从起步到成熟是渐进、推广的过程。根据《规范》中对内部控制的定义，目前只是将事业单位的内部控制暂时归入经济活动范畴，因为它是以预算管理为主线、以资金管控为核心的，覆盖到事业单位最重要的业务内容。但实现内部控制建设的总体目标最终还需要行政事业单位逐步将控制对象从经济活动层面拓展到全部业务活动和内部权力运行的方方面面，全范围覆盖单位，贯穿内部权力运行的决策、执行和监督全过程，规范单位内部各层级人员的管理行为。

5. 内部控制建设是一个项目或阶段性任务

内部控制建设的实施可以由单位内部组建的管理人员团队负责，也可以聘请外部专业咨询团队辅助开展。对于外部团队，受聘对单位内部控制建设提供咨询服务是一个项目，服务期限随着合同终止而终止。但是对于单位自身，内部控制建设是一个不断完善、不断调整的动态过程，不是一劳永逸的，可以有阶段性目标、阶段性任务，但是没有终点。财政部每年都要求行政事业单位编报年度内部控制报告并纳入单位决算报告体系，其目的就是倒逼各单位将内部控制建设常态化。

三、事业单位引入内部控制的背景

（一）事业单位引入内部控制的历程

我国事业单位的内部控制建设源于企业的内部控制建设。2008 年，为了应对大中型企业特别是上市公司在经营过程中大量出现的营运效率低下、人治代替法治、战略目标不清晰、无社会责任、不讲诚信、资产非正常损失等问题，财政部、证监会、审计署、银监会、保监会联合出台《企业基本内部控制基本规范》，从此我国企业内部控制建设踏上了制度化、规范化的新征程。2010 年，国家有关部门联合出台了与该规范配套的应用、评价和审计指引，要求上市公司施行，同时鼓励非上市公司施行；同年，财政部启动了将内部控制应用于行政事业单位的研究工作，终于在 2012 年 11 月正式发布了《行政事业单位内部控制规范（试行）》。2015 年财政部又下发了《关于全面推进行政事业单位内部控制建设的指导意见》，开展对内部控制基础性评价，并建立了内部控制报告制度。现在，行政事业单位每年在编报财务报告的同时，必须同步开展内部控制报告的编报。可以说，行政事业单位内部控制建设已经进入常态化管理的阶段。财政部启动和推进内部控制建设相关文件详见表 1-1。

近几年，财政部每年都召开内部控制委员会会议，除了总结前一年的工作成绩外，也汲取经验教训，部署下一阶段推进工作任务。2021 年 8 月，财政部内部控制委员会指出：自 2014 年系统性开展内部控制建设以来，内部控制在工作思路、工作机制、工作方法等方面进行了多方面创新和探索，但存在内部控制担当意识需进一步强化，内部控制制度针对性和有效性有待加强，存在内部控制制度执行不到位等问题，应采取多种措施将内部控制工作做实做细做深，推动内部控制建设再上新台阶、开创新格局。

表 1-1　启动和推进内部控制建设相关文件一览表

序号	文件标题	文号	发布时间	施行时间	主要内容	目的或意义
1	行政事业单位内部控制规范（试行）	财会〔2012〕21 号	2012 年 11 月 29 日	2014 年 1 月 1 日	内部控制总则、风险评估和控制方法、单位层面内部控制、业务层面内部控制、评价与监督、附则	提高行政事业单位内部管理水平，加强廉政风险防控机制建设
2	关于全面推进行政事业单位内部控制建设的指导意见	财会〔2015〕24 号	2015 年 12 月 21 日		提出行政事业单位全面推进内部控制建设的指导思想、基本原则、总体目标和主要任务、保障措施	贯彻落实党的十八届四中全会精神，对全面推进行政事业单位内部控制建设提出指导意见
3	关于开展行政事业单位内部控制基础性评价工作的通知	财会〔2016〕11 号	2016 年 6 月 24 日		要求组织开展内部控制基础性评价工作，确定开展评价工作的目标、基本原则、工作安排和相关要求；形成本部门内部控制基础性评价报告，作为 2016 年决算报告的重要组成部分	以量化评价为导向，进一步指导和促进有效开展内部控制建立与实施
4	关于印发《行政事业单位内部控制报告管理制度（试行）》的通知	财会〔2017〕1 号	2017 年 1 月 25 日	2017 年 3 月 1 日	行政事业单位内部控制报告编报工作的组织、编制原则、编制与报送、报告的使用与监督检查	规范行政事业单位内部控制报告的编制、报送、使用及报告信息质量的监督检查等工作，促进单位内部控制信息公开，提高单位内部控制报告质量
5	关于开展 2017 年度行政事业单位内部控制报告编报工作的通知（2018—2023 年）每年均有				每年总结回顾内部控制工作在组织领导、落实政策，完善制度、优化流程、预防舞弊与腐败等方面的情况，提出下一年度内部控制工作思路和重点	便于上级主管部门了解年度内部控制工作开展情况，查找问题，部署推进内部控制建设相关工作

（二）事业单位引入内部控制建设的政治背景

1. 引入内部控制建设是改进工作作风的要求

2012 年 12 月，中共中央政治局审议通过了《关于改进工作作风、密切联系群众的八项规定》（以下简称“中央八项规定”），中央纪委为了贯彻落实“中央八项规定”，将“中央八项规定”细化为“六个严禁”，要求各地各部门和领导干部严格遵守。2013 年 6 月，全党上下开始了党的群众路线教育实践活动，聚焦作风建设，集中解决形式主义、官僚主义、享乐主义和奢靡之风这“四风”问题。2013 年 11 月，中央陆续发布了一系列规范中央国家机关经费管理的文件，如《党政机关厉行节约反对浪费条例》《中央和国家机关会议费管理办法》《党政机关国内公务接待管理规定》，等等。各地方政府均结合当地实际情况制定了类似制度，从制度角度落实“中央八项规定”和“六个严禁”规定。

2. 引入内部控制建设是依法治国的要求

2014 年 10 月，党的十八届四中全会通过的《中共中央关于全面推进依法治国若干重大问题的决定》指出，“制度化、规范化、程序化是社会主义民主政治的根本保障”和“深入推进依法行政，加快建设法治政府”，其中一项重要举措就是“加强对政府内部权力的制约，是强化对行政权力制约的重点。对财政资金分配使用、国有资产监管、政府投资、政府采购、公共资源转让、公共工程建设等权力集中的部门和岗位实行分事行权、分岗设权、分级授权，定期轮岗，强化内部流程控制，防止权力滥用”。2019 年 10 月，党的十九届四中全会审议通过的《中共中央关于坚持和完善中国特色社会主义制度、推进国家治理体系和治理能力现代化若干重大问题的决定》中明确提出：“坚持和完善中国特色社会主义制度，推进国家治理体系和治理能力现代化的总体目标：到我们党成立一百年时，在各方面制度更加成熟更加定型上取得明显成效；到二〇三五年，各方面制度更加完善，基本实现国家治理体系和治理能力现代化；到新中国成立一百年时，全面实现国家治理体系和治理能力现代化，使中国特色社会主义制度更加巩固、优越性充分展现。”2021 年 1 月，中共中央印发的《法治中国建设规划（2020—2025 年）》提出：“构建职责明确、依法行政的政府治理体系”，“各级政府必须坚持依法行政，恪守法定职责必须为、法无授权不可为，把政府活动全面纳入法治轨道”。

3. 引入内部控制建设是全面从严治党的要求

全面从严治党是党的十八大以来党中央作出的重大战略部署，是“四个全面”战略布局的重要组成部分和基本保证条件，是解决中国共产党目前面临一系列现实问题的必然要求。在推进全面从严治党的途径方面，习近平总书记强调，要加强思想建设、制度建设、人民群众监督，必须用铁的纪律和制度管党治党，制约和监督权力运行。而制度体系和监督机制的构建与执行正是内部控制建设的重要组成部分。当国家、政府与社会层面各项制度体系建立健全、协调有效运行，做到用制度管权管事管人，用行动维护制度的严肃性和权威性时，才能保证权力始终在法治轨道上运行，保障全面从严治党的胜利推进。

四、交通事业单位进行内部控制建设的意义

（一）内部控制建设是交通运输业建立健全惩治和预防腐败体系的必然要求

改革开放以来，我国交通运输业取得了举世瞩目的成就。继党的十九大提出建设交通强国之后，党的二十大明确提出加快建设交通强国。党中央、国务院先后印发《交通强国建设纲要》和《国家综合立体交通网规划纲要》，进一步完善了相关制度。2023 年 2 月 23 日，交通运输部部长李小鹏在国务院新闻办公室举行的“权威部门话开局”系列主题新闻发布会上介绍了在加快建设交通强国方面取得的第一个成就就是基础设施网络的不断完善。具体体现在，2018—2022 年，交通运输系统共完成固定资产投资超过 17 万亿元，建成了全球最大的高速铁路网、全球最大的高速公路网和世界级的港口群。截至 2022 年年底，全国综合交通网络的总里程超过 600 万公里，其中：铁路运营里程 15.5 万公里（含高铁运营里程 4.2 万公里）、公路通车里程 535 万公里（含高速公路通车里程 17.7 万公里）；港口生产性码头泊位 2.1 万个（含万吨级以上 2751 个）、内河航道通航里程 12.8 万公里（含三级及以上航道 1.5 万公里）；民用颁证机场 254 个；全国一共有 53 个城市开通了城市轨道交通，城市轨道交通运营总里程有 9584 公里。①

总的来说，全国交通运输业实现了高质量的发展，交通建设处在一个新的大发展、大跨越时期。与这种发展态势不相符的是，交通运输领域长期以来处于腐败问题重灾区。例如，根据山西省纪委相关宣教材料，2014 年山西省交通系统发生塌方式腐败案，全案共涉及党政机关事业单位干部 170 余人，其中除了厅级、处级政府官员外，还包括省交通运输管理局、高速公路管理局等厅直属事业单位负责人。近年来，宁夏交通运输系统也发生过多起领导干部严重违纪违法案件，交通运输厅前后两任厅长、三任公路建设管理局局长、公路发展中心负责人、部分中层干部也因严重违纪违法被查处。还有部分地方基层公路路政执法存在腐败现象，执法人员在管理公路路政事务和治理公路超载超限过程中，利用手中权力行使职权，获取非法利益，严重影响了交通行政执法的

---

① 奋力加快建设交通强国［EB/OL］.（2023-02-24）［2023-04-10］. https：//www. gov. cn/xinwen/2023-02/24/content_ 5743124. htm.

公信力，在社会上引起了严重的负面影响。

为从源头上防治腐败，各级政府和相关部门不断总结经验教训，并采取措施。目前主要的防治腐败措施有三项：一是开展长期不间断地开展反腐倡廉教育，夯实干部和行政人员廉洁从政的思想道德基础、筑牢拒腐防变的思想道德防线；二是依靠外部监督力量（如举报、巡视巡察、检查等手段）发现问题并治理腐败，加强对腐败行为的惩处力度；三是督促单位构建科学、完善的内部控制体系，通过将防治腐败的措施嵌入单位的业务流程和管理制度之中，减少发生腐败问题的可能性。腐败问题的发生往往由管理制度本身的缺陷，或者制度没有发挥应有的约束和规范作用所造成。内部控制制度是防腐机制的重要组成部分，能够最大程度地解决“不能腐”和“不易腐”问题。内部控制制度的灵魂就是“制衡”，对权力的制衡就是对钱权交易的制衡，一个有效的内部控制体系将极大降低腐败发生的风险，即使有腐败行为发生，也能够大大降低对社会的负面影响。在今后相当长一段时期内，交通运输行业反腐工作仍将存在以下两种态势：一是加大反腐倡廉力度的同时腐败仍易发多发；二是社会公众反腐期望值越来越高的同时较长一段时期内难以消除腐败现象。所以必须加快交通行政事业单位内部控制建设，建立健全并落实预防腐败各项制度措施，才能确保反腐的成效。

（二）内部控制建设能够有效防止公共资金的违规使用和浪费

公共资金是指公共财政资金和其他社会公共资金，是通过税、利、费、债方式筹集和分配的资金。公共资金的目的在于改善民生，优化公共服务，促进社会资源合理分配。政府部门作为公共资金的受托管理者，对公共资金使用的效率和效果向社会公众负责。防止滥用公共资金，确保公共资金在阳光下运行，以及确保公共资金的合理使用，提高公共资金使用效率，既是健全公共财政体制的需要，也是构建服务型政府的要求。完善公共资金使用管理制度，创新公共资金管理使用机制，依法管理并从严管理，在当前财政改革与发展的新形势下具有重要意义。

党的十八大以来，以习近平同志为核心的党中央坚定推进全面从严治党，制定和落实关于改进工作作风、密切联系群众的“中央八项规定”和“六项禁令”，但是在如此高压态势下，违反中央上述精神的现象仍时有发生。根据中央纪委国家监委官网公布的情况，2022 年，全国共查处违反中央八项规定精神问题 95376 起，批评、教育、帮助和处理 141348 人，其中党纪政务处分 96756 人。从查处问题类型看，在履职尽责、服务经济社会发展和生态环境保护方面不担当、不作为、乱作为、假作为，严重影响高质量发展方面共查处问题共有 37567 起，占查处的形式主义、官僚主义问题总数的 83.9%；查处的违规收送名贵特产和礼品礼金、违规吃喝、违规发放津补贴或福利 3 类问题，分别占享乐主义、奢靡之风问题的 38.6%、21.0%、18.5%。[1]

被查处的行业中，交通运输业属于问题多发的领域。根据《潇湘晨报》2021 年 1 月 21 日在其官方百家号转载自《北京日报》的一则消息：中央纪委国家监委驻交通运输部纪检监察组督导交通运输部、国家铁路局、中国民航局、国家邮政局等 4 部门对事业单位人员招聘违规违纪、公款旅游、私车公养、违规享受政策性住房等 4 类问题开展专项治理，共发现问题 552 个，督促整改 508 个，清退违规资金 222.5 万元，给予党纪政务处分 5 人，组织处理 67 人。[2] 所以，要治理这些问题，需要“内外兼修”。这里的“内”就包括加强内部控制建设。内部控制是扎根于公共资金管理部门的深层次、全方位的制度安排，通过规范事业单位的业务流程、审批权限、开支标准、监督机制，实现权力的制衡，帮助单位理顺治理结构，合理配置资源，减少公共资金的浪费与损失，同时还对单位管理层特别是领导干部管理行为形成强有力的约束。此外，内部控制中的风险评估程序，特别是对财务收支、政府采购、建设项目管理等业务层面的风险评估，能够及时识别单位经济活动中重大或重要风险，及时采取措施以降低管理层违规使用公共资金的可能。

（三）内部控制建设是提高交通事业综合管理水平的内在要求

许多交通事业单位成立时间比较久远，虽然期间可能经历过一些机构改革，但是整体延续性一般没有较大改变。这些单位综合管理水平长期处于较低层次，事业功能定位不清，加上旧体制政事不分、事企不分、机制不活、资源配置不合理、运行质量和效率不高，达不到我国行政体制改革的总体目标要求。党的十八大提出：“要按照建立中国特色社会主义行政体制目标，深入推进政企分开、政资分开、政事分开、政社分开，建设职能科学、结构优化、廉洁高效、人民满意的服务型政府”，与之配套开展了一系列改革，如事业单位分类改革、行政事业单位会计改革等。为适应新历史时期的要求，交通事业单位需要进一步提升综合管理水平。交通事业单位的内部控制建设能够全面地、有效地满足这种需求。交通事业单位的内部控制通过构建合理的组织架构，明确各部门和各岗位职责，确保管理人员各司其职、各负其责，避免推诿扯皮；梳理、整合和重构单位各项规章制度，规范单位在预算管理、财务收支管理、资产管理、合同管理、工程项目管理、政府采购管理等与经济活动密切相关的重点业务领域流程，明确流程风险点，体现了对重要业务节点的管控，为较好地履行公共服务职能提供了制度保障。交通事业单位的内部控制还通过执行监

---

① 新华社，2023 年 1 月全国共查处违反中央八项规定精神问题 6925 起［EB/OL］.（2023-02-26）［2023-04-10］. https：//www. gov. cn/xinwen/2023-02/26/content_ 5743395. htm.

② 侯颗. 驻交通运输部纪检监察组压实主体责任 以案促改约谈 11 省区交通厅长［EB/OL］.（2021-01-17）［2023-04-10］. https：//www. ccdi. gov. cn/ gaowen/202101. html.

督机制，强化了对业务流转审批权力的制衡，规范了公共权力的使用，维护了社会公众利益。可以说，交通事业单位的内部控制将单位的经济管理活动由"人治"转向"法治"。

五、交通事业单位内部控制目标

（一）内部控制的政治目标

交通事业单位内部控制的政治目标应当与党中央"坚持依法治国、依法执政、依法行政共同推进，法治国家、法治政府、法治社会一体建设"的战略布局保持一致，建成与国家治理体系和治理能力现代化相符合的管理科学、控制有力的内部控制体系，充分发挥它在提升单位治理水平、规范内部权力运行、促进依法行政、推进廉政建设中的重要作用。

（二）内部控制的基本目标

交通事业单位内部控制的基本目标应该与《行政事业单位内部控制规范（试行）》一致，包括如下几个方面：

1. 合理保证单位经济活动合法合规

确保交通事业单位经济活动的合法合规性，这是内部控制最基本的目标，也是其他目标的前提和基础。合法性是指单位经济活动必须符合现行有效的规范性法律文件，如《中华人民共和国预算法》《中华人民共和国会计法》。合规性是指单位经济活动应当符合除了规范性法律文件外的其他规范性文件，这类文件是行政机关或其授权的管理公共事务的机构或组织，在其法定职权范围内经过法定程序制定并发布的在管辖范围内具有普遍约束力的措施、决定、命令等行政规范性文件。交通事业单位需要通过制度和程序确保经济活动合法合规，违法违规会使自身单位的社会公信力受到损害。

2. 合理保证资产安全和使用有效

资产安全是交通事业单位正常运转的物质保障，资产使用效率低下实质就是资源浪费。交通事业单位长期以来资产管理问题较多，比如单位无预算或无政府采购计划采购物资、超标准配置资产、采购验收手续不完善、单位资产账实不符、违规处置国有资产等。因此，交通事业单位有必要将资产管理纳入内部控制的重要控制范围，与部门预算、政府采购深度融合，优化资产配置，充分提高资产利用效率。

3. 合理保证单位财务信息真实完整

交通事业单位的财务信息不仅指预算、决算或财务报告，还包括其他各种形式与单位经济活动有关的数据信息。单位财务信息的使用者不仅包括单位管理层、主管部门、其他政府机构或部门，还包括社会公众、其他社会组织。单位财务信息的真实性、完整性是《中华人民共和国会计法》的要求。"单位财务信息的真实、完整性是财政部关于会计管理相关规章制度的要求。”财政部令第 98 号《会计基础工作规范》（2019 年修订）第三十六条规定：“各单位应当按照《中华人民共和国会计法》和国家统一会计制度的规定建立会计账册，进行会计核算，及时提供合法、真实、准确、完整的会计信息。”财务信息失真会向单位管理层传递错误的信息，造成错误的决策，比如部门预算进度考核与预算支出核算的准确性与及时性密切相关，如果向领导提交的进度信息失真，将直接影响领导推进部门预算执行进度采取的举措。交通事业单位必须通过适当的内部控制程序，加强财务管控与会计核算，确保提供的财务信息能够客观反映本单位经济活动的真实状况。

4. 有效防范舞弊和预防腐败

交通事业单位掌握了大量的公共资源和公共资金，如果内部的决策、执行与监督机制不健全，业务流程存在漏洞，就容易滋生舞弊和腐败行为。交通事业单位内部控制建设是治理腐败的重要举措之一。

【案例 1-1】

某公路路政执法单位会计利用公务车管理漏洞贪污公款

A 局所属某公路的路政执法单位会计发现自己向领导提供虚假的公务车使用费信息没被质疑，于是会计就以伪造领导签字、篡改对账单等方式报销其个人加油票、私家车维修发票，在几年内该会计利用漏洞陆续贪污单位公款十几万元，贪污金额最多的一年，该会计所在单位仅半年时间公务车使用费就突破了预算额度，尽管如此，单位相关业务部门的负责人及领导仍未察觉，严重影响了公务车的正常使用，后经 A 局对该单位财务收支审计才最终被发现。该会计的舞弊行为与其单位预算管理和业务报销内部控制存在的缺陷有直接关系。

5. 提高公共服务的效率和效果

交通事业单位职能是向社会提供管理交通基础设施相关的公益服务。以最小的公共服务成本获得最大的社会效益，是交通事业单位经济活动的意义所在，也是内部控制的最终目标。

实现前面四个目标是提高公共服务效率和效果目标的基础，如果前面四个目标不能实现，不可能实现内部控制的最终目标。交通事业单位内部控制设计的科学和合理性及执行的有效性均有助于单位提升公共服务水平，提高公共服务的效率和效果。

六、交通事业单位内部控制建设原则

交通事业单位内部控制建立与实施的基本原则应当与《行政事业单位内

部控制规范（试行）》保持一致，具体如下：

（一）全面性原则

全面性原则是指内部控制应当贯穿单位经济活动的决策、执行和监督全过程，实现对经济活动的全面控制。这种全面控制分为三个层次：一是全过程控制，内部控制应当体现在经济活动的决策、启动、实施、终结到监督整个过程；二是全员控制，不仅是单位领导层，各个业务部门及其工作人员都应参与控制活动；三是全方位控制，涵盖与经济活动有关的所有业务范畴，有的资金并非来自财政性资金，如党员交纳的党费、职工个人缴纳的工会会费，但其使用与经济活动有关，所以均需建立相应的内部控制制度。

（二）重要性原则

重要性原则是指在全面控制的基础上，内部控制关注单位重要经济活动和经济活动的重大风险。它要求交通事业单位根据所处的行业环境和经济活动的特点，考虑事项或交易的性质、规模、频率和影响力等综合因素来判断什么是重要经济活动，哪里存在重大风险，从而采取相应的措施进行防范，确保内部控制制度不出现重大缺陷。

（三）制衡性原则

制衡性原则是指内部控制应当在单位内部的部门管理、职责分工、业务流程等方面形成相互制约和相互监督。制衡性原则包括三层含义：一是单位内部业务部门之间形成制衡，避免某项业务由单个部门包办，如采购业务不能由财务部门采购、验收并报销；二是岗位之间形成制衡，比如工作人员出差不能由自己来决定，即使理由充分，也要经批准，对外报出的报表或数据不能由填制人直接报出，即使时间紧迫报表或数据也需经审核；三是一项业务流程应经过两个以上业务部门或不同岗位来完成，如公务接待活动，接待申请应由业务部门提出，后勤部门具体安排。

（四）适应性原则

内部控制应当符合国家有关规定和单位的实际情况，并随着外部环境的变化、单位经济活动的调整和管理要求的提高而不断修订和完善。具体来说就是要求内部控制建设必须与时俱进：一是适应外部环境变化，中共十九届四中全会以来，中国共产党致力于完善国家行政体制、优化国家机构职能和政府职责，构建职责明确、依法行政的政府治理体系。政府不断对法律法规和规章制度推陈出新，相应地对事业单位的制度体系提出了更高要求，单位必须及时适应这些要求对规章制度进行修订和完善；二是适应内部环境的变化，单位的人员情况、经济活动的范围和内容、风险点与风险管控能力都是不断变化的，单位应当及时应对这些变化对内部控制体系进行更新、调整。

除了上述基本原则，交通事业单位可以根据自身的行业特点增加其他一些原则，对某些方面进行强调，比如经济性原则。

七、交通事业单位内部控制方法

内部控制方法是事业单位为管控经济活动风险而选择的措施和程序。《行政事业单位内部控制规范（试行）》提出了八种内部控制方法，各事业单位可以根据自身岗位设置情况和经济活动的特点选择其中一种方法或同时使用几种方法，规避或降低风险。

（一）不相容岗位相互分离

不相容岗位是由一人兼任容易发生错误或舞弊的岗位。常见的不相容岗位有业务经办与审批或审核、业务执行与记账、财产保管与记账、财产保管与领用、执行与监督。如《会计法》第三十七条规定："出纳人员不得兼任稽核、会计档案保管和收入、支出、费用、债权债务帐目的登记工作。"但部分小型事业单位以人手不够为由让会计兼任出纳，这种岗位安排明显违背了不相容岗位相分离的规定。不相容岗位往往是关键岗位，应当分清不相容岗位间的职责权限，采取分离措施，形成相互制约、相互监督的工作机制。

（二）内部授权审批控制

内部授权审批通常需要对审批的权限和额度、行使审批的级别、需要审批的事项进行规定，明确谁有权审批、在什么额度内审批、对什么事项进行审批、是否需要报上级审批、如何审批和审批依据等。为此，需要界定各岗位权限范围、审批程序和相关责任，并建立重大事项集体决策制度和会签制度，防范"一言堂"或"一支笔"现象。比如行政经费开支，单笔支出在小额度及以下的支出可以授权财务部门负责人审批，超出小额度未达到大额度的可以授权财务分管领导审批，达到大额度的可以由单位主要领导审批或领导班子集体决策。

（三）归口管理

归口管理是指根据某项经济活动的性质、内容和管理要求，确定应由哪个业务部门或岗位主要负责。单位的职能部门都有各自的经济活动，单位应将同类业务或事项指定某职能部门或岗位统一负责，如合同归口管理、工程项目归口管理、非税收入归口管理等。有的经济活动牵涉多个业务部门或部门内多个岗位，需要多部门或多岗位工作人员配合完成。此时应结合实际情况，成立联合工作机制并确定牵头部门或牵头人员，避免部门或岗位之间相互推诿扯皮，影响经济活动的顺利开展。

（四）预算控制

预算控制是管理控制中较广泛的一种控制方法。事业单位的预算控制是根据上级主管部门批复的单位预算收入与支出额度或标准，检查、监督本单位各项经济活动支出，使其受到有效约束，以确保单位绩效目标实现的过程。通过对经济活动的预算约束，使预算管理贯穿于单位经济活动的全过程。预算控制可以从以下几个方面进行：一是全面预算管理，任何收入均纳入预算，任何支出需要先有预算；二是根据批复的预算，明确各项预算指标的责任部门和支出进度；三是对预算调整和追加执行一定的议事规则和程序；四是将预算管理与各职能部门的权利和责任相融合，落实到具体责任人员；五是将预算控制与风险管理相结合，风险越大的经济活动越要注重预算管理。

（五）财产保护控制

财产保护控制主要有以下几项内容：一是资产日常管理，包括实物资产领、用、存的动态管理，资产处置流程控制，涉及财产的文件资料档案管理，其中特别是不动产证件的专人保管；二是定期清查，对实物资产定期盘点（如办公用品盘点、物资盘点等），并与会计记录账实核对，发现差错后及时报告或跟踪；三是限制接触，即只有经过授权的人员才可以接触资产（如银行支付的密钥由会计和出纳各自保管，单位购买的债券由两人以上共同保管等）。

（六）会计控制

交通事业单位为确保会计信息真实、准确、完整，需要对单位会计系统进行控制，主要有以下内容：一是会计机构和人员的控制，包括设立独立的会计部门，配备足够的有资格从事财务工作的会计人员；二是制度控制，建立适应本单位经济活动的财务会计制度；三是岗位控制，设置财务人员岗位设置时候应注意不相容岗位相分离，例如出纳不得兼任会计或稽核，会计岗位应明确而且具体，岗位职责清晰，不得笼统模糊；四是业务流程控制，通过明确各项收支业务的处理流程、审批与稽核，实现各部门既相互协作又彼此制衡；五是会计基础工作控制，包括会计凭证制作、会计核算、账簿登记、会计报告和报表编制、会计档案保管等内容的控制。

（七）单据控制

单位的经济活动支出往往涉及单位内部自制的表单和外来的票据，前者形成于业务处理流程的需要，后者往往来源于外部单位或机构，后者是证明业务真实性与合法性的凭据。单位工作人员应依据内部控制制度对这些表单和票据进行填制、审核与保管。如公务接待审批单，要附接待对象的公务接待函，在函中载明接待对象的具体人员及职级、时间、地点、事由等。报销的发票内容必须符合《中华人民共和国发票管理办法》及其实施细则的相关规定。单位的内部控制制度应将表单格式化、使用规范化，在表单设计中注意相关手续和流程的完备，避免疏漏关键部门和关键人。

（八）信息内部公开

信息内部公开是针对单位内部而非针对外部的。“阳光是最好的防腐剂”，单位有些经济管理活动或涉及敏感事项（如公务车使用），或涉及干部职工切身利益（如职工绩效考核），或内部控制程序有明确要求（如政府采购结果内部公示），此时应将有关信息在内部公开，这样做的根本目的在于让广大干部职工对事项进行监督，建立单位层面与职工的沟通对话与反馈机制。单位应当明确需要内部公开信息的事项、责任部门和工作机制，规范公开的内容、范围、渠道和程序。

八、交通事业单位内部控制建设的特殊性和复杂性

交通事业单位由于所处的行业特殊性及其受交通运输主管部门委托行使行政管理职能，因此其内部控制建设具有特殊性和复杂性。

（一）内部控制建设的特殊性

1. 工作面广，任务重

交通事业单位的主要工作是在交通运输主管部门的领导下，承担某一类交通基础设施建设、维护和管理工作，需要完成来自交通运输主管部门、财政主管部门和其他政府主管部门部署的任务。有的单位还需要根据上级主管部门的工作要求，布置下级单位工作任务并对下级单位进行指导、监督，同时还要配合地方政府及其职能部门开展其他工作。交通事业单位的工作不仅涉及众多的国家政策、法令法规，各行业、各地的规章制度，还要结合本单位实际情况建立适合于本单位实施的制度或办法。交通事业单位在设计内部控制制度时，不仅要遵循国家和地方的法律法规，响应上级主管部门的政策政令，满足行业管理的需要，同时还要考虑基层单位实际情况，实事求是，去繁就简，所以内部控制工作千头万绪，任务繁重。

2. 经济活动多涉及生产性活动或项目，资金量大

生产性活动是能够直接或间接增加商品性能、商品寿命或服务效率、效能的经济活动。生产性资金包括生产领域中的固定资金和流动资金，如生产用的基础设施和设备、工具、用具、器具、材料、半成品等。随着人民生活水平不断提高，社会公众对于安全、便捷、经济出行的需求与日俱增，政府为了满足社会公众的交通出行需求，会增加对交通基础设施的投入。交通事业单位主要围绕增加、优化交通基础设施功能或提高相关的服务效能展开，在“交通强国”的时代背景下，生产性资金的规模必将越来越大，项目越来越多，所以，交通事业单位承担的任务越来越多，职责越来越重。对生产性资金的利用效率和效果直接影响着交通运输事业能否顺利发展，与一般事业单位相比，交通事业单位更需要将生产性资金及其涉及的项目作为内部控制建设的重中之重。

3. 审批或执法权力大、管理服务体量大

交通事业单位经交通运输主管部门委托或授权对某些事项具有一定的审批权或执法权，如开设公路道口许可、公路路政执法、国有资产出租出借等。管理服务对象成分复杂，涉及范围广。交通事业单位从领导层到普通干部职工或多或少掌握一定的权力，“关键事”“关键部门”“关键岗”“关键节点”比较多，控制与监督必须贯穿于权力运行和管理服务每一个重要环节，把风险防控延伸到每一个项目每一笔支出的“神经末梢”，找准切入点，防止“暗箱操作”、权钱交易等腐败行为。

（二）内部控制建设的复杂性

1. 与社会公众之间的受托与委托责任不明晰

交通事业单位使用的公共资金主要来源于财政拨款，财政拨款主要来源于社会公众缴纳的各项税费。理论上，交通事业单位接受社会公众委托，提供交通运输领域的公共产品如高速公路、普通公路、航道、客货运站场等，为人民群众安全、便利、快捷出行提供公共管理服务，这种受托关系具有唯一性，没有竞争性。人民群众是一个笼统的概念，不具体到某个人，其委托人身份是抽象的、模糊的，他们对交通事业单位的委托没有自主选择权。因此，两者之间的委托与受托的权利义务关系不对等，人民群众处于绝对弱势一方，如果对交通事业单位的管理行为和经济活动不加以约束、监督，容易导致交通事业单位滥用权力，引发严重的社会问题。

2. 对自身和所属单位的经济活动均需管控

大中型交通事业单位的组织机构较复杂，往往有两个以上直属单位或内设机构，比如本书案例单位 A 局就有十几个直属县级公路局和若干个普通国省干线公路路网建设项目办公室，不仅本单位要进行内部控制建设，对直属单位内部控制活动也要进行监督和管理；不仅需要对本单位内部风险点进行甄别和预防，还需要对来自直属单位经济活动的风险进行识别。由于交通运输主管部门不可能完全掌握基层单位的预算管理、资产管理、合同管理和工程项目管理等重大风险领域的相关信息，若决策、审核或审批过程中出现失误或偏差，将不可避免地承担对基层单位的管理风险。为了降低类似风险，交通运输主管部门在做好自身内部控制建设的同时，需要加强对直属单位业务流程的管控。

九、交通事业单位内部控制建设现状分析

董丽（2022）认为，交通事业单位内部控制作用被削弱了，原因有以下几方面：一是人们普遍认为事业单位主要任务是支出业务，有财政预算控制就可以了，没必要再制定内部控制办法；二是事业单位内部控制意识相对薄弱，事业单位管理层关注重点是预算资金花出去了没有，预算执行进度完成了没

有；三是内部控制制度实用性差，缺乏可操作性，虽然财政部门对内部控制建设有了强制要求，许多单位也聘请了专家，制定了内部控制制度，但多流于形式，脱离实际；四是内部控制制度存在“重建设、轻执行”等现象，当内部控制流程制约了权力使用时，就把内部控制束之高阁。①

蔡锦迎（2022）认为，交通行业改革后事业单位内部控制总体上表现为：一是缺乏系统性，随着事业单位改革和交通综合执法改革的实施，交通事业单位面临着制度重建、工作流程梳理、内部控制风险评估等诸多内部控制管理工作，但是一些单位没有统一规划，制度建设不成体系，只能缺啥补啥；二是缺少时效性，交通事业单位改革后外部环境、经济活动和管理要求都发生了很大变化，原有内部控制制度无法满足改革后的管理要求；三是缺乏专业性，内部控制建设大多由财务部门及财务人员牵头或兼任，各部门也是临时指派业务工作人员担任联络员，无法满足内部控制建设专业性需求；四是单位内部整体风险防控意识薄弱，仅将内部控制工作当作一项任务去完成，导致内部控制工作的内容浮于表层，没有真正地落到实处；五是缺少良好的内部控制氛围，某些单位管理人员和工作人员认为内部控制工作是财务部门的工作，不积极参与，拒绝配合；六是缺乏必要的内部监督和外部监督，内部审计部门开展工作的过程中缺乏权威性和独立性，有的单位甚至没有专门的内部控制监督部门；七是信息化水平不高，单位在构建各部门业务系统的时候，没有将内部控制理念融入部门业务系统，仅仅是简单的端口对接，信息和数据仍然处于孤立状态，不能自动识别风险，很大程度地依赖于管理人员的主观判断。②

颜绘秋（2021）着重分析了基层交通事业单位的内部控制建设现状，认为其存在的问题主要有：第一，内部控制建设流于形式，内部控制建设缺乏规范性，内部控制建设与工作实际存在脱节的情况；除财务部门外，其他部门未能有效参与内部控制运行，且部门间存在相互推诿、扯皮现象；第二，内部控制信息化建设薄弱，内部控制信息化建设停留在起步阶段，信息化系统与实际业务相距甚远，单位内部业务流程与经济活动都没有纳入信息化系统中；第三，内部控制信息化系统未能实现与财政等多系统的对接、联动，会计信息的及时性有待进一步提高；第四，部门人员习惯使用传统报销方式，对于通过网络进行经费申请、网上报销存在一定的抵触心理。③

舒星（2021）认为，交通事业单位内部控制从单位层面分析存在如下问题：第一，交通事业单位整体意识、观念和风险意识不强，内部控制建设在多

① 董丽．交通事业单位内部控制优化思路及路径［J］．交通财会，2022（7）：71-74.

② 蔡锦迎．交通事业单位改革后内部控制存在的问题及优化路径［J］．现代企业文化，2022（10）：43-45.

③ 颜绘秋．交通运输事业单位内部控制存在的问题及对策［J］．财会学习，2021（35）：193-194.

数的情况下依赖于上级单位的监督和指导；第二，内部控制制度与管理流程未完善细化，制度不够健全，部分制度设计不合理或执行不到位；第三，内部控制各要素有待完善和加强，风险防范和控制工作落实不够到位，对于管理层的监督不力，权责划分不清晰。从业务层面分析，舒星认为交通事业单位内部控制相关业务流程有待精细化管理，管理制度和业务流程尚需完善。①

刘树林、高存利（2021）认为，目前交通事业单位内部控制管理存在思想上仍有所放松、执行上仍有“折扣”、监督上还不够有力等问题。②

综合诸多学者近年来对交通事业单位内部控制建设现状的研究，可以初步判断交通事业单位内部控制建设经过了这些年的实践与探索，从无到有，从简单到逐步规范，确实取得了一定成效，但是不可否认总体上仍处于初级阶段，面临的问题、待改进和提升的地方还比较多。概括而言就是事业单位内部控制建设流于形式，未落到实处，内部控制制度不健全。究其原因有以下几方面：

首先是“人”的影响，学者们一致认为内部控制“意识”薄弱是导致事业单位内部控制建设产生问题的主要原因。本书认为，除了内部控制“意识”外，领导层或管理层的内部控制“意愿”也是这些问题产生的主要原因。“意愿”和“意识”一字之差，但却有明显区别：“意识”可以培养，而“意愿”却不行，有“意识”不一定有“意愿”，有“意愿”必然会有“意识”。内部控制的核心要义是对权力的制衡和约束，如果领导层或管理层不愿意被约束，则整个内部控制建设过程难以有实质性的进展，是诸多问题的根源。诚然，外部的法律法规、规章制度可以倒逼单位领导层或管理层加强内部控制建设，但控制的有效性必然大打折扣。一个单位领导层和管理层的内部控制“意愿”的加强，更多地需要依靠政纪、党纪、党风廉政建设等外部监督力量。“人”的影响中还包括能力，这里的能力不仅指单位人员的职业道德和业务水平等综合素质，还包括人员在内部控制理论与实务上的能力；这里的“人”不仅指一般工作人员，也包括领导层。内部控制是一项理论性和实践性都很强的系统工程，交通事业单位包括领导在内的大多数高级技术或管理人才，他们中部分人对内部控制的认知停留在“只知其然，不知其所以然”的阶段，能够理解并将内部控制理论的精髓运用到工作中去的比较少，需要一定时间的磨炼和培养。然而，他们往往是内部控制制度的设计者和执行者，所以内部控制制度出现不切合实际、粗糙、不健全、未契合信息系统等问题就不足为奇了。“人”的影响中不可忽视的还有人的“位置”，恰当的“人”要在恰当的“位置”，

---

① 舒星．事业单位内部控制问题及优化对策研究：以 J 交通事业单位为例［D］．武汉：中南财经政法大学，2021．

② 刘树林，高存利．新形势下加强交通运输行政事业单位财务内部控制工作的思考［J］．交通财会，2021（4）：59-63．

恰当的“位置”应有恰当的“人”。完美的内部控制程序需要由“人”来执行，没有“人”或“人”的能力与位置严重不匹配，必然导致内部控制流于形式，不切实际，而这往往是基层交通事业单位在实际工作中面临的一个重大问题：基层交通事业单位编制少、招人难，人才流失或人才被上级部门抽调、借用的情况较多，越严密的内部控制流程对人员的要求越严格。某个关键岗位或环节缺少人才，没有替代控制措施或者替代控制措施不力，就容易形成内部控制缺陷或漏洞。有的时候，单位行政或党委负责人未及时配备，容易形成集体决策时的“一言堂”，也会给内部控制带来较大风险。

其次管理体制也会对事业单位内部控制产生影响。交通事业单位内部职能部门设置和管理层职数配备往往由上级主管部门决定。有的交通事业单位编制少，不独立设置财务、审计、纪检监察、人事等部门，只设相应的岗位，常见的是一人身兼数岗（如让办公室文员兼内部审计或纪检监察岗），有时甚至连岗位都没有。可以说，交通事业单位不合理的管理体制导致了其内部控制建设不足，部分内部控制要素建设得不到保障，谈不上系统地进行内部控制建设。管理体制的变革对内部控制的影响是极大的，它往往导致原有内部控制体系不适用或者不稳定，需要进行重塑或者修补，而在这期间，交通事业单位内外环境的不确定性使得内部控制跟不上管理的需求，由此带来较多的问题和风险。

最后是方法的影响，各单位内部控制有自己的方法论，应当遵循一定的工作路径和工作方案，循序渐进地推进。交通事业单位内部控制建设过程中，不同的内容有各自相对应的方法，需要财务管理、人力资源管理、经济管理、项目管理和工程技术管理等综合知识。如果内部控制人员不掌握一定的方法，知识结构单一，内部控制水平难以有实质的提升。本书的主要内容是阐述交通事业单位内部控制相关理论在实践中应用的方法和做法，本书对交通事业单位作出如下假设：一是单位领导层或管理层有内部控制意愿；二是恰当的岗位能够配备恰当的人；三是相对健全、有效的管理体制。

第二章

交通事业单位
内部控制建设总体思路

《行政事业单位内部控制规范（试行）》为事业单位的内部控制建设提供了一个工作指南和基本框架，相当于“规定动作”，每个单位还需结合自身具体情况量身定做，相当于“自选动作”。《行政事业单位内部控制规范（试行）》要求建立适合本单位实际情况的内部控制体系，包括梳理单位业务流程，明确业务环节，发现并确定风险点，选择风险应对策略，等等。内部控制建设是一项理论性、专业性都很强的工作，有既定的步骤、内容和方法，其总体思路可以概括为管理制度化、制度流程化、流程职责化、职责岗位化、岗位表单化、表单信息化，内部控制建设可分为启动、实施、运行与优化三个阶段。

第一节 内部控制建设启动

一、单位内部控制组织架构建设

事业单位在内部控制建设启动阶段，应先搭建本单位内部控制的组织架构，明确领导机构、实施机构、评价与监督机构的人员构成及职责范围。

（一）领导机构

领导机构通常以领导小组的方式组建，它是事业单位内部控制建设的最高权力机构。因为内部控制是“一把手”工程，所以组长应由单位“一把手”（负责人）担任，其他领导班子成员作为副组长，小组成员为各业务部门负责人。

【案例 2-1】

A 局调整内部控制建设领导小组

A 局最初成立内部控制建设领导小组的时候，小组成员除了本级局领导和业务科室科长外，还包括下属县级公路局负责人。运行一段时间后发现，这样做没有实践意义。因为研究、决议内部控制事项都属于本级局领导的职责范围，县级公路局负责人无法参与，难以提出意见或建议。于是一年后 A 局重新调整了领导小组成员，不再包含县级公路局负责人，而是强调由各县级公路局自行组建本单位的领导小组。

（二）实施机构

实施机构通常以工作组或办公室的形式组建，这里的办公室与作为事业单位职能部门的办公室不同，是内部控制工作办公室。办公室主任或工作组组长可以由财务分管领导担任，牵头部门负责人作为副组长，成员由各业务部门中负责内部控制的工作人员组成。工作组或办公室的办公地一般设置在牵头部门。如果聘请咨询团队，团队成员也可以成为办公室或工作组成员。

【案例 2-2】

A 局将财务部门作为内部控制建设的牵头部门

依照《“三定”规定制定和实施方法》确定的内设机构，A 局不能单独设置内部控制职能科室，而确定财务科为内部控制建设的牵头部门。A 局这样做主要考虑三个因素：一是上级主管部门对内部控制工作的布置都是在财政厅下发文件后，交通运输厅财务处组织落实，与上级业务部门相对应有助于减少跨部门协调工作；二是内部控制建设围绕经济活动开展，以预算为主线，以资金管控为核心，财务部门业务范围更符合这两项特征；三是内部控制建设与财务管理具有较强相关性，其他部门作为牵头部门在专业方面显然不如财务部门。

（三）评价与监督机构

根据执行与监督相分离的原则，事业单位的内部控制评价与监督工作应独立于实施工作。单位应明确评价与监督的牵头部门，牵头部门通常是内部审计部门或纪检监察部门，还可以单独成立评价与监督工作组。组长由分管内部审计或纪检的领导担任，成员由内部审计人员和纪检监察人员组成。

【案例 2-3】

A 局将内部控制评价纳入内部审计部门职责

2020 年 A 局聘请内部控制建设专家为本单位内部控制建设提出改进意见和建议。专家指出，内部控制基础性评价与内部控制报告同时由财务科完成是不符合内部控制监督机制要求的，相当于“自己既是运动员，又是裁判员”，建议改由审计科作为内部控制基础性评价牵头部门。A 局采纳了专家的建议，增加了审计科的一项职责，内容为“组织实施本级年度内部控制基础性评价，监督、指导所属单位开展内部控制基础性评价工作”。之后，审计科每年 1 月均组织开展对上一年内部控制建设进行评价工作，形成评价报告报财务科，财务科将该报告作为内部控制报告的组成内容；同时，审计科对于评价时发现的控制薄弱环节，提出意见和建议，上报内部控制领导小组审议。

二、拟订内部控制建设实施工作方案

事业单位内部控制建设实施工作方案通常由内部控制建设领导小组办公室根据本单位实际情况拟订，报领导小组经小组成员审议通过后，形成正式文件在本单位内部下发执行。事业单位内部控制建设实施工作方案应在全体职工中传阅，并以一定方式进行宣传。事业单位内部控制建设实施工作方案应具备可操作性，主要内容包括：本单位进行内部控制建设的目标、应遵循的原则、覆盖的业务范围、工作要求、组织架构及其职责、实施流程、进度计划、阶段性成果等。下面以A局的内部控制建设实施方案为例。

【案例2-4】

A局内部控制建设实施方案

根据《财政部……》（××号）和《自治区财政厅……》（××号）文件精神，为保障我局本级内部控制建设的顺利进行，结合单位实际情况，制订本方案。

一、内部控制建设目标

根据《行政事业单位内部控制规范（试行）》的规定，本单位内部控制建设总体目标为：合理保证单位经济活动合法合规、资产安全和使用有效、财务信息真实完整，有效防范舞弊和预防腐败，提高公共服务供给的效率和效果。近期具体目标为：上级主管部门对我局本级内部控制评价达到80分（含80分）以上；通过开展内部控制建设与管理工作，不断降低管控风险，促进单位经济活动的合法合规性和经济管理水平不断提高。

二、内部控制建设遵循的原则

……（以《行政事业单位内部控制规范（试行）》中的原则为基础进行适当拓展）。

三、实施范围

（一）单位层面管理

梳理重大经济事项的内部决策过程，建立健全局党委会、领导班子会议事机制及“三重一大”决策机制，审查岗位设置及其职责，建立关键岗位管理制度，审查财务信息编报情况。

（二）业务层面管理

以预算为主线，以资金管控为核心，主要覆盖以下六大业务范围：

1. 预算业务

梳理预算业务全过程，包括预算编制、上报、分解下达、执行、调整或追加、决算与绩效评价等各个环节预算管理制度；明确各预算项目归口管理部门和各环节岗位设置及职责权限；建立预算编制的沟通与协调、执行分析等工作机制。

2. 收支业务

梳理收入与支出业务全流程，建立健全收入管理、支出管理、票据管理与债务管理等制度；明确收入与支出归口管理部门和相关岗位职责权限；确保收款、支出经办与审核审批、会计核算等不相容岗位相互分离；加强债务的对账和检查控制。

3. 采购业务

梳理采购业务全过程，建立健全政府采购预算与计划、采购申请与审批、招标代理机构和采购方式选择、招标文件准备与复核、政府采购活动、合同签订与验收、采购记录与归档等管理制度；明确采购业务归口管理部门和相关岗位职责权限；建立采购与资产、财务、工程管理等跨部门、多岗位协调与制衡机制。

4. 资产管理业务

梳理资产管理全过程，建立健全实物资产和无形资产配置、使用与处置等管理制度；明确资产归口管理部门和相关岗位职责权限；明确资产使用与处置程序及相关的审批权限；建立资产台账和资产信息管理系统。

5. 建设项目管理业务

梳理建设项目管理全过程，建立健全建设项目管理（包括项目立项、采购、招标、设计变更、竣工验收和项目资金等内容的管理）制度；明确项目归口管理部门和相关岗位的职责权限；建立项目管理与采购、资产、财务等相关业务管理的沟通协调与制衡机制。

6. 合同管理业务

梳理合同管理全过程，建立健全合同管理（包括合同订立、审批、签署、履行、登记、归档、违约和纠纷处理等内容的管理）制度；明确合同归口管理部门和相关岗位职责与权限；建立合同管理与采购、资产、财务、工程管理等跨部门、多岗位协调与制衡机制。

四、组织机构

A局为确保内部控制建设有效推动，成立内部控制建设领导小组与监督小组，常务机构为内部控制建设办公室，设在财务科。各小组成员及职责如下：

（一）领导小组

组长：××（局长），副组长：×××、×××（其他领导班子成员），成员：×××、×××……（各业务部门科长）

职责：（略）

（二）监督小组

组长：××（书记），成员：×××（审计科科长）、×××（纪检监察室主任）

职责：（略）

牵头部门：审计科

（三）内部控制建设办公室（实施机构）

办公室主任：×××（财务分管领导）

副主任：×××（财务科科长）、×××（办公室主任）

职责：（略）

牵头部门：财务科

五、实施计划

（一）启动阶段

1. 召开启动大会

拟于×年×月前召开内部控制建设启动大会，会议目的是……，参会人员为……，会议内容为……

2. 全员培训

拟于×月 ×日前聘请专家对全体干部职工开展内部控制基础知识培训。

（二）现状研判阶段

本阶段包括风险评估，拟外聘专业团队开展，于×月×日前完成。

（三）建设实施阶段

（1）细化岗位设置，重新编写岗位说明书，确定关键岗位，于×月×日前完成。

（2）业务流程梳理，确定主要风险节点，于×月×日前完成。

（3）业务内部控制制度梳理，确定需新建、修订和补充完善的制度清单，于×月×日前完成。

（四）建设初步成果阶段

编印内部控制手册、岗位设置和岗位说明书、内部控制管理制度汇编（×年版），于 ×月×日前完成，

六、工作要求

（1）各业务科室应对内部控制建设应予以高度重视，认真研读并深刻领会《行政事业单位内部控制规范（试行）》要旨，按照本方案要求尽快落实专人开展相应工作。

（2）各业务科室应相互合作、密切配合，推进内部控制建设工作。科室负责人要根据部门职责，切实组织完成实施阶段各时间节点内的工作任务，并注意相关资料的整理，存档备查。

（3）各业务科室应认真贯彻执行已建立的内部控制制度，及时发现控制薄弱环节，采取有针对性的整改措施，不断改进与完善内部控制制度。

三、开展内部控制建设宣传与培训工作

（一）多种形式宣传

事业单位应召开内部控制建设启动大会，参会人员包括全体干部职工，如果聘请专业咨询机构参与内部控制建设，则咨询机构应参加会议，会议的主要内容是让参会人员理解本单位开展内部控制建设的内涵、背景、意义和目的，宣布并解释内部控制建设的实施方案，动员和部署相关工作，包括对业务部门及人员的工作要求，最后宣布内部控制建设工作正式启动。召开内部控制建设启动大会的目的是启动全体人员的内部控制建设意识，让他们理解领导层对内部控制建设的部署和决心，掌握内部控制基本理念，并在行动上予以支持和配合。

启动大会在内部控制建设初期是一次性的，但是以后可以视情况召开推进大会，把内部控制建设的阶段性进展与成果向全体人员公布，布置下一阶段工作任务，进一步加深全体干部职工的内部控制意识，同时针对实施过程中遇到问题提出应对措施，确保建设持续不断地深入开展。事业单位还可以利用官方网站、信息简报、标语、宣传栏、知识竞赛等各种途径营造内部控制氛围，让内部控制理念深入人心。

（二）管理人员全员培训

所有管理人员都应被纳入培训范围。可以针对不同内部控制建设阶段，以及管理人员的不同岗位和身份开展不同层次的培训活动。启动阶段进行基础知识培训，对内部控制的基础知识进行宣贯，如行政事业单位内部控制的概念、背景、意义或作用，上级主管部门相关文件的精神，管理人员个人在内部控制建设中的影响，单位的预期目标等。内部控制建设深入到一定阶段后，可以适时开展深度的培训，如内部控制风险识别及风险管控方法、基础性评价基本框架、业务流程梳理，等等。

对于内部控制建设的骨干人员，可以偏重内部控制技术方面的培训，例如建立风险矩阵以识别流程中的主要风险点、内部控制自我评价等。对于本单位及所属单位领导班子和中层部门负责人，可以开展内部控制理论与实践相结合的培训，如解读内部控制规范、政策及相关文件精神，解读年度内部控制基础性评价报告和内部控制报告等。培训方式既可以“请进来”，聘请外部专业团队指导、授课，又可以“走出去”，参与培训的人员可以到内部控制建设情况较好的外单位观摩学习。

第二节
内部控制建设实施

一、内部控制现状诊断

事业单位进行内部控制建设时应对单位内部控制现状进行诊断，之后在每年进行内部控制评价时或领导层认为必要的时候进行。内部控制现状诊断是为了掌握单位内部控制现状，发现缺陷或问题，提出下一步工作思路和方向，主要流程为：

(一) 调查摸底

1. 审阅相关资料

通过收集并审阅内部控制相关资料，如事业单位职能说明及组织架构、业务部门职能及岗位设置说明书、重要会议的会议纪要、管理制度文件及流程图、业务流程中的相关表单、单位工作总结、网站发布信息，以及近期外部监督部门审计、督查、检查、巡察的报告或整改通知，对事业单位主要职能、经济活动运行情况和控制活动现状有基本了解。

2. 访谈

在基本了解单位内部控制现状后，可以通过访谈特定的人员加深对现状的了解，便于对现状形成初步预判。访谈对象为单位领导层、中层管理层及一般工作人员中的业务骨干或能直接接触业务流程的其他管理人员。访谈前，应先拟订工作计划，访谈内容包括被访谈的业务部门、人员及其岗位、时间安排、访谈地点、谈话提纲等。访谈过程中，应与被访谈人员进行充分沟通，准确记录访谈的主要内容，形成访谈记录，便于下一步汇总分析。对于事业单位领导层，访谈内容主要为单位层面的控制内容，如议事决策机制、绩效考核机制、单位文化理念、需解决的管理矛盾或问题。对于业务部门负责人，访谈内容主要在业务层面：部门间职责是否明晰或存在交叉；本部门岗位设置是否合理、职责是否明确；业务流程和审批权限设置是否恰当；与其他业务部门流程衔接或沟通是否顺畅；业务流程中的薄弱环节或存在的问题；等等。

3. 调查问卷

调查问卷发放对象可以是全体管理人员，也可以是特定范围的人员。调查问卷尽可能针对不同管理层次的人员设计，覆盖单位和业务两个层面。

(二) 分析与评估

1. 数据分析

对单位财务报表或财务报告、预算执行进度、业务指标完成情况、资产管理报告等数据进行比较分析或结构分析，发现资金、资产和业务管理方面存在的问题。

2. 风险评估

对重要业务事项、业务领域及经诊断发现的重点或重要风险进行评估，提出降低风险的策略，将评估结果形成评估报告，作为内部控制现状诊断或评价的依据。

（三）形成现状诊断报告

在对内部控制现状进行初次诊断或对某专项领域单独进行诊断时，应当出具诊断报告。事业单位每年开展例行的内部控制评价时，可以将诊断情况融入评价报告，不必单独出具诊断报告。内部控制现状诊断报告主要内容有：

（1）现状诊断的目的和范围；

（2）诊断依据；

（3）开展诊断工作情况介绍；

（4）诊断工作方法及程序；

（5）现有的内部控制制度目录清单；

（6）内部控制建设现状；

（7）单位层面控制诊断结果，包括存在的主要问题或缺陷、风险及影响和改进建议；

（8）六大业务层面控制分项诊断结果，包括存在的主要问题或缺陷、风险及影响和改进建议；

（9）诊断结果综述。

二、内部控制流程梳理与再造

在现状诊断基础上，对控制流程按照一定标准和要求进行整理，根据整理结果进行优化和完善，提高流程效率，纠正控制缺陷，解决存在的重要问题，这就是内部控制流程梳理与再造。此项工作步骤如下：

（一）确定流程梳理工作范围

在内部控制建设的不同阶段或根据不同的管理要求，梳理工作范围可以不同：在内部控制建设刚开始时候，应对业务流程进行全面梳理；内部控制建设取得初步成效后，可以对问题较多的局部业务领域或专项业务流程进行梳理。

（二）描述与分析业务流程

业务部门对所管理范围内的现有经济活动流程进行描述和分析，绘制流程图，对流程的科学性和合理性进行审查，识别关键节点和风险点，确认内部控制缺陷。

（三）优化或重新设计流程

根据业务流程分析结果，对控制流程进行优化或重新设计。一个全面的控制流程设计应当是多维度的，因为它既包含自己嵌入其他控制流程，也包含自己被其他控制流程嵌入，而且一个控制流程系统里面可能会形成多个分项子控制流程，设计人员应对诸多流程的承接、流转和嵌套关系进行科学、合理的布局。

（四）建立、修订相关内部控制制度

控制流程优化或重新设计后，要建立、修订相关内部控制制度，形成制度后才能确保流程固化，也便于监督部门依据制度实施监督。

【案例 2-5】

A 局在内部控制手册中对流程图图标进行定义

A 局在内部控制手册中根据业务流程情况绘制了流程图，并将流程图图标定义如表 2-1 所示。

表 2-1　流程图图标定义表

序号	图标	名称	定义内容
1		开始/结束	表示流程开始/结束。
2		流程活动	流程中具体步骤。
3		子流程	表示流程与流程之间的关联关系；流程中出现子流程，理解为流程的输入或输出。
4	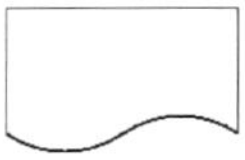	文档	表示此次经济活动流程输入、输出等相关的文件。
5	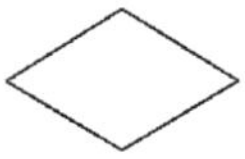	判定	表示对上一步骤进行判定，根据判定结果，下一步骤将分为两条支线。

三、编制《内部控制手册》

（一）《内部控制手册》的内涵

《内部控制手册》（以下简称《手册》）是单位内部控制建设的成果，它汇总了事业单位一定时期内部控制建设的内容、方法和实施成效，为内部控制执行提供了一个全面、系统、有针对性的指导文件。《手册》起作用的前提是内部控制体系的有效性，如果内部控制体系不健全甚至薄弱，不可能发挥出《手册》的作用。

（二）编制《手册》的要求

编制《手册》时要注意覆盖《行政事业单位内部控制规范（试行）》中的各项控制要素，其框架结构系统、科学，内容符合单位实际情况，具有适用性。《手册》的编制完成并不意味着事业单位内部控制建设的终结，而是内部控制持续优化的起点。一段时间后，当原有的控制内容发生了较大改变或者根据形势发展需要增减、改进某些内容时，需要随之修订控制内容。因此，《手册》编制完成时需注明“××年版”，具有一定有效期。

（三）《手册》的制作、使用与更新

《手册》的制作通常由内部控制建设办公室或牵头部门负责，其他业务部门配合，经过内部控制建设领导小组审阅确认无误后，由单位负责人批准印发。未经批准，任何业务部门不得擅自发布或修改《手册》。《手册》印发后应只在单位内部使用，未经批准，不得随意向外部单位或个人提供。

当内部控制要素、流程、内外部环境及制度等《手册》内容发生较大变化时，应及时组织修订和更新。各业务部门对《手册》使用过程中发现的问题，应及时反馈给内部控制建设办公室或牵头部门。一般《手册》更新的间隔时间最短一年，最长三年。《手册》更新的资料包括但不限于：修订后的内部控制制度或流程图、内设机构职责、岗位设置及其说明书、风险评估情况、自我评价情况。

（四）《手册》的基本结构

1. 总则

总则是对《手册》进行指导性或概括性的解释或说明，主要内容有：

（1）单位基本情况简介、单位组织架构图、单位各部门职责、岗位设置及其说明书（单独成册）；

（2）编制的目的及意义；

（3）编制依据及原则；

（4）适用范围；

（5）流程编码规则和符号含义说明；

（6）内部控制总体架构与相关定义术语；

（7）版本与使用、更新说明。

2. 单位层面内部控制

阐述单位组织架构、工作机制、关键岗位和关键人员、会计系统、内部控制信息系统等内部控制要素的建设要点。

3. 业务层面控制活动

对预算、收支、建设项目、采购、合同、资产管理六大业务领域相关控制活动的控制目标、管理机构和职责、审批权限、控制流程和风险、不相容岗位等内容分别进行阐述。

4. 风险评估

阐述单位经济活动风险分类、风险评估目标、风险点评估分析、工作流程、风险识别和分析、风险应对策略和风险评估报告等内容。

5. 内部控制自我评价

阐述单位内部控制自我评价的组织、方法、内容与范围、评价模式、缺陷认定、评价流程、评价报告等内容。

6. 内部控制监督

阐述单位内部控制监督的组织架构、主要内容、日常监督和专项监督的实施等内容。

第三节 内部控制运行与优化

内部控制建设取得初步成效后进入运行与优化阶段，如何维持建设的成果、保持内部控制稳定运行并持续改进是这个阶段的目的。要对内部控制进行常态化管理，实现控制活动的系统化、规范化、流程化，主要有以下几项工作。

一、制订年度内部控制工作计划

内部控制建设领导小组每年应组织对上一年度内部控制建设情况“回头看”工作，通报上一年度内部控制检查、评价发现的问题或缺陷，分析原因，制订整改方案并列入本年度内部控制工作计划。每年年末召开内部控制会议，总结全年内部控制建设情况，对当年计划任务的完成情况进行分析，提出下一年度工作目标和工作计划，经领导小组讨论通过后执行。

二、内部控制教育与培训

内部控制建设牵头部门每年至少应组织一次全员内部控制培训，使单位全体工作人员了解内部控制理念和方式方法，从而将内部控制理念融入日常经济管理活动中。每年的工作计划中应涵盖内部控制培训安排，包括培训的方式、内容、时间、地点、参加人员、费用预算等。

三、内部控制文化的培育

内部控制文化是单位职工对于内部控制的理念、思维方式、工作方式、价值观的认知、养成与运用。事业单位党政主要负责人重视内部控制建设，带头执行相关管理制度，自觉将自身权力约束在规定权限范围内；单位管理层严格遵循控制流程，依法依规，履职尽责；在事业单位上下开展内部控制相关知识的宣传与教育；内部控制监督落实到位，监督部门严肃查处违纪违规行为，这些做法与举措都有助于形成、传导内部控制意识和观念，让规范化、制度化、流程化刻入日常经济管理活动的思维，形成良好的内部控制文化氛围。

四、内部控制运行监督

将内部监督纳入内部控制日常运行，不断完善监管机制，促进监督常态化管理，能够为内部控制运行提供有力保障。事业单位应构建覆盖经济管理活动事前、事中和事后的监管体系，发现问题及时督促整改，强化问责机制和奖惩机制，保障内部控制健康运行。内部监督部门是内部控制运行监督的主要力量，不仅参与内部控制建设，还要把内部控制监督纳入日常工作计划，结合自身业务，确保监督成效，如内部审计部门实施内部控制专项审计或检查，纪检部门受理有关经济活动的举报案件，按控制流程查找办案线索。

五、内部控制自我评价

事业单位的内部控制建设是一个持续优化的过程，优化是以不断地自我评价为基础的。每年末，单位应当对一年来内部控制的建设与执行情况进行自我评价，由牵头部门组织各业务部门按照上级主管部门的工作部署结合本单位《手册》开展。通过自我评价，分析可能存在的重大或重要风险点，提出改进意见或建议，经整理汇总后，按一定的格式和编制要求形成自我评价报告，上报内部控制领导小组审阅，作为内部控制优化的依据。

第三章

单位层面内部控制

第一节
组织架构

单位层面内部控制着重营造内部控制环境，提供了内部控制的基本规则和构架，影响着单位从领导层到普通工作人员的控制意识。它和业务层面控制共同组成了单位内部控制体系，也是业务层面控制的基础，主要包括组织架构、工作机制、关键岗位、关键人员、会计系统与内部控制信息化系统等内容。

一、组织架构的含义

组织架构的含义可以从两个角度来理解：一是单位内部环境角度。组织架构是由职能部门、工作职位和层级机构有机构成的一个组织系统，主要内容是机构设置与权责配置。它与单位发展目标任务、组织文化、人力资源政策、内部监督机制、内部治理结构共同构成了单位内部环境。它决定了单位经济管理活动的格局，对风险评价、业务控制、信息沟通与协调有着广泛的影响。二是内部控制建设角度。组织架构是指单位内部控制建设的相关机构情况，是单位层面内部控制建设的基础。完善的组织架构是实施内部控制的必要条件。

二、组织架构控制目标

组织架构控制目标包括以下几点：

（1）按照决策、执行、监督权力相互分离的原则设置组织架构，分工合理，运转高效。

（2）各内部机构权责一致，建立健全沟通协调机制。

（3）内部控制建设牵头部门及各职能部门职责明确，能确保内部控制制度有效执行。

三、组织架构控制主要风险点

组织架构控制主要风险点包括以下几点：

（1）内部机构设置未体现决策、执行、监督三项权力的分离，不能实现有效制衡。

（2）机构设置不科学、机构重叠、职能交叉或缺失，运行效率低下。

（3）权责分配不合理、权力与责任不匹配或权责过于集中。

四、组织架构控制建设

（一）内部机构设置

内部机构设置应体现决策、执行、监督三项权力的分离，实现彼此分工与有效制衡。事业单位内部机构的设置分为常设机构和非常设机构：常设机构是单位为处理日常事务而设立的机构，其办公场所、人员配备、管理业务范围相对固定，具有长期、持续性运行的特点，如办公室、财务科等；非常设机构是为完成阶段性工作任务而成立的临时性机构，或是为处理某项特定工作事项而成立的统筹组织、协调机构，如部门预算编制领导小组、政府采购领导小组、××工程项目建设办等组织机构，这类机构没有长期固定办公场所，人员由多部门、各层级的负责人或业务骨干组成。通常，事业单位对内部常设机构没有自主决定权，决定权在于上级主管部门。因此，如果常设机构不能很好地体现“三权分离”的原则，那么就需要考虑非常设机构或岗位设置以弥补三项权力不能有效分离而造成的内部控制缺陷。

【案例 3-1】

A 局组织架构变迁的利弊分析

2018—2020 年，A 局党委书记退休，由局长兼管党委工作，局长直接管理的业务部门有：办公室、党委办公室、审计科和人事科。其中人事科具有干部任免管理的执行权，审计科行使审计监督权，执行权与监督权未有效分离。2021 年，上级给 A 局任命了党委书记，书记到位后的新组织架构如图 3-1 所示。

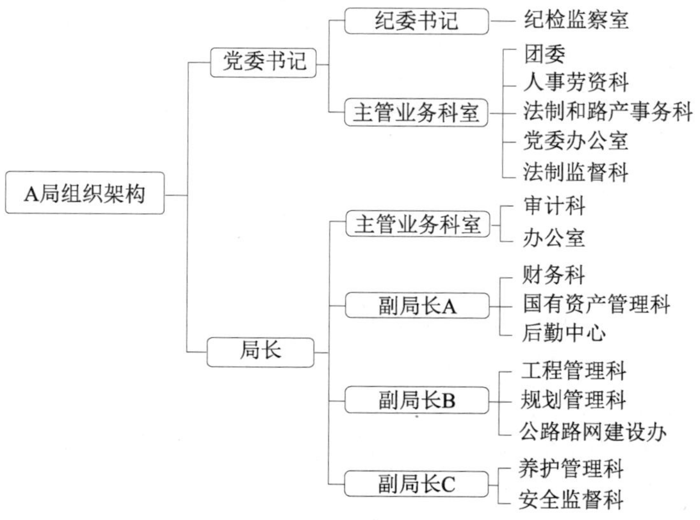

图 3-1　A 局组织架构图

调整后的组织架构明显更能体现“三权分离”的原则：A局党委书记主管人事劳资科、纪委书记主管纪检监察室、局长主管审计科，具体的业务层面由副职领导主管，有效实现了“三权分离”。

（二）内部机构权责配置

事业单位应加强控制意识，合理配置内部机构的职责和权限，确保权限清晰、职责明确。权责配置应考虑单位目标任务、管理需求、人员配备、各业务部门职能等具体情况，结合内部控制流程要求，建立起各业务部门之间的沟通协调和联动机制。

【案例3-2】

A局机关国有资产管理职责之争

A局机关长期以来由国有资产管理科（以下简称“国资科”）负责机关和所属单位的资产管理工作，其中包括机关资产的实物管理、固定资产信息系统管理、出租出借处置等。2021年，国资科新科长上任后向A局领导建议，把机关的资产管理职责移交给后勤中心，认为后勤中心实际负责了机关资产采购计划编制、资产使用安排、日常资产的维护和维修等多项资产管理工作，与国资科的权限构成了职能交叉，造成了业务上的推诿扯皮。后勤中心负责人则认为资产管理是国资科的主要职能，后勤中心只是配合开展机关资产管理工作，不同意国资科科长的建议。A局领导班子会经过研究讨论认为：后勤中心的工作范围和性质决定其需要经常性地涉及机关资产业务，将机关资产管理职责归入国资科，会增加不必要的工作环节和协调难度，因此同意国资科科长的建议，对国资科和后勤中心科室职责进行调整，同时要求国资科修订《机关国有资产管理办法》。

（三）内部控制建设组织机构

内部控制建设的组织机构主要有以下三部分。

1. 领导机构

常见的内部控制建设的领导机构形式是由单位行政负责人担任组长的领导小组，小组成员为领导班子成员，统一领导、组织、协调内部控制建设工作，对内部控制建立健全和有效实施负总责。领导机构的主要职责有：

（1）审议草拟的各项内部控制制度、内部控制建设实施方案、风险评估和内部控制评价方案。

（2）审议内部控制年度工作计划、内部控制工作报告、风险评估报告、控制评价报告。

（3）研究本事业单位的重大决策、重大风险、重大事件、重要业务流程的判断标准和判断机制。

（4）组织整改内部控制建设中存在的问题，研究推进单位内部控制建设的重大举措。

（5）组织内部控制管理文化培育，推动内部控制建设常态化。

（6）指导、督促本级和所属单位推进内部控制建设工作。

（7）决定其他内部控制建设事宜。

2. 牵头部门

可以采取两种形式设置牵头部门：一是单独设置内部控制职能部门。由于事业单位受上级主管部门“三定”（定职能、定机构、定编制）规定的限制，目前暂没有这种形式的案例。二是指定某一常设机构作为牵头部门。该形式是目前普遍采取的形式，最常见的是把财务部门作为牵头部门，因为从中央到地方内部控制建设相关文件及政策法规的制定和发布均由财政部门负责，安排事业单位财务部门作为主办部门承接相关工作，有利于业务对接。有的事业单位安排办公室作为牵头部门，主要考虑到内部控制建设工作的综合性较强，涉及各业务部门和全体干部职工，办公室作为综合性部门便于统筹、协调相关工作；有的单位没有独立的财务部门，财务管理职能并入办公室，所以也只能将办公室作为牵头部门。牵头部门负责牵头开展内部控制建设相关工作，并且作为主办部门对接上级主管部门关于内部控制的工作部署。

3. 内部控制工作机构

领导小组可以下设办公室或工作组，由财务分管领导担任主任或组长，各职能部门业务骨干作为成员，主要负责内部控制建设的具体实施与贯彻执行。不设办公室或工作组的，则由牵头部门组织各业务部门贯彻落实内部控制建设的相关工作。

内部控制建设办公室主要职责为：① 制订内部控制建设实施方案，指导内部控制与各项业务活动相融合。② 编制年度内部控制工作计划并组织实施。组织业务部门开展业务流程梳理和部门内岗位设置，编制流程图和岗位说明。③ 组织编写年度内部控制报告和内部控制手册。④ 组织实施本单位风险评估，编写评估报告。⑤ 组织内部控制培训，筹备内部控制会议。⑥ 向内部控制建设领导小组提出完善和改进内部控制的意见或建议。

4. 监督机构

事业单位如果设有独立的内部审计或纪检监察部门，可以指定其中一个相关业务部门负责对内部控制建设进行评价。内部审计和纪检监察部门都可以对内部控制建设情况进行监督检查，其中纪检监察部门侧重于对“人”的监督和建设相应的廉政风险防范机制，内部审计部门侧重于对“事”的监督和建设相应的业务风险防范机制，两者相辅相成，构成单位内部控制建设的监督体系。

监督机构主要职责有：① 检查内部控制制度的执行情况；② 审核内部控制风险评估报告；③ 建立内部控制评价体系，制订内部控制评价方案并组织实施，编写评价报告；④ 审核内部控制报告；⑤ 跟踪内部控制建设的进展，发现问题及时向领导小组报告，督促有关整改工作的落实。

5. 执行机构

各业务部门是内部控制建设的执行机构，是具体的责任主体，其主要职责是：对本部门经济业务流程和事项进行分析和梳理，确定其运行过程中的主要风险、关键环节和关键控制点；针对每一个关键环节和关键控制点制定有效的控制措施；建立与完善本部门内部控制相关制度，制定风险防控措施，整改本部门内部控制缺陷。

第二节 内部控制工作机制

一、内部控制工作机制概述

（一）内部控制工作机制的定义和内容

工作机制是贯穿、联系各个工作环节并促使其有效运转的工作程序与规则，是一个相辅相成的整体。内部控制工作机制是以单位的组织架构为载体，将制衡与监督理念贯穿于业务流程和管理制度，确保内部控制目标实现的程序和方法，具体如下：

1. 议事决策机制

议事决策机制是事业单位讨论商定经济活动事项的范围、原则、流程和安排，针对不同风险等级、不同类别的经济活动事项确定不同的审批、决策权限而制定的决策规则。

2. 执行机制

执行机制是事业单位在落实经济管理活动相关的工作部署和决策时的运行方式和方法。

3. 监督机制

监督机制是事业单位对其内部控制的健全性、合理性和有效性进行监督、监测与检查，对发现的问题进行报告并做出相应处理的过程，包括持续性的日常监督和专项监督。

4. 风险评估机制

风险评估机制是定期或不定期分析、评价单位内部权力运行和内部控制体系中存在的缺陷、问题及其风险程度、可能产生的风险后果。评估结果将作为完善内部控制建设的依据。

5. 岗位责任制

岗位责任制是事业单位依照机构编制方案中设定的各职能部门人员编制数，确定相应的岗位及其岗位职责，对岗位履职情况进行考核，并采取奖惩措施的机制。

（二）内部控制工作机制的控制目标

内部控制工作机制的控制目标包括以下几点：

（1）议事决策、执行与监督机制相互独立，相互制衡。

（2）议事决策机构职责与权限明晰，“三重一大”事项经过集体决策，决策过程合规合法。

（3）决策和工作部署落实到位，执行有力。

（4）保证监督机制运行有效，及时发现决策机制与执行机制中存在的问题。

（5）经济活动风险评估定期或不定期进行，评估结果得到有效运用。

（三）内部控制工作机制的主要风险点

内部控制工作机制的主要风险点包括以下几点：

（1）议事决策、执行与监督权未有效分离，内设机构职责不清。

（2）对“三重一大”事项未制定决策制度，业务事项审批授权不明晰，流程不规范。

（3）监督机制流于形式，发现问题未及时督促整改。

（4）未开展风险评估，风险分析不到位，对已识别的风险未采取应对措施。

二、工作机制控制建设

（一）三权分离、相互制衡

内部控制的灵魂是制衡。决策权、执行权和监督权相互分离、彼此制衡是内部控制工作机制的核心要义。单位各业务部门之间、各岗位之间、各业务环节之间、管理层之间应相互监督、相互制约。完成某项业务流程由两个以上独立的部门、人员或岗位办理，经历两个以上的业务环节。履行监督职责的部门具有相对独立性，依据分事行权、分岗设权、分级授权的原则，建立起权责一致、制衡有效的内部控制体系。

事业单位的决策机构确保决策的科学性与合法合规性，明确决策事项的内容，落实相关责任部门的任务、进度、职责与权限。执行机构反馈决策执行情况及遇到的问题和难点，向决策机构反馈意见和建议，决策机构借此优化、调整决策事项。监督机构对决策的科学和合理性，以及执行机构执行情况进行监督检查，发现问题提出整改意见，促进决策与执行的优化。

（二）议事决策机制

议事决策机制是确保事业单位规范运行的基本规则，它保障了议事决策主体依法依规行使职权并承担相应的决策责任。事业单位议事决策权的主体一般为单位领导，事业单位应当建立集体决策的内部控制制度，明确集体决策的范围、方式、方法，以及决策规则、决策结果的表现形式等内容。

1. 议事决策的基本原则

事业单位的议事决策应遵循的三项基本原则：一是民主集中制原则，坚持民主基础上的集中和集中指导下的民主相结合，最大限度激发参与议事人员的创造力，统一参与议事人员的思想和行动，克服议而不决、决而不行的“分散主义”；二是集体决策原则，凡属“三重一大”事项即重大事项决策、重要干部任免、重大项目投资决策、大额资金使用，除遇重大突发事件等紧急情况需应急处置外，均应当提交决策机构集体研究决定，未经集体研究，单位领导个人不得以个人决策或个别征求意见等方式代替集体决策；三是科学性原则，议事决策过程应建立在充分调研、论证、咨询的基础上，实事求是，选择符合人民群众根本利益、符合社会经济发展规律的最佳决策方案，实现决策科学化。

2. 议事决策的内容

需要单位领导进行议事决策的事项有一般事项和“三重一大”事项。“三重一大”事项最早源于 1996 年第十四届中央纪委第六次全会公报中关于领导干部廉洁自律在政治纪律方面四条要求中的第二条：“认真贯彻民主集中制原则，凡属重大决策、重要干部任免、重要项目安排和大额度资金的使用，必须经集体讨论作出决定。”2005 年中共中央颁布的《建立健全教育、制度、监督并重的惩治和预防腐败体系实施纲要》（中发〔2005〕3 号）第六条“加强对权力运行的制约和监督，确保权力正确行使”中提出：“加强对领导机关、领导干部特别是各级领导班子主要负责人的监督。要认真检查对党的路线、方针、政策和决议的执行情况，监督民主集中制及领导班子议事规则落实情况，凡属重大决策、重要干部任免、重大项目安排和大额度资金的使用，必须由领导班子集体作出决定。”

至于什么内容或范围的决策属于重大决策，什么类型或级别的干部任免属于重要干部任免，多大规模、标准的项目属于重大项目，多少金额属于大额资金，需要事业单位根据自身的实际情况，结合风险管控需求进行设定，属于“三重一大”事项通过后就不得随意变更。

【案例 3-3】

A 局在“三重一大”制度中对重要项目和大额资金使用范围的界定

◆ 重要项目安排，是指对各县级公路管理局或 A 局本级产生重要影响的项目立项。主要包括：

（1）公路基本建设和公路养护建议计划。

（2）A 局本级重大、关键性的设备引进和单项价值 50 万元（含）以上的重要物资、设备等购置项目；其他单项价值 20 万元（含）以上的项目。

（3）单项 10 万元及以上的办公、生活设施新建及维修。

（4）其他需要集体决策的重要项目安排。

◆ 大额资金使用，是指超过限额的资金调动和使用。主要包括：

（1）局本级一次性 10 万元（含）以上但预算资金未到位的应急支出或紧急政策性支出。

（2）20 万元（含）以上向局本级以外的单位借入款，以及 50 万元（含）以上内部工程项目借款（不含工程预付款）。

（3）其他需要集体决策的大额资金使用。

3. 议事决策的方式

《行政事业单位内部控制规范（试行）》第三章第十四条规定：“单位应当建立健全集体研究、专家论证和技术咨询相结合的议事决策机制。”集体研究是单位议事决策机制的主要方式。在集体研究决策之前，可以聘请有关专家参与重大决策事项咨询论证工作，提出论证意见；或者聘请技术顾问、第三方技术团队对于决策中涉及的重大、关键技术问题提供技术支持，专家或技术咨询的意见均可以作为集体研究时的议事依据。

4. 议事决策的形式

单位议事决策的形式一般为党委会或领导班子会，召开之前应根据所议事项性质和内容确定是属于党委会研究范畴还是领导班子会研究范畴。因为这两个会议在参会领导、会议主持和发言顺序等方面还是有所区别的。有时候决策中属于一般工作任务部署的，还可以通过办公会议或例会的形式进行。

5. 议事决策的程序

议事事项提交领导集体决策前，相关业务部门须进行深入细致的研究论证，综合吸收各方面意见。涉及提拔任用或重要推荐、评优评先的，应征求纪检监察部门意见。与干部职工切身利益密切相关的，应广泛听取职工意见建议；对于专业技术性较强的重要事项，应先进行论证提交论证报告。会议一般不能临时动议或临时表决事项，特别是不能临时动议重大议题。

经过研究论证后，业务部门提交议事申请，经业务分管领导同意后，由主要领导确认采取何种议事形式。如涉及多个部门的事项，牵头部门应当主动沟通协调。如遇特殊情况需对已经决策的内容做重大调整的，应重新履行决策程序。进行“三重一大”事项决议时，需要有半数以上领导班子成员到会方可召开，赞成票超过应到会班子成员半数的为通过，其中讨论决定干部任免、处分党员事项，党委必须有三分之二以上成员到会，以应到会成员超过半数同意形成决定。会议议题涉及领导本人或者其亲属，以及存在其他需要回避情形的，该领导应当回避。根据会议议题，有关职能部门负责人可以列席会议。

6. 议事决策的形成

领导班子成员或党委成员在会议上对决策事项逐个明确表示同意、不同意或缓议的意见，并说明理由。会议主要领导应在其他成员充分发表意见的基础上，最后发表意见，并明确是否做出决议。对讨论中意见分歧较大或发现有重大问题尚不清楚的，除在紧急情况下按多数人的意见执行外，应暂缓决策，待进一步调查研究后再做出决策。会议表决方式可以采用口头、举手、无记名投票或者记名投票等方式进行，但不得以传阅会签或个别征求意见等方式代替。决策事项的表决结果和表决方式应记录存档。

（三）执行机制

各业务部门是事业单位议事决策的执行机构。议事决策结果由会议记录部门或分管领导及时通知有关业务部门及相关人员贯彻执行。集体决策后，领导班子或党委成员需要按照决策结果执行，个人无权改变集体决议的结果，如有不同意见可按组织程序向上级部门或党组织反映意见，在没有做出新的决策前，应无条件执行。领导成员按分工和职责组织实施决策，遇有分工或职责交叉的，由主要领导明确一名班子成员牵头负责。事业单位应建立对决策执行的跟踪与考核机制，如发现新情况、新问题，要及时修正完善。如无法执行原决定，有关成员可以提出意见，并通过进一步调查论证，进行复议。

各业务部门、各岗位之间应建立沟通、协调与协同工作机制，做到沟通顺畅、信息共享、相互理解、相互支持、彼此配合。各决策具体执行人应认真履职，及时向本部门负责人反馈决策事项的执行情况和存在的问题，并向其他业务部门具体执行人传递相关信息。

决策执行过程中应建立授权审批制度，明确审批权限和审批级别，常见的有分级审批、额度审批、分项审批。分级审批一般发生在上下级之间，下级单位的直属上级单位按照自身权限和职责范围对下级单位申请的事项进行审批或转报主管部门。额度审批是通过控制审批的金额范围来设置审批权限。分项审批是按照经济事项的内容确定审批权限。任何审批权限均需要经过单位的权力机构授权或内部控制制度的规定予以明确。

（四）监督机制

监督机制包括日常业务活动监督、内部审计监督、纪检监察监督。日常业务活动监督为单位领导、业务部门负责人、业务主办对所负责业务领域的经济活动及上下级经济往来进行的监督。内部审计监督是内部审计机构对事业单位内部控制制度的实施效果进行监督。纪检监察监督则是纪检监察部门通过对党员领导干部及普通干部职工涉嫌违纪违法、职务犯罪等问题进行核实与审查调查来监督内部控制的贯彻执行情况。

（五）风险评估机制

内部控制风险是在内部控制建设和实施过程中，由于各种内部控制要素变化触发潜在风险甚至使之激化或快速演化，引发管理者未意料到的后果。风险评估机制是内部控制制度和方式方法相互结合的过程，既对已暴露的风险进行评估，还需要对控制措施影响的主要风险点进行评估。事业单位需要从源头防控风险，通过科学评估、分析和判断，形成合理、有效的应对方案。

（六）岗位责任制

事业单位需要根据本单位的职能、工作目标、领导职数、人员编制及结构情况，科学合理地设置岗位，按需设岗，按岗聘任，职工竞聘上岗。岗位设置应明确岗位名称、职责、等级、任职资格等，岗位名称应简明规范，并保持相对稳定。岗位设置应进行类别与等级管理，类别一般分为管理类、专业技术类和工勤类，每个类别设置不同的等级，例如专业技术岗位分为高级、中级和初级，其中中级岗位分为八级至十级，高级和初级也有类似等级划分。

每个岗位均应有基本任职条件，如任职人员应遵守法律法规，具有良好的职业道德和品行，具备岗位所需的专业、能力或技能条件，具备适应岗位要求的身体条件，认真履行岗位职责，等等。除此之外，还可以针对不同类别的岗位附加其他条件，如实行职业资格准入的专业技术岗位应具有相应的从业或职业资格。

岗位名称不应笼统地以某种职业类型表述，如工程师岗、会计岗、文员岗等，这样的表述不能说明一个职能部门的业务范围和内容，无法论证该职能部门配备人员数量的合理性和必要性。岗位设置尽可能结合职能部门的管理需求细化，岗位设置完成后，各业务部门应编制岗位说明书，明确岗位工作职责。人事部门负责各岗位任职条件和人员绩效考核标准等内容的编写。岗位说明书是人员聘用和管理的主要依据。

岗位人员负责处理本岗位职责范围内的事项，按时完成工作任务或领导交办的临时性工作；各职能部门负责人负责组织本部门各岗位开展工作；分管领导负责组织分管职能部门开展工作，管理分管业务领域；事业单位主要领导负责本单位的党政全面工作。单位人事部门统一组织对岗位人员的绩效进行考核。岗位人员履职情况应与个人绩效考核挂钩，如岗位人员有因失职、渎职行为或违纪、违规行为造成不良后果，用人单位应对岗位人员进行责任追究。

第三节
关键岗位控制

一、关键岗位控制概述

（一）关键岗位的定义和分类

事业单位关键岗位承担着重要工作职责，掌握着职能部门完成工作任务、单位完成发展目标所需的关键技能，短期内不易通过内部人员调换和外部人才供给所替代。事业单位关键岗位分为三类：第一类是具有较高专业技术技能，承担单位主业任务的技术岗位；第二类是在主要业务层面具有一定审核审批权限的管理岗位；第三类是涉密岗位。

（二）关键岗位控制的目标

关键岗位的控制目标包括以下几点：

（1）关键岗位设置科学、合理，符合内部控制流程要求。

（2）建立了关键岗位责任制，明确关键岗位的职责和权限。

（3）关键岗位和不相容岗位相互分离。

（4）建立关键岗位轮岗机制。

（三）关键岗位的管理机构和职责

人事部门是关键岗位的归口管理部门，业务部门是关键岗位的具体管理部门，职责如下：

人事部门负责组织、指导各业务部门对关键岗位的管理工作；人事部门需要提出轮岗建议；人事部门需要汇总各业务部门的轮岗执行情况并进行评价和分析；人事部门要参与制定与轮岗相关的内部控制制度。

业务部门负责确定关键岗位职责与权限，业务部门须拟订岗位说明书；业务部门须执行轮岗制度，报告轮岗执行情况及效果，对轮岗出现的问题采取解决措施或提出建议、意见。

（四）关键岗位控制的主要风险点

关键岗位控制的主要风险点包括以下几点：

（1）未明确关键岗位，关键岗位职责和权限不清晰。

（2）关键岗位的设置缺乏监督机制。

（3）关键岗位未建立轮岗机制，对于不能执行轮岗的情况未采取必要的监督或检查手段。

二、关键岗位控制建设

关键岗位控制建设主要包括如下内容：

（1）建立和完善关键岗位相关的管理机制

事业单位应当建立关键岗位相关的管理机制，明确关键岗位的名称、所在部门、工作职责、任职资格、任职要求、不相容的岗位、轮岗等内容。

（2）关键岗位的识别

事业单位可以按照如下内容识别任职人员是否适合关键岗位：一是岗位职责的履行对业务结果影响较大，同时对业务过程其他工作环节、其他部门也有一定影响；二是关键岗位履职需要足够的分析能力、判断能力和自由裁量权，有时需要岗位任职人员独立解决问题；三是岗位任职人员与其他岗位任职人员交流需要一定的沟通协调能力；四是岗位任职人员应具备较高的综合素质，岗前培训或所需工作经验相对要长。事业单位可以参照职称评定有关规则，根据关键岗位的识别标准，从岗位责任的影响度、行动的自由度、协调能力、工作经验、综合能力等要素对岗位进行评估，确定关键岗位。

（3）明确关键岗位职责与权限，确保不相容岗位相分离

根据单位经济管理活动的情况，结合内部控制流程，业务部门应当明确哪些岗位属于关键岗位，拟定关键岗位说明书，划定关键岗位承担的职责及其权限范围。关键岗位与其他岗位之间应当相互制约、相互监督，不相容的岗位相分离，如业务的申请与审核审批、业务的审批与支付。

【案例 3-4】

某公路路政执法大队会计兼劳资员

A 局所属的某公路路政执法大队执法力量不足，有时候会出现一人履职多岗的情况。2018 年，该大队劳资员退休，该单位领导认为由会计负责工资表制单能较好地解决劳资员缺岗问题，确保劳资工作顺利进行，于是该单位安排会计兼任劳资员。这看似解决了劳资员缺岗的问题，实际违反了内部控制不相容岗位不能由一人担任的基本原则。与私营企业不同，行政事业单位的工资福利待遇政策性很强，通常要求单独设立劳资员专岗。财务人员负责审核劳资部门或劳资员列报的工资和福利待遇的名目，判断金额是否在批复的预算之内，两个岗位之间形成稽核关系。如果全部都由会计一人担任，不仅因缺少稽核容易出现错漏，损害职工切身利益，更容易滋生舞弊行为。

（4）建立关键岗位的轮岗机制

事业单位应建立关键岗位轮岗机制，使轮岗规范化、制度化，明确关键岗位轮岗机制的实施条件、方式、周期和人员安排，监督检查轮岗的执行情况并对轮岗的效果进行总结评价。

【案例 3-5】

某县公路局探索关键岗位跨部门 AB 岗

为了有效解决基层单位人才紧缺、业务部门人员少、历练通道狭窄的问题，某县公路局 2022 年试行关键岗位跨部门 AB 岗人才培养计划。具体做法是：挑选单位年轻职员，根据其个人专业技能，安排他们进入业务相近部门的关键岗位进行见习，周期至少 3 个月，初步了解这些关键岗位的日常管理工作情况后，选择适合自己的预备岗位，遇到紧急任务可以协助完成。此举培养了一专多能人才，一定程度上解决了某些业务部门关键岗位专业人员紧缺的问题，提升了部门间协同与配合的能力。

第四节 关键人员控制

一、关键人员控制概述

（一）关键人员的定义

关键人员是履职关键岗位的人员。关键人员可以任职多个岗位，但是不能同时兼任不相容岗位。也可以一个关键岗位由 A 和 B 两人员担任，A 在岗位上起主导作用，B 辅助 A 工作，如果 A 因故不能在岗，B 可以在第一时间补充或替代。关键人员的能力水平和职业操守会影响关键岗位的效用，以及能否落实内部控制制度。

（二）关键人员的控制目标

关键人员的控制目标包括：

（1）关键人员选用恰当，资格和能力与关键岗位相匹配，涉及领导职位的选用过程依法依规。

（2）对关键人员进行持续性的技能培训和职业道德培训。

（3）对关键人员定期考核，建立了关键人员奖惩机制。

（4）建立关键人员的轮岗机制或在无法轮岗时的替代性监督机制。

（三）关键人员的管理机构和职责

人事部门是关键人员的归口管理部门，业务部门是关键人员的具体管理部门，纪检监察部门是关键人员的监督部门，三个部门的职责如下：

人事部门负责对关键人员的识别和建议，制定关键人员绩效考核制度，组织绩效考核工作。

业务部门负责对部门关键人员的日常管理、素质教育与培训。

纪检监察部门负责监督关键人员执行法律法规、规章制度情况及行使权力情况；协助开展对关键人员的党风廉政建设；查处关键人员违反党纪、政纪案件；开展行风建设，纠正各类不正之风。

（四）关键人员控制主要风险点

关键人员控制主要风险点包括以下几点：

（1）没有依法依规选用关键人员，或选用关键人员的程序不符合内部控制流程。

（2）关键人员的工作资格、业务能力和职业操守与所在的关键岗位不匹配。

（3）业务部门未对关键人员进行持续培训或培训没有效果，影响关键人员工作效率，甚至发生舞弊行为。

（4）未建立关键人员的考核与激励机制或考核与激励机制不够公平、合理。

（5）关键人员未进行轮岗，也未对其工作状况进行监督检查。

二、关键人员控制建设

（一）建立关键人员相关管理机制

事业单位应当建立管理关键人员的相关内部控制机制，包括关键人员选用的资格条件、关键人员选用或变更的程序、在岗名录、评价与考核、教育与培训，以及相应的激励机制，等等。

（二）关键人员的配备

对于关键岗位的人员配备，应把职业操守、专业技术能力、工作经验和协调沟通能力等因素作为配备的依据，配备关键人员时需要避免只偏重职业操守或只偏重专业技术能力的情况发生，配备在领导岗位的关键人员还应当遵循领导干部任用的组织程序。

（三）关键人员的考核评价与奖惩

关键人员承担着比一般人员更多的责任和风险，工作强度和难度也比较高，比如财务部门的预算管理会计、公路桥梁工程师等。对关键人员的考核评价不仅仅要依据其所在部门或本人的业绩，还应把其他部门对其工作成效的评价，以及协助或配合其他部门完成工作的情况作为评价考核的依据。可适当提高关键人员的绩效工资系数，在评优评先、选拔任用、福利待遇等方面给予关键人员优待，以激励关键人员。

（四）关键人员的培训

关键人员的培训主要从两方面进行：

（1）持续的业务培训

关键人员的业务有预算、收支、政府采购、国有资产管理、建设项目管理、合同管理、内部监督等相关业务部门和业务环节，涉及的国家政策、法律法规、规章制度较多，更新快，要求严。关键人员必须及时、准确、全面地把握与业务相关的知识，才能确保经济活动有效、有序和规范运行。所以，单位在制订培训计划时，应重点考虑关键人员的业务培训，确保关键人员的知识及时更新。事业单位还可以在日常管理活动中采取观摩先进单位、内部先进经验交流、老同志传帮带、会审等多种形式对关键人员进行潜移默化的业务培训。

（2）加强职业操守教育

事业单位要对关键人员加强职业操守教育，除了开展专业继续教育外，结合反腐倡廉警示教育、爱国爱党和先进典型人物事迹的宣传教育，营造风清气正的工作环境，帮助关键人员树立正确的世界观、人生观和价值观，兢兢业业干事，清清白白做人。事业单位通过组织关键人员对内部控制制度的学习并督促其在日常工作中严格执行，让其感受到自己岗位的重要性和敏感性，提高责任意识和服务意识。

（五）关键人员的轮岗

关键人员岗位调换的机会较少，容易出现思维固化、思想懈怠、丧失工作热情的问题，适时对岗位进行调整，能够调动关键人员的工作积极性。人事部门应对原关键岗位拟继任人员，以及拟就任新岗位的关键人员的资格和能力进行评估，征求相关业务部门负责人和分管领导意见，拟出轮岗人员安排计划，上交党委会或领导班子会审定。如有必要，可以对拟继任人员进行上岗培训，继任人员工作一段时间后，业务部门应及时跟踪、考察关键人员能否胜任关键岗位。如关键人员不胜任关键岗位，应加强对关键人员的培训、业务指导或另外选择合适人员，同时还应加强对继任人员所办理业务的复核与监督，降低发生问题的风险。

一般来说，职业素质或能力水平相近的关键人员可以进行岗位轮换，但是如果关键岗位差距较大，那么轮岗效果可能不理想。比如原先在较简单业务岗位的人员调换到复杂的关键岗位时可能难以适应。

轮岗时应完善交接工作，对在办事项、重要资料、工作要点进行交接，避免信息不对称和交接不全面引起新接手人员工作滞后或出错。对于人数不足难以实现轮岗的单位或者部门，可以采用审计或者不定期的抽查、检查等方式降低关键人员长期在关键岗位上的风险。

【案例 3-6】

财务科人员轮岗后不适应出现重大业务差错

近些年，A 局每年部门预算编制任务日趋紧张和繁重，尤其是财务科，随着老职工的退休，出现了人员不足的情况。为此，财务科负责人向分管领导建议：将出纳与新招收的会计调换岗位，理由是这名出纳在财务科工作了十几年，从未出过差错，其他业务部门对其工作态度和能力反映良好，新招考进来的会计从出纳做起更有助于其成长。分管领导认为建议合理，予以批准。轮岗几个月后，财务科负责人觉得出纳并不适应会计岗位，也不擅于学习、领悟会计技能，但碍于人情未采取任何措施。12 月份，财务负责人在核对往来账务时发现，轮岗后的新任出纳在半年前的某月将所属收费站缴入的通行费多解缴了 100 余万元至上级主管部门，且未及时发现该笔错缴款项。该笔错缴款已经缴入国库无法追回，而且错缴款发生的月份恰逢该局管辖的二级公路收费站撤站，该收费站的通行费收入全部清缴，财务负责人发现该问题时已无通行费收入可以抵扣。该笔错误业务对本单位和上级主管部门造成了不必要的麻烦，增加了许多不必要的工作，上级主管部门对 A 局予以通报批评，A 局也对财务科相关人员进行了问责约谈并进行了工作调整。

第五节 会计系统控制

一、会计系统控制概述

（一）会计系统控制的定义

会计系统是单位为了记录、汇总、分析和报告经济业务活动信息的手段、程序、政策和制度的总称。会计系统控制是指通过会计系统的核算和监督，确保财务信息真实、准确、完整的控制活动。会计系统控制是内部控制的核心部分，内部控制理念就是以内部会计系统控制为基础发展与演变的。1988 年，美国注册会计师协会发布《审计准则公告第 55 号》，该公告首次使用“内部控制结构”一词，指出内部控制在结构上由控制环境、控制程序和会计制度构成。COSO 内部控制框架体系的三个核心目标之一就是要保证财务报告的可靠性，而内部会计控制系统是保证财务报告准确的最有效工具。《行政事业单位内部控制规范（试行）》将会计控制作为内部控制的一般方法，主要包括“建立健全本单位财会管理制度，加强会计机构建设，提高会计人员业务水平，强化会计人员岗位责任制，规范会计基础工作，加强会计档案管理，明确会计凭证、会计账簿和财务会计报告处理程序”。

（二）会计系统控制的目标

会计系统控制的目标包括以下几点：

（1）会计机构健全，会计岗位设置合理。

（2）配备了满足会计岗位要求的财务人员，建立了岗位责任制。

（3）不相容岗位相分离，岗位之间相互制约、相互监督。

（4）建立了定期轮岗制度以及对会计系统的内部审计、监督机制。

（5）及时、准确、完整地登记和核算经济业务，财务信息报告真实、准确。

（6）建立了会计档案管理制度，妥善保管会计档案。

（三）会计系统控制的管理机构和职责

财务部门是会计控制系统的归口管理部门，内部审计部门是会计控制系统的监督部门，职责如下：

（1）财务部门

财务部门负责贯彻执行有关财会和税收法律法规、会计政策和财务管理制度；制定和实施本单位会计制度、财务管理规范；合理分配、调整和制定各会计岗位职责和权限；建立和完善本单位会计核算体系，合理设置会计科目、明细账、总账、辅助账等账目；准确核算单位各项经济业务，确保国有资产账实相符；规范报销流程，审核和办理收支业务；负责会计凭证、账册和报表等会计资料的归档和保管；及时进行税务申报和税费交纳；会计信息化管理；参与本单位的重大资金安排、重大项目决策、投融资活动等。

（2）内部审计部门

内部审计部门负责对事业单位预算管理、财务收支、采购业务管理、国有资产管理进行内部审计；组织建设项目竣工决算审计、跟踪审计及专项审计；负责内部控制制度健全性、有效性的审查和评价；负责督促对审计发现问题的整改落实工作。

（四）会计系统控制的主要风险点

1. 会计机构不健全

部分交通事业单位缺少独立的会计机构，会计核算和财务管理只作为办公室或后勤部门的一项部门职能，这就导致会计系统控制不受重视，直接影响内部控制建设的效果。

2. 会计岗位配备人员不足或素质不高

随着交通事业的发展，财政性资金规模不断扩大，经济业务的种类和数量越来越多，越来越复杂，对会计人员综合素质的要求相应地越来越高。不少财务人员固守旧的思维方式，疏于学习，不及时更新知识，无法对经济业务的合法合规性做出准确的判断，无法向领导提出建设性的意见或建议，为管理层决策的参谋作用发挥不出来。另一方面，交通事业单位财务人员新老交替需要一个较长的过程，财务部门人员退休后并不一定能够及时补充或招募到新人，从向主管部门提出公开招募申请到新人到位，即使顺利也要大约两年时间，新人到位后适应工作岗位往往需要两年以上时间，这段过程会计部门的正常运转会受到较大影响，会计系统发生错弊的风险大大增加。

3. 会计机构岗位设置不合理，职责不清

会计机构岗位设置不符合内部控制的要求，岗位职责不清，将极大地影响会计人员的责任感和工作的主动性、积极性，进而影响其工作效率和工作质量。

【案例 3-7】

A 局财务科会计岗位的重新设计

2021 年，A 局聘请了内部控制建设咨询专家协助进行内部控制对标建设，专家在审查财务科岗位设置时认为其岗位设置过于简单，职责不清。当时财务科岗位设置如下：科长 1 名，副科长 2 名，出纳 1 名，会计 7 名。在专家指导下，财务科经过梳理，根据日常业务管理需求，将岗位重新设计为：科长、副科长（预算管理）、副科长（其他综合）、经费会计、工程项目会计、预算会计、工会经费与党费会计、综合业务会计（含内部控制）、出纳。原来的会计岗位职责笼统、简单，体现不出具体业务内容和要求，重新设定后，对应的岗位职责更清晰、明确。

经费会计负责本级并指导、监督所属单位的如下工作：经费业务的会计核算与财务报表的编报；经费相关债权债务结算和清理；经费支出审核；经费相关会计资料的档案管理；经费会计信息化；非税收入收缴；配合上级主管部门对经费业务的检查、审计与督查；开展对所属单位经费业务的财务检查与督查。

工程项目会计负责本级并指导、监督所属单位的如下工作：工程项目的会计核算与财务报表的编报；工程项目债权债务结算和清理；工程项目支出审核；工程项目相关会计资料的档案管理；工程项目会计信息化；工程项目筹融资管理；配合上级主管部门对工程项目的检查、审计与督查；开展对所属单位工程项目的财务检查与督查。

预算会计负责本级并指导、监督所属单位的如下工作：部门预算和财政中期规划的编报、已批复预算的分解与下达、调整、调剂和追加预算；预算执行进度分析；资金结转结存、“三公”、“两费”、政府采购结余等预算资金使用情况的统计与上报；决算报表、政府财务报告编报；政府债务监测平台申报；部门预算与决算公开；银行 U 盾、数据证书管理；配合上级主管部门对预算管理的检查、审计与督查；开展对所属单位预算管理的财务检查与督查。

工会经费与党费会计负责本级并指导、监督所属单位的如下工作：工会经费与党费的会计核算和财务报表的编报；机关工会经费、机关党费预算编制；工会经费与党费支出审核；工会经费与党费相关会计资料的档案管理；工会经费与党费会计信息化；配合上级主管部门对工会经费与党费的检查与、审计与督查；开展对所属单位工会经费与党费的财务检查与督查。

综合业务会计负责本级并指导、监督所属单位如下工作：编报内部控制报告；内部控制风险评估；配合上级主管部门对内部控制建设的检查与审计；开展对所属单位内部控制建设的财务检查与督查；财务人员继续教育；科室文件收发、会议安排、人员考勤、制度汇编、合同管理、办公设备管理等事务性工作。

4. 会计相关信息报告错弊

事业单位需要经常向上级主管部门、外部审计监督部门和社会公众提供各种会计信息，编报年度决算报告、财务报告、预算编制报告及各类经济信息的统计报告，统计报告涉及大量的数据，发生错报漏报的可能性较高。有的错报漏报会影响单位的正常运行或领导层决策。有的财务人员舞弊，故意错报财务信息，以掩盖其舞弊行为。

【案例 3-8】

某县公路管理局财务科漏编报下一年度退休职工生活补助

2019 年，A 局所属某县公路局财务科在编报 2020 年度部门预算时，该县公路局财务科预算会计因工作失误，漏编报了单位退休职工的生活补助，科室负责人审核时未发现漏报的补助，逐级汇总上报后，财政厅最终批复的预算中没有此项内容。2020 年年初，退休职工发现没有领到生活补助，向该县财务科询问时才发现问题。由于预算追加或调整一般安排在 9 月，因涉及退休职工的生活稳定，不能等这么久，经交通运输厅与财政厅多方协调，终于在两个月后得到妥善解决。为此，上级主管部门要求对涉事的相关人员包括单位领导予以问责。

二、会计系统建设内容

（一）会计机构和人员控制

根据《中华人民共和国会计法》第三十六条规定："各单位应当根据会计业务的需要，设置会计机构，或者在有关机构中设置会计人员并指定会计主管人员。"第三十八条规定："会计人员应当具备从事会计工作所需要的专业能力。担任单位会计机构负责人（会计主管人员）的，应当具备会计师以上专业技术职务资格或者从事会计工作三年以上经历。"《行政事业单位内部控制规范（试行）》第十七条规定："单位应当根据《中华人民共和国会计法》的规定建立会计机构，配备具有相应资格和能力的会计人员。"事业单位应当建立健全会计机构。然而，在实际工作中，不少事业单位业务部门的设置不能自主确定，而是由上级主管部门设置，上级主管部门对所属事业单位会计机构的重要性认识程度不同，决定了事业单位会计机构能否独立。通常，大中型事业单位应当设置独立的会计机构。有独立会计机构的单位，会计人员配备更充足，内部控制建设更容易推进并取得成效，无论是单位层面还是业务层面，控制风险相对低些。

会计机构的会计人员大都属于关键人员，其配备应严格根据法规和《行政事业单位内部控制规范（试行）》的要求，把好会计人员的从业资格、业务水平和职业操守等方面的审核关。日常工作中，要加强对会计人员的素质教育，强化其岗位意识和责任意识，建立一支思想素质和业务水平过硬的财会队伍。对会计人员还应建立轮岗制度，在上文已经阐述，这里不再重复。

【案例 3-9】

某县公路局新任出纳不具备从业资格

2020 年，A 局下属某县公路局财务科原出纳退休后，该科室人员只剩 1 名会计和 1 名出纳，为充实财务科力量，该局领导班子会讨论后决定将养护站 1 名养护工人调到财务科任出纳。此事被 A 局财务科人员获悉后认为不妥，向分管领导报告。分管领导询问该县局主要领导这样决定的依据是什么，对方的理由是：现在国家已经取消了会计从业资格证，没有资格证也能从事财务工作；该养护工人在养护站也负责统计、报账等工作，且工作认真负责，领导班子会集体决策，一致认为该名养护工人有担任出纳工作的能力。A 局分管领导指出：《中华人民共和国会计法》第三十八条明确规定，"会计人员应当具备从事会计工作所需要的专业能力"，并不是领导班子会决议认为某职工有专业能力，该职工就具有专业能力，应当以客观事实为依据：该养护工人没有财务管理、会计、审计类专业学历或技术职称，也没有参加过类似专业技能培训，不能认定其具有专业技能。因此，分管领导要求该县局必须整改。至于人员紧缺的问题，该单位可通过事业单位人员招聘或临时借用其他单位财务人员等方式解决。

（二）会计岗位控制

会计机构内部按照会计工作的内容设立岗位并建立岗位责任制，编制岗位说明书，确保每一项会计工作都有专人负责，每个会计岗位都有对应的人员，每个会计人员都了解自身的工作范围、工作要求与工作目标。根据单位会计机构的业务量和会计人员的配备、分工不同，可以一人一岗、一人多岗或一岗多人，但岗位设置应符合内部控制的要求，遵循不相容岗位相分离的原则，如出纳岗不得兼任稽核、会计档案保管、记账等工作。形成以责定岗、分岗行权、分事设权和分级授权的工作机制，并严格考核，将绩效与考核结果挂钩。

（三）会计信息质量控制

会计机构对单位所有经济业务往来都应及时、准确、真实、完整地记录并进行财务监督，披露单位使用公共资源相关信息，充分反映单位在履行公共管理责任中的综合能力，为上级主管部门行业管理决策提供可靠的信息支撑。会计信息质量控制主要有凭证控制、记账控制、账簿控制、财务报告控制和会计复核控制。通过统一内部会计政策，统一内部会计科目，规范会计核算程序和方法，确保会计信息的真实与完整。

（四）会计档案管理控制

根据 2015 年《会计档案管理办法》（中华人民共和国财政部 国家档案局令第 79 号）第三条规定："会计档案是指单位在进行会计核算等过程中接收或形成的，记录和反映单位经济业务事项的，具有保存价值的文字、图表等各种形式的会计资料，包括通过计算机等电子设备形成、传输和存储的电子会计档案"，单位应当建立完善会计档案管理相关内部控制制度，包括会计档案的收集、整理、保管、利用和鉴定销毁等。会计人员应当按照归档范围、要求和保管期限，定期将会计资料整理立卷，编制保管清册并办理移交手续，将会计档案移交给单位档案管理部门。在进行会计档案查阅、复制、借出时须履行登记手续，不得篡改和损坏。日常会计档案的保管应采取可靠的安全防护技术和措施，保证会计档案的安全与完整。

第六节

内部控制信息化系统

一、内部控制信息化系统概述

（一）内部控制信息系统的定义

信息系统是由计算机软硬件、通信设备、数据资源、网络、用户及其制定的规则构成的，以处理信息流为目的的人机一体化系统。从管理层次来区分，信息系统可以分成业务处理系统、管理控制系统和战略决策系统。

1. 业务处理系统

业务处理系统又可分为事务处理系统、知识工作支持系统、办公自动化系统。

（1）事务处理系统

事务处理系统又称为数据处理系统，是信息系统的基础形式，是实现组织机构日常事务处理自动化，面向日常管理活动的信息处理系统。其特点是设计范围小、功能单一，完全按照事先制定好的规则或程序运行。事务处理系统的主要目的在于提高一般管理人员的工作效率，甚至可以完全取代某些手工操作，它能将组织机构和外部环境联系起来，同时作为其他信息系统的信息来源。该系统使用人员主要是普通职员，流程和步骤比较简单，主要使用的运算是简单的加、减、乘、除，如工资系统、人事档案系统、学籍管理系统、库存管理系统等。该类型系统是事业单位使用较多的系统，内部控制信息系统多是从事务处理系统开发的。

（2）知识工作支持系统

设计师、建筑师、咨询专家等知识工作者的工作内容主要是设计或制定新政策，他们的工作需要有信息技术手段的支持，知识工作支持系统可以为他们提供支持服务的系统，它具有强大的图像图形、数据及多媒体处理能力，广泛应用网络信息和情报资源，成为知识工作者创新、创造的工具和手段。如科学和工程设计的工作站系统（又叫计算机辅助设计系统）、计算机辅助教学系统。知识工作支持系统可以提高知识工作者的效率并改善知识成果的质量。

（3）办公自动化系统

办公自动化系统是支持办公室普通脑力劳动者（如秘书、文员）应用和处理信息的系统，其主要目的是支持办公室事务性处理工作，建立不同地域、不同职能部门和不同工作者之间的信息联系，提高办公业务效率，如办公文档处理、行程和请假管理、视频会议等。

2. 管理控制系统

管理控制系统主要是管理报告系统，为组织机构的计划、控制和决策等职能提供规范化的综合信息报告，并可以检索与查询当前运行状态和历史记录。该系统信息需要对大量数据进行简单的算术运算，具有综合性和周期性的特征。通过对多个事务处理系统、多个职能部门、多个运行环节的信息进行汇总、整理与综合，反映组织机构的基本运行情况；通过对一个时间段内（如季度、年度）的信息处理，反映该时间段内某项综合业务运行情况，表现为周期性数据报表或分析报告，如年度预算系统、绩效管理系统等。

3. 战略决策系统

战略决策系统又可分为决策支持系统、执行人信息系统、战略信息系统等。

（1）决策支持系统

决策支持系统通过建立数据模型、定量化的分析，处理来自内部事务处理系统和管理报告系统的信息，以及外部各种数据源的信息（如行业统计信息和供货市场价格信息），并结合决策者与信息的交互过程，支持决策者解决半结构化决策和非结构化决策问题。

（2）执行人信息系统

执行人信息系统是面向组织机构高层管理者信息需求与决策提供服务的信息系统，具有强大的数据通信能力和综合信息检索与处理功能，为高层管理者提供一个解决随机性、不规则、非结构化信息需求和决策问题的手段。它综合了多个信息系统的特色，对内外信息源进行组合、筛选，运用先进的通信技术和多媒体技术进行数据处理，为高层管理者提供关键性的数据处理结果。此外，执行人信息系统可以按照高层管理者的需求对综合性数据进行追溯，追踪数据的处理过程、来源和渠道并逐级细化。执行人信息系统要求人机界面交流友好且层次清晰，易掌握使用。

（3）战略信息系统

战略信息系统为制定战略和中长期规划提供信息和决策支持、为战略目标的实现提供信息和信息技术支持。

内部控制信息系统是以内部控制理念为指导思想，将控制流程、控制手段嵌入信息系统，对经济管理活动信息进行收集、存储、控制、加工、分析与输出，实现业务办理程序化、标准化，减少或消除人为操纵因素，保护信息安全。现阶段，内部控制信息系统应当是在综合业务处理系统和管理控制系统的基础上，兼有一定的决策支持系统和执行人信息功能，具体要依据各个事业单位对于内部控制建设的范围、深度和广度，以及自身的管理需求来细化调整。

（二）内部控制信息系统的控制目标

内部控制信息系统的控制目标主要有：

（1）系统设计具有科学性、合理性及适用性，较好地融入内部控制理念。

（2）系统能够满足事业单位内部控制流程及管理层的控制要求，具有一定的分析与判断功能，可以为管理者决策提供信息支持。

（3）系统能够根据管理需求的变更持续地适应并更新。

（4）系统软件和硬件运转正常，软件产品源代码和可执行代码完整。

（5）搭载系统的各种设备安全、网络安全和数据安全均得到充分保障。

（6）系统数据的输入、存储、处理与系统数据输出的完整性、准确性、及时性和有效性均得到保证，且具有合理的授权。

（三）内部控制信息系统相关管理机构和职责

1. 系统归口管理部门

系统归口管理部门负责牵头组织系统的研发、测试安装与验收、维护和升级，制定系统管理和使用制度，组织系统使用人员培训。

2. 系统安全管理部门

系统安全管理部门负责系统的软硬件安全管理工作，制定系统安全管理相关制度。

3. 研发小组

研发小组具体进行自主研发或与合作方、软件供应商合作研发、二次开发，负责系统使用测试与后续的安装调试，参与系统管理和使用制度的制定。

（四）内部控制信息系统的主要风险点

内部控制信息系统的主要风险点包括以下几点：

（1）系统研发未经过充分论证，不符合单位的实际需求，系统的适用性或可操作性较差。

（2）系统未经充分测试和验收即投入使用，系统故障较多，影响使用效率和效果。

（3）日常维护和运行管理不到位，系统故障频发，造成重要信息丢失和损毁。

（4）未建立系统安全管理体系，使用人员安全意识不足，造成信息安全事故。

二、内部控制信息系统建设

内部控制信息系统建设主要包含四个阶段：系统开发前期阶段，系统开发阶段，系统测试、安装与验收阶段，系统运营与维护阶段。

（一）系统开发前期阶段

系统开发前期阶段工作主要有项目论证、需求分析与决策。

1. 项目论证

事业单位应在内部控制信息化系统开发前，根据本单位中长期发展规划和年度工作计划，结合内部控制建设和战略管理需求，对系统开发的必要性与可行性进行研究，研究系统开发所需的资源和条件，同时确保系统归口管理部门与相关业务部门了解系统开发的目标任务和作用，提高他们参与系统建设的积极性，促进经济管理活动与系统建设的协调一致。

2. 需求分析

系统归口管理部门组织各相关业务部门提出系统设计的初步设想和功能需求，并不断地更新完善。需求分析需要以说明书的形式清晰、准确地呈现。

3. 决策

单位领导应对是否进行内部控制信息化系统开发及开发的方式进行集体决策。内部控制信息化系统的开发有四种方式：自主研发、外购调试、合作开发与委托开发。自主研发对单位的信息技术力量要求很高，一般事业单位并不具备这样的实力，选择采用这种方式的事业单位极少，但是这种方式的开发成本较低。外购调试的方式是购买已经成熟的内部控制信息化系统，通过参数配置或二次开发使其满足单位自身的管理需求，选择这种方式的开发成本很高，目前市场上的内部控制信息化系统动辄需要花费几十万元、上百万元，预算单位不一定能够得到上级主管部门批准使用财政性资金安排，而且外购的软件也不一定能够满足单位行业管理的特殊需求。合作开发与委托开发的方式实质上都是利用专业机构信息技术实力，结合自身需求，研发出个性化的内部控制信息系统，其成本一般介于自主研发和外购之间，是许多单位内部控制信息化系统建设时选择的方式。

（二）系统开发阶段

系统开发阶段的关键是如何把单位的管理需求转换成软件程序，无论哪种建设方式，系统设计和编码都需遵循有关的国家标准和行业标准。研发过程中，各业务部门需求的变更应当经过研发小组的充分讨论，征求相关业务领导的意见和建议，并与软件供应商或合作开发方充分沟通。研发小组应及时跟踪软件开发商或合作开发方的研发进度，并适时安排测试，不断提出完善和改进意见。

（三）系统测试、安装与验收阶段

对于单位拟使用系统的人员情况及其在用计算机的情况进行调查。人员情况包括岗位、职责、权限，等等。在用计算机包括计算机数量、硬件参数、系统运行环境，等等。对于不符合系统安装要求的计算机应及时更新或更换。测试时，使用人员选取系统中的相关部门业务从开始到最后结果输出进行全过程测试，部门负责人重点对审批权限和管理控制要求进行测试，测试后记录存在的问题或待改进的地方，由研发小组汇总后将存在的问题或待改进的地方反馈给软件供应商或合作开发方。

系统正式安装时，需特别注意几个事项：一是进行系统测试时提出的优化意见和建议均得到了较好回复；二是系统在使用人的计算机上都能正常运行；三是应进行数据转换的，数据转换正确且完好；四是研发成果及研发期间的数据等相关资料移交给了单位。

验收工作一般由系统归口管理部门牵头组织，可以召开验收会议，邀请内部控制专家和上级主管部门参与。验收会议上除了对系统研发工作进行汇报外，还应对系统操作过程及输出成果进行演示，确认系统研发达到了预期目的。

（四）系统运营与维护阶段

系统运营和维护阶段，单位应要求软件供应商或合作开发方为信息系统安全稳定运营提供必要的基础性保障和维护，以及模块性能和效能的优化、拓展等增值服务。基础性保障和维护包括机房、电源、计算机设备等物理环境、网络基础设施、数据存储设施、系统平台、应用系统、数据通信和访问，以及安全等方面的管理和维护，其中对于安全管理和维护应制定专门的方案。

安全管理和维护分为物理环境安全和系统运行安全两部分内容。物理环境安全包括机房监控、门禁系统、灾害预防、等电位系统、消防系统，等等。系统运行安全包括风险评估、安全策略、安全机制、安全级别、病毒防护、补丁管理等。应定期检查和评估可能的安全隐患、缺陷和威胁，制定安全恢复预案。

【案例 3-10】

A 局研发国省干线普通公路养护资金管理内部控制系统

2022 年，A 局接受上级主管部门委托研发国省干线普通公路养护资金管理系统。接到任务后，A 局组建了研发小组，研发小组负责人为分管财务的领导，小组成员为财务、规划计划、养护管理、工程管理、国有资产和政府采购管理等部门的负责人及业务骨干。研发小组召开会议讨论了该系统的目标定位问题，一致认为研发系统的目标不应当局限于管控公路养护资金支付，而应当定位于形成一个与养护资金管理相关的内部控制系统。在系统功能设定中以支付功能为主模块，并拓展到公路养护计划管理、预算管理、合同管理、政府采购、国有资产管理、养护工程项目管理等辅助模块。为了解上级主管部门对该系统研发的要求，小组负责人对有关领导和业务部门负责人进行了访谈，设计了各模块的功能，强化了该系统数据分析功能，研发方式采取与内部控制系统软件供应商合作开发的方式。国省干线普通公路养护资金内部控制系统于 2023 年完成研发，通过验收后在 A 局及其所属单位试运行，不仅实现了对 A 局所属单位国省干线普通公路养护资金使用的实时监管，还为上级主管部门做公路养护方案决策提供了有力的数据支持。

第四章

预算业务控制建设

事业单位预算管理需要对财政性资金的来源与使用进行安排与核算，涉及大量的经济资源分配，是事业单位正常开展各项业务活动的基础。如果预算业务得不到有效控制，财政性资金使用的效率和效果也就得不到保障。所以，预算业务控制在整个控制体系中居于举足轻重的地位。

第一节 预算业务控制概述

一、事业单位预算业务控制范围

（一）预算的概念和分类

政府预算是经法定程序审核批准的年度集中性财政收支计划，规定财政收入的来源和数量，以及财政支出的各项用途和数量，是政府组织和规范财政分配活动的重要工具，反映着整个国家政策、政府活动的范围和方向。

1. 按预算级别划分

我国实行一级政府一级预算，五级政府设立五级预算，每一级政府皆设立预算。上一级政府总预算由本级预算和汇总的下一级总预算组成；下一级只有本级预算的，下一级总预算即指下一级的本级预算。没有下一级预算的，总预算即指本级预算。

2. 按预算编制主体划分

预算可以分为政府预算、部门预算和单位预算。政府预算是经法定程序批准的政府年度财政收支计划，反映政府全部收入和支出的计划安排。政府预算按资金来源可以分为一般公共预算、政府性基金预算、国有资本经营预算和社会保险基金预算。

部门预算是政府各部门依据国家相关法律法规及其履行职能的需要编制，反映部门所有收入和支出情况的综合财务计划，是政府各部门履行职能和事业发展的基础，也是政府预算的重要组成部分。所谓“部门”，是指由财政部门直接管理的一级预算单位。

单位预算是指单位根据发展目标和计划编制的年度财务收支计划，是部门预算的组成部分。所谓“单位”，是指与财政部门或上级单位发生缴款和预算资金领取关系的部门本级及部门所属各单位，按照预算管理层级关系分为二级预算单位、三级预算单位等。单位预算又可以分为行政单位预算和事业单位预算。

根据《事业单位财务规则》（2022 年财政部令第 108 号，以下简称《财务规则》）第七条“事业单位预算是指事业单位根据事业发展目标和计划编制的年度财务收支计划”，第八条“国家对事业单位实行核定收支、定额或者定项补助、超支不补、结转和结余按规定使用的预算管理办法”。单位预算由收入预算和支出预算组成。收入预算指的是全口径收入，包括上年结转、财政拨款收入、上级补助收入、事业收入、事业单位经营收入、其他收入等。支出预算包括基本支出、项目支出等内容，按经济性质分为职工工资福利支出、商品和服务支出、资本性支出和其他支出。

（二）预算业务环节

交通事业单位的预算业务覆盖了单位预算管理的全过程，涉及如下环节：预算编制与上报、批复预算的分解与下达、预算执行、预算调剂、决算和预算绩效自我评价，这几个环节相互衔接，周而复始，形成了预算管理的全过程。因此，预算业务控制应覆盖对上述环节的控制。

1. 预算编制与上报

预算编制是整个部门预算工作程序的开始，预算单位遵循规定的编制原则，按照规定的编制办法和程序，制定筹集和分配财政预算资金年度计划的管理活动。《中华人民共和国预算法》第三十六条和三十七条要求：“各级预算收入的编制，应当与经济社会发展水平相适应，与财政政策相衔接，所有政府收入全部列入预算，不得隐瞒、少列；预算支出的编制应当严格控制各部门、各单位的机关运行经费和楼堂馆所等基本建设支出，在保证基本公共服务合理需要的前提下统筹兼顾，优先安排国家确定的重点支出。”

部门预算的编制实行“两上两下”，以及自下而上、自上而下的管理程序。每年进入下半年，财政部门开始向政府各部门及其所属预算单位布置下一年度预算编制工作，明确有关编制事项；各政府主管部门在规定时间内汇总本级与所属预算单位编制的单位收支预算建议计划上报财政主管部门（即“一上”）；财政主管部门初步审定后，提出财政支出总量控制指标并报同级政府综合平衡；经政府平衡后，财政主管部门向各政府部门下达收支预算控制总额（即“一下”）；在规定时间内各主管部门再次汇总经调整后的预算建议计划报财政主管部门（即“二上”）；财政主管部门汇总后报党委、政府审定，形成政府预算草案提交同级人民代表大会审议，审议通过后，由财政主管部门向各主管部门批复下达（即“二下”）。

2. 批复预算的分解与下达

预算的分解与下达是指事业单位收到财政主管部门批复的部门预算后，将属于本级的预算指标落实到各内设机构，以及根据“二上”时预算的汇总情况批复所属单位预算的管理过程。事业单位应对批复的预算及时进行分解和下达，确保预算执行主体明确，责任清晰。

3. 预算执行

预算执行是事业单位对经批复的年度预算具体组织实施的过程，是实现预算收支的关键步骤。预算执行管理水平的高低，会直接影响政府经济发展有关方针和政策的贯彻落实，与财政政策实施的效果及财政资金的使用效益有关。事业单位应从严从实执行预算，严格按照“无预算、不支出”的原则，加强预算刚性约束，严格执行预算支出审批程序和支出标准。支出进度管理是预算执行的重要环节，预算单位应积极、主动地组织各项工作任务，推动预算项目进程，在确保财政资金安全的前提下加快预算资金支付进度。

4. 预算调剂

预算调剂是指事业单位以经批准的预算为依据，对支出预算申请进行预算科目、预算级次或者项目间的变动。经批复的单位预算具有刚性约束，一般不予以追加，但在特定的条件下并经过规定的审批流程后，可以对经批复的单位预算申请调剂。申请预算调剂事项须有充分的理由和文件依据，如人员编制数或实有人数变动、机构职能调整、政府出台增（减）支政策、自然灾害、突发公共事件处理等支出，原预算科目不符合预算执行需要无法支出，可能出现沉淀、低效或无效的资金等，应及时提出调剂申请。实行预算管理一体化后，交通事业单位能够在以下情况通过一体化系统发起调剂申请：① 在部门预算限额内，涉及政府预算支出经济分类同一类级科目下不同款级科目调剂；② 涉及政府预算支出经济分类类级科目的调剂，不同支出功能分类科目之间的调剂；③ 不同预算项目之间的调剂；④ 同一主管部门不同单位之间的预算调剂。

5. 决算

决算是指全面反映预算单位年度预算执行结果的综合财务报告。决算是由预算单位根据本单位会计账簿及有关台账进行编制，并按照预算管理级次自下而上逐级审核汇总。目前，财政决算已形成了一套比较完善的报表体系和工作流程，编报范围包括预算单位的收支及资产负债情况。决算报告经同级人大审查批准后，由财政部门进行批复。事业单位要按照政府信息公开有关要求向社会公开批复后的单位决算。决算是编制部门预算、分析预测事业发展的重要依据，在预算管理中发挥着重要作用。

6. 预算绩效自我评价

预算绩效自我评价是事业单位按照财政部门统一部署，围绕单位职责、发展规划，以预算资金管理为主线，统筹考虑资产和业务活动，从运行成本、管理效率、履职效能、社会效应、可持续发展能力和服务对象满意度等方面设定绩效目标，衡量、评价单位整体及项目实施效果的预算管理活动。其中，绩效目标是指财政预算资金计划在一定期限内达到的产出和效果。按照预算支出的范围和内容划分，绩效目标分为基本支出绩效目标、项目支出绩效目标和部门整体支出绩效目标；按时效性划分，绩效目标分为中长期绩效目标和年度绩效目标。预算单位依据设定的绩效目标，对预算项目效率和效益进行客观、公正的测量、分析和评判。随着预算管理一体化改革的深入推进，所有预算项目均需编制绩效目标并纳入自评范围，自评结果将作为以后年度预算申请与安排的重要基础。

二、预算业务控制目标

（一）预算编报控制目标

预算编报控制目标包括以下几点：

（1）及时掌握有关主管部门对年度部门预算编制的新要求、新内容、新政策，做到预算编制合法合规、完整翔实。

（2）编制过程中各业务科室间沟通充分、协调到位、工作有序，确保预算符合单位实际情况，为实现年度发展目标提供保障。

（3）单位预算与政府采购预算密切关联对接，为预算年度实施政府采购奠定良好基础。

（4）严格按上级主管部门的时间节点控制预算编制进度，避免因时间延误而影响整个部门预算上报进度。

（5）编报数据不存在重大漏报、错报、重报或虚报问题。

（二）批复预算的分解与下达控制目标

在规定时限内及时将经批复的预算下达至所属单位；及时将预算指标分解，落实到各业务部门，明确各预算指标的责任部门。

（三）预算执行控制目标

1. 预算用款计划管理

预算用款计划应报送及时，满足业务需求；用款计划申报应符合上级主管部门对预算执行进度的要求。

2. 预算执行过程管理

各预算项目责任部门明确，职责和权限清晰；预算执行进度得到有效监控，执行情况得到定期分析与通报；执行中出现的问题及时向单位领导层反馈；按照批复的资金用途使用预算资金；各项预算支出均未超预算安排，执行前均经过内部控制授权审批程序。

（四）预算调剂控制目标

申请预算调剂的事项符合财政部门有关规定，依据充分，办理及时，上报前经过内部授权与审批。

（五）决算管理控制目标

编制的决算符合财政部门要求，与预算口径一致；决算报告上报前经过一定的复核或审核程序；决算数据真实、完整、准确，分析工作全面、到位，充分体现单位预算执行情况；决算编制在上级单位规定的时限内完成；批复后的决算按规定格式、内容和时间向社会公开。

（六）预算绩效自我评价控制目标

预算绩效目标设置科学合理，符合单位实际情况；自我绩效评价结果客观公正。

三、预算业务管理机构及其职责

不同事业单位的预算业务管理机构视单位自身的情况而有所不同，主要包括以下机构。

（一）议事机构

议事机构为预算管理领导小组，人员构成和议事机构的职责如下：

组长：由单位行政负责人担任；副组长：由领导班子其他成员担任；成员：各业务部门负责人。

议事机构的职责：根据上级主管部门下达的预算工作任务，统一领导部署所属预算单位及本级预算管理工作；确定单位预算编制、重大调剂方案；听取预算执行情况报告，研究预算编制和执行中的重大问题，协调各业务部门之间及上下级预算单位在预算业务中的关系。

（二）决策机构

决策机构为单位党委会和领导班子会，通常党委会负责审定年度部门预算编制方案及重大预算调剂方案，领导班子会负责审议预算管理相关内部控制制度。

（三）牵头部门

牵头部门一般为财务部门，负责牵头落实上级单位布置的预算工作任务，牵头组织协调其他业务部门共同开展相关工作；批转和分解下达经批复的预算；指导、监督预算管理工作；拟定预算管理内部控制制度。

（四）常务机构

一般情况下，单位专门成立预算管理领导小组办公室作为常务机构，人员构成和职责如下：

办公室主任：单位财务分管领导；

副主任：财务部门负责人；

成员：各业务部门中具体负责预算编制、审核人员。

常务机构负责编制本单位下一年度预算或本年度预算调剂方案；组织上报项目评审所需资料；组织预算执行进度分析，召开进度会议；组织年度预算项目绩效评价工作。

（五）配合机构

各业务归口管理部门应为配合机构，负责编制、审核与执行本部门归口管理的预算项目，指导、监督归口管理的预算项目执行。

【案例 4-1】

A 局将预算项目管理落实到相关业务部门

年初部门预算批复后，A 局将预算项目分解到相关业务部门进行归口管理，确保每个预算项目都有对应的部门牵头组织实施并跟踪管理。例如：养护管理科负责项目支出中的公路小修保养费、安保工程、公路标志标线、公路与桥梁抢修及应急预案、桥梁与隧道检测费等预算项目；工程管理科负责项目支出中的房屋建筑物维修维护、公路路面大中修等预算项目；人事科负责基本支出中的人员经费类项目，以及项目支出中的教育培训费、职称评审费、奖励性绩效等预算项目；后勤中心负责局机关办公设备购置、物业管理费、会议费、公务接待费等预算项目。对于新增预算项目，按项目内容由单位主要领导指定归口管理的业务部门。

四、预算业务权限指引

表 4-1 清晰地反映了预算业务中的关键事项，明确列示了这些关键事项的审核审批岗以及相应的权限。

表 4-1　预算业务权限指引表

事项	业务部门			财务部门			预算管理领导小组	领导班子
	经办人	负责人	经管领导	主办人	负责人	经管领导		
预算编制、调剂	编制或申请	审核	审核	汇总、复核	审核	对于调剂申请在权限内审批	审阅	集体决策
执行	申请	审核	审核	复核	审核	权限内审批	审阅	集体决策
决算与公开				主办	审核	同意上报决算		
绩效考评	经办	审核	审批	汇总、复核	审核	审核	审阅	

五、预算业务不相容岗位

预算业务不相容岗位包括但不限于如下岗位：预算编制与审核、预算调剂申请与审核、预算执行经办与审核（或审批）、预算执行与监督、决算编制与审核。

六、预算业务内部控制制度

预算业务内部控制制度可以是一个覆盖单位预算管理主要环节的总制度，如××单位预算管理制度；还可以就其中某个环节如预算编制、预决算公开、绩效考评等制定具体的实施办法，以便对于某项复杂的预算管理环节确定更明晰、更有针对性的控制措施。

第二节 预算业务控制流程与风险控制

本节以 A 局为案例，阐述了交通事业单位预算业务控制在预算编报、预算下达与分解、预算执行、预算调剂、决算、预算项目支出绩效考评各环节的控制流程及其风险点。有直属预算单位的事业单位在预算编制环节还需要特别注意某些预算项目需要在本级与直属单位之间进行分配、分解。

一、预算编报

（一）流程图及流程描述

1. 预算编报流程图

交通事业单位预算编报流程见图 4-1。

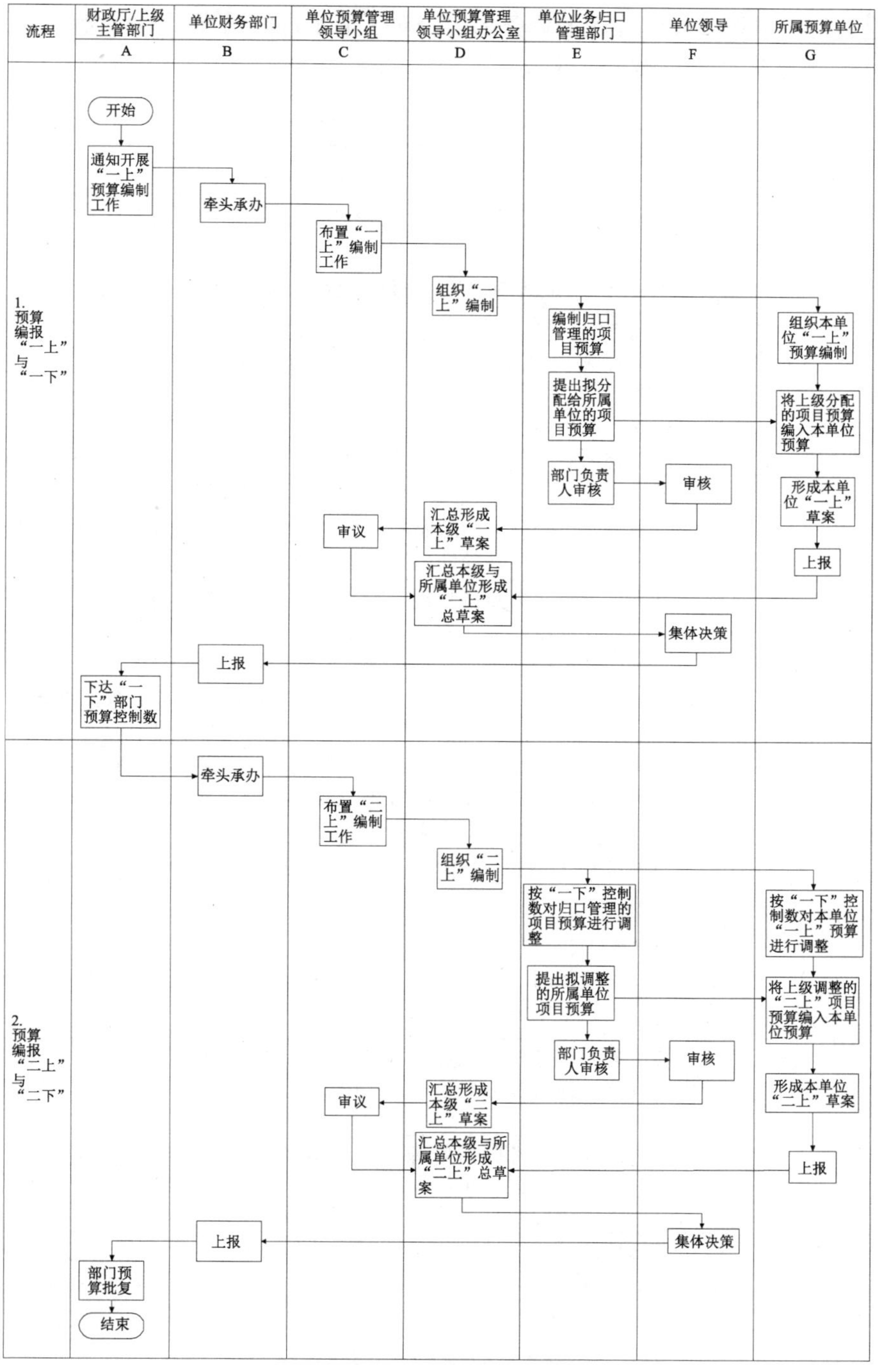

图 4-1 预算编报流程图

注：每个流程通过后才能进入下一流程，如没有通过，则返回上一流程或

者返回提出申请或发起办理的业务部门。对于通不过的情况不另行绘制。

2. 预算编报流程描述（见表4-2）

表4-2 预算编报流程描述

流程	节点	流程节点描述
1. 预算编报“一上”与“一下”	A1	财政厅/上级主管部门通知开展“一上”预算编制工作；下达“一下”部门预算控制数
	B1	单位财务部门牵头承办并通知预算管理领导小组；向财政厅/上级主管部门报送“一上”总草案
	C1	预算管理领导小组布置“一上”编制工作；审议本级“一上”草案
	D1	预算管理领导小组办公室组织开展“一上”编制工作；汇总业务归口管理部门项目预算形成本级“一上”草案；汇总本级与所属单位形成“一上”总草案后报单位领导集体决策
	E1	各业务归口管理部门编制归口管理的项目预算；提出拟分配给所属单位的项目预算；经部门负责人审核后转单位领导
	F1	单位领导对业务归口管理部门编制的项目预算进行审核，通过后交单位预算管理领导小组办公室汇总；对汇总后的“一上”预算总草案进行集体决策
	G1	所属预算单位组织本单位“一上”预算编制；将上级分配的项目预算编入本单位预算；形成本单位“一上”草案上报
2. 预算编报“二上”与“二下”	B2	财政厅/上级主管部门下达“一下”部门预算控制数后，单位财务部门牵头承办，通知预算管理领导小组；向财政厅/上级主管部门报送“二上”预算总草案
	C2	预算管理领导小组布置“二上”编制工作；审议本级“二上”草案
	D2	预算管理领导小组办公室组织开展“二上”编制工作；汇总业务归口管理部门“二上”项目预算形成本级“二上”草案；汇总本级与所属单位形成“二上”总草案后报单位领导集体决策
	E2	各业务归口管理部门按“一下”控制数对归口管理的项目预算进行调整；提出拟调整的所属单位项目预算；部门负责人审核后报单位领导
	F2	单位领导对业务归口管理部门调整后的“二上”项目预算进行审核，通过后交领导小组办公室汇总；对汇总后的“二上”总草案进行集体决策，通过后通知单位财务部门
	G2	所属预算单位按“一下”控制数对本单位“一上”预算进行调整；将上级调整的“二上”项目预算编入本单位预算；形成本单位“二上”预算草案上报，由单位预算管理领导小组办公室汇总
	A2	财政厅/上级主管部门批复部门预算

（二）风险点及风险控制矩阵（见表 4-3）

表 4-3　预算编报风险点及风险控制矩阵

控制节点编号	风险点分析		风险等级	风险类别					控制点分析		
	编号	描述		合法合规	资产安全	报告风险	舞弊	效率效果	控制措施	责任部门	控制证据
E1	YS1	项目归口管理部门提出的新增项目不符合政策要求；编制的内容不切合实际；错报、漏报人员、资产等基础信息；需要前置条件的新增项目前置条件未满足；部门负责人审核不严谨	高	√		√		√	召开预算编制布置会议，开展预算编制培训；全面宣传并贯彻实行预算编制政策；预算编制前对预算项目和所属单位情况进行充分调研；对人员和资产等基础信息加强复核与审核；对项目前置条件提前跟踪督促办理；严把审核关，加强对预算项目的审核	业务归口管理部门	预算培训文件、预算编制审核岗位设置及职责说明、部门预算编制的过程文件、调研报告
F1	YS2	业务分管领导审核流于形式或审核把关不严，导致未及时发现重大或重要问题	中	√		√		√	加强对领导干部履职尽责的教育，落实提醒谈话等监督机制	单位领导	提醒谈话记录
C1	YS3	领导小组未对预算项目进行充分讨论，未对支出预算编制严格把关，对下一年度重点工作未有清晰认识，对预算编报的重点内容把握不足，项目安排不够科学合理	中	√		√		√	学习有关政策文件精神，明确单位下一年度重点工作和重要任务；组织领导小组充分、深入讨论；单位主要领导全程参与把关	领导小组	预算草案、相关会议纪要或记录等

二、预算下达与分解

(一) 流程图及流程描述

1. 预算下达与分解流程图（见图 4-2）

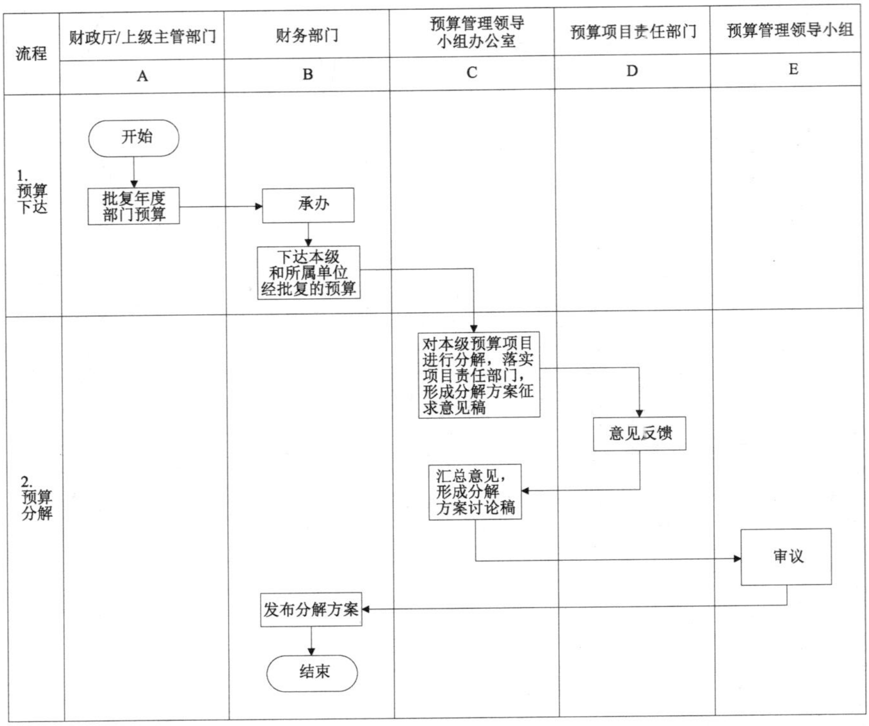

图 4-2　预算下达与分解流程图

2. 预算下达与分解流程描述（见表 4-4）

表 4-4　预算下达与分解流程描述

流程	节点	流程节点描述
1. 预算下达	A1	财政厅/上级主管部门批复年度部门预算
	B1	单位财务部门承办，下达本级和所属预算单位经批复的部门预算
2. 预算分解	C2	预算管理领导小组办公室对本级预算项目进行分解，落实预算项目责任部门，形成分解方案征求意见稿；征求责任部门意见后形成方案讨论稿，交预算管理领导小组审议
	D2	预算项目责任部门对分解方案征求意见稿反馈意见
	E2	预算管理领导小组审议分解方案讨论稿，通过后交财务部门发布
	B2	财务部门发布预算分解方案

（二）风险点及风险控制矩阵（见表 4-5）

表 4-5　预算下达与分解风险点及风险控制矩阵

控制节点编号	风险点分析		风险等级	风险类别					控制点分析		
	编号	描述		合法合规	资产安全	报告风险	舞弊	效率效果	控制措施	责任部门	控制证据
C2	YS4	预算分解不合理，责任不明晰、职责交叉	中					√	加强部门间协调沟通，征求领导意见	相关业务部门	预算分解方案、会议纪要

三、预算执行

（一）流程图及流程描述

1. 预算执行流程图（见图 4-3）

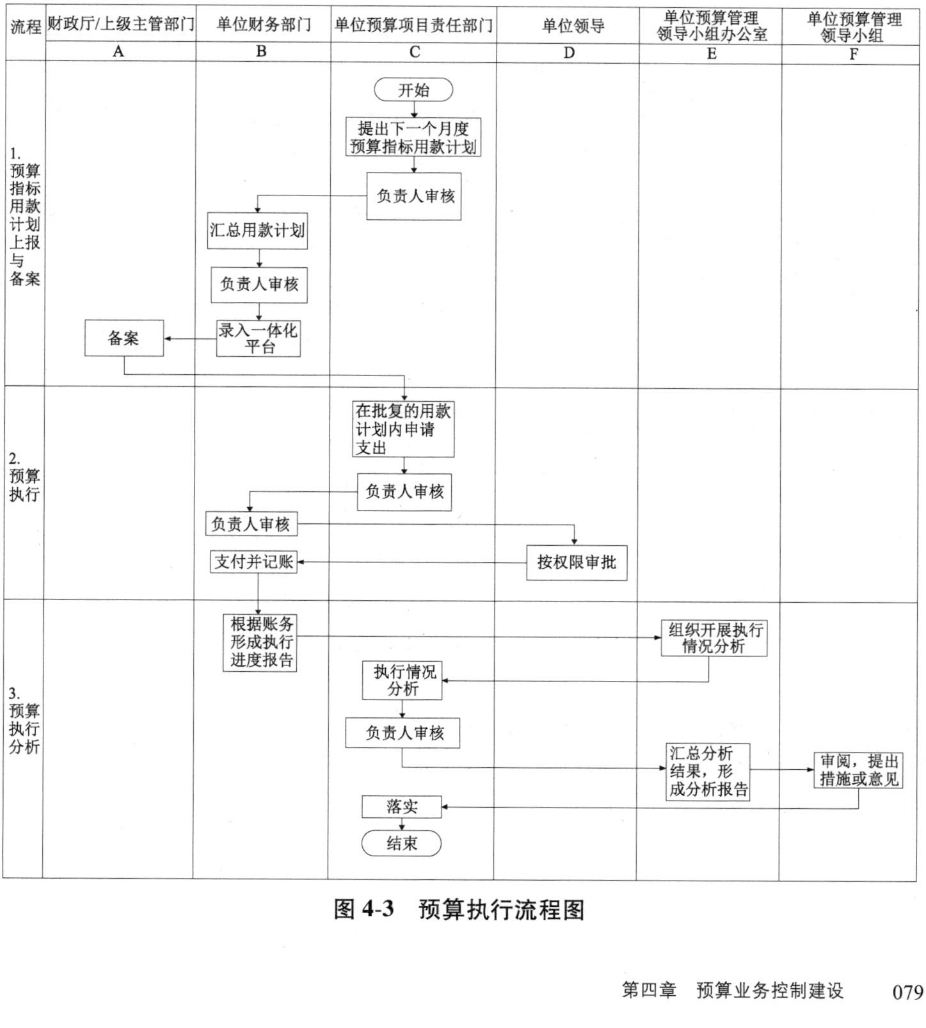

图 4-3　预算执行流程图

2. 预算执行流程描述（见表 4-6）

表 4-6 预算执行流程描述

流程	节点	流程节点描述
1. 预算指标用款计划上报与备案	C1	单位预算项目责任部门提出下一个月度预算指标用款计划；负责人审核后报财务部门
	B1	单位财务部门汇总预算项目责任部门用款计划；经负责人审核后将信息录入一体化平台上报
	A1	财政厅/上级主管部门备案用款计划
2. 预算执行	C2	单位预算项目责任部门在批复的用款计划内提出支出申请；负责人审核后交财务部门
	B2	单位财务部门负责人对支出申请进行审核后报单位领导审批；审批后支付并记账
	D2	单位领导按权限审批后转财务部门办理支付
3. 预算执行分析	B3	单位财务部门根据账务形成预算执行进度报告，递交预算管理领导小组办公室
	E3	预算管理领导小组办公室组织开展预算执行情况分析；汇总各预算项目责任部门分析结果，形成分析报告上报领导小组
	C3	预算项目责任部门进行执行情况分析，负责人审核后交预算管理领导小组办公室；落实预算管理领导小组提出的措施或意见
	F3	预算管理领导小组审阅分析报告，提出措施或意见布置预算项目责任部门落实

（二）风险点及风险控制矩阵（见表 4-7）

表 4-7　预算执行风险点及风险控制矩阵

控制节点编号	风险点分析		风险等级	风险类别					控制点分析		
	编号	描述		合法合规	资产安全	报告风险	舞弊	效率效果	控制措施	责任部门	控制证据
C1	YS5	预算项目责任部门用款计划申请额度把握不准，导致实际额度与计划额度差距过大	中			√		√	定期对比分析实际偏离计划的程度和原因，对责任部门进行提醒	相关业务部门	用款计划、用款计划执行分析报告、预算会议记录
C2	YS6	支出申请违纪违规或违反本单位内部控制；无预算或预算未经批准就申请支付；未报计划用款或超项目预算额度用款；部门负责人未对支出申请严格把关	高	√	√	√	√	√	加强对人员的业务培训；建立支出相关内控制度；严把审核关，建立责任追究制	相关业务部门	责任追究制度、教育或培训文件、支出内控制度
B2	YS7	财务部门审核不严，造成无预算、超预算支付或挪用其他项目用款计划；未发现支出申请中违纪违规、违反内部控制流程的行为；推诿、不作为	高	√	√	√	√	√	对财务部门的内部监督常态化，定期举办业务培训，落实问责机制	财务部门	检查或督查报告、教育或培训文件、支出内控制度
D2	YS8	单位领导未能发现支付申请存在的重大问题；对业务部门过度信任，随意审批、越权审批	中	√	√		√	√	加强对领导干部履职尽责的监督检查和素质教育	单位领导	领导干部监督机制、领导一岗双责制度、教育或培训文件
C3	YS9	预算项目责任部门对预算执行分析不透彻不全面，脱离实际，未落实领导小组提出的措施或意见	中			√		√	建立多渠道反馈机制、重大事项督办制度，加强业务督查	相关业务部门	预算执行分析报告、重大事项督办制度、督查机制

四、预算调剂

（一）流程图及流程描述

1. 预算调剂流程图（见图 4-4）

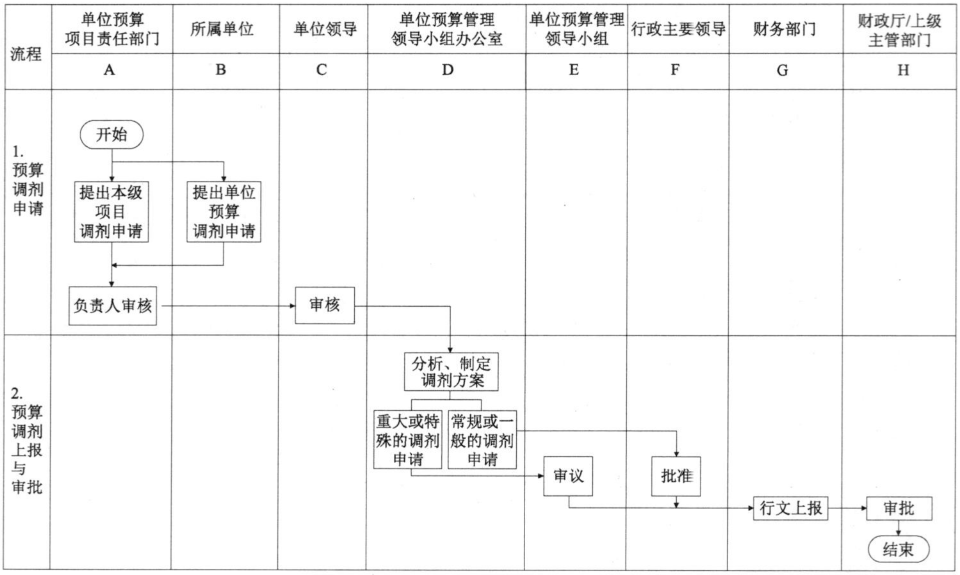

图 4-4　预算调剂流程图

2. 预算调剂流程描述（见表 4-8）

表 4-8　预算调剂流程描述

流程	节点	流程节点描述
1. 预算调剂申请	A1	单位预算项目责任部门提出本级项目预算调剂申请，受理所属单位的预算调剂申请，均由负责人审核
	B1	所属单位提出其预算调剂申请，交本级预算项目责任部门审核
	C1	单位领导审核调剂申请后交预算管理领导小组办公室

续表

流程	节点	流程节点描述
2. 预算调剂上报与审批	D2	单位预算管理领导小组办公室对预算调剂申请进行分析并拟出预算调剂方案，区别常规或一般与重大或特殊情况分别处理调剂申请
	E2	属于特殊或重大预算调剂的，由单位预算管理领导小组审议通过后上报
	F2	属于常规或一般调剂的，由行政主要领导批准上报
	G2	经单位预算管理领导小组审议通过或行政主要领导批准后，财务部门行文上报
	H2	财政厅/上级主管部门审批

（二）风险点及风险控制矩阵（见表 4-9）

表 4-9　预算调剂风险点及风险控制矩阵

控制节点编号	风险点分析		风险等级	风险类别					控制点分析		
	编号	描述		合法合规	资产安全	报告风险	舞弊	效率效果	控制措施	责任部门	控制证据
A1	YS10	预算项目责任部门对于预算调剂政策和要求不了解，滥用或乱用预算调剂。负责人未严格把关	中	√		√		√	加强预算调剂政策学习，对调剂申请严格审查，合理拟定调剂方案	相关业务部门	预算调剂方案、预算管理领导小组会议纪要、预算调剂相关内部控制制度
D2	YS11	预算管理领导小组办公室拟定的预算调剂方案不够严谨，不符合有关政策要求，应提交预算管理领导小组审议的预算调剂方案未提交审议	中	√		√		√		预算领导小组办公室	

五、决算

（一）流程图及流程描述

1. 决算流程图（见图 4-5）

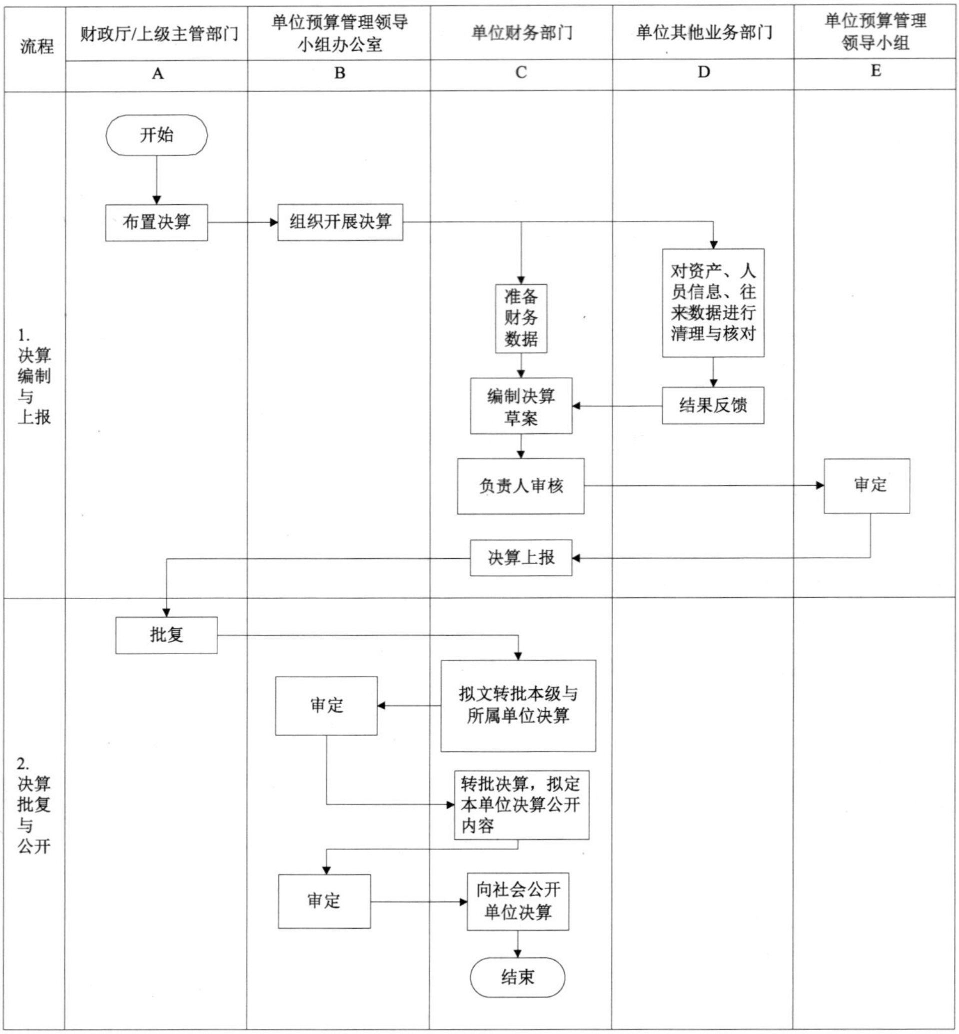

图 4-5　决算流程图

2. 决算流程描述（见表 4-10）

表 4-10　决算流程描述

流程	节点	流程节点描述
1. 决算编制与上报	A1	财政厅/上级主管部门布置决算工作
	B1	预算管理领导小组办公室组织开展决算工作
	C1	单位财务部门准备财务数据；编制决算草案；负责人审核后交预算管理领导小组审定；单位财务部门决算上报
	D1	单位其他业务部门对资产、人员、往来数据进行清理与核对，并将结果反馈至财务部门
	E1	单位预算管理领导小组审定决算
2. 决算批复与公开	A2	财政厅/上级主管部门批复决算
	B2	预算管理领导小组办公室审定拟转批的决算和拟公开的本单位决算内容
	C2	财务部门拟文转批本级与所属单位决算；转批决算，拟定本单位决算公开内容；向社会公开单位决算

（二）风险点及风险控制矩阵（见表 4-11）

表 4-11　决算风险点及风险控制矩阵

控制节点编号	风险点分析		风险等级	风险类别					控制点分析		
	编号	描述		合法合规	资产安全	报告风险	舞弊	效率效果	控制措施	责任部门	控制证据
C1	YS12	财务部门未认真审核决算数据，未及时发现数据有误	中	√		√		√	加强财务人员素质教育，提高业务水平，设审核岗	财务部门	明确财务部门审核岗、财务人员培训记录
D1	YS13	其他业务部门未认真与财务部门进行数据核对与清理，造成决算不准确、不完整	中	√		√		√	明确需清理和核对数据范围、内容及责任人，设审核岗	其他业务部门	决算数据核对底稿、业务部门数据审核岗

六、预算项目支出绩效考评

（一）流程图及流程描述

1. 预算项目支出绩效考评流程图（见图 4-6）

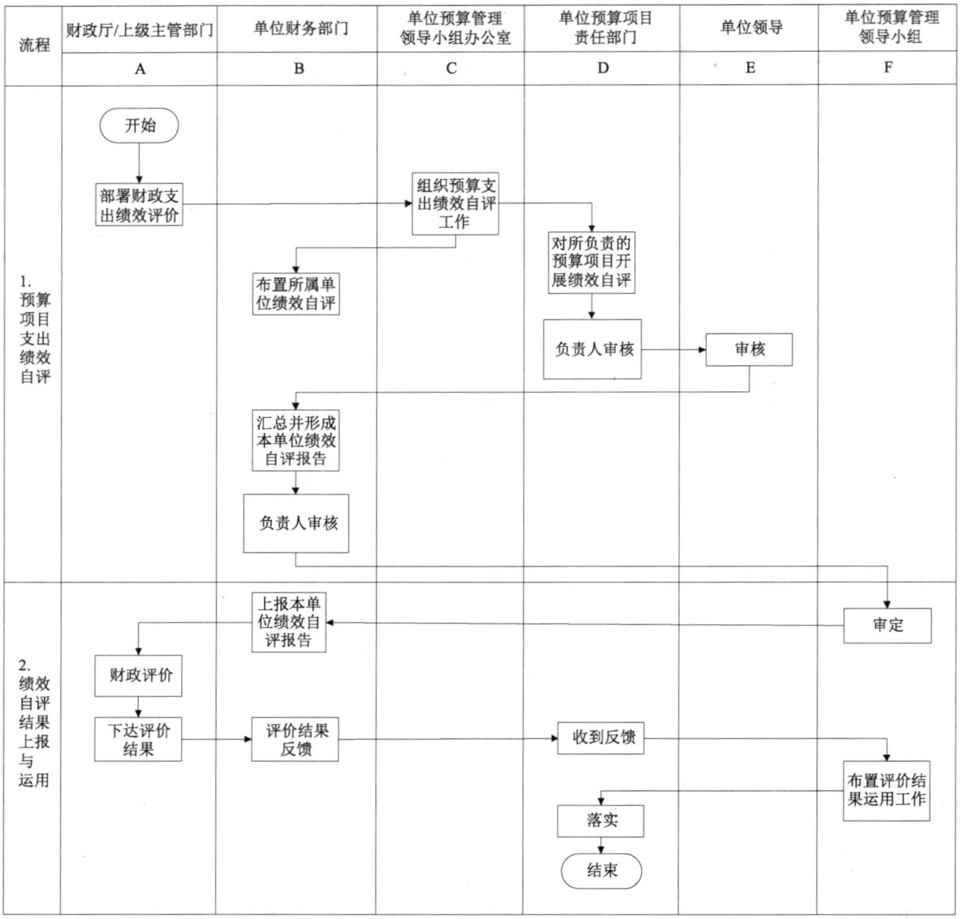

图 4-6　预算项目支出绩效考评流程图

2. 预算项目支出绩效考评流程描述（见表 4-12）

表 4-12　预算项目支出绩效考评流程描述

流程	节点	流程节点描述
1. 预算项目支出绩效自评	A1	财政厅/上级主管部门部署预算项目支出绩效评价工作
	C1	单位预算管理领导小组办公室组织开展本单位预算支出绩效自评工作
	B1	单位财务部门布置所属单位绩效自评；单位财务部门汇总预算项目责任部门绩效自评结果并形成本单位绩效自评报告；负责人审核单位绩效自评报告后报预算管理领导小组
	D1	单位预算项目责任部门对所负责预算项目开展绩效自评，负责人审核后报单位领导
	E1	单位领导对预算项目责任部门上报的绩效自评结果进行审核
2. 绩效自评结果上报与运用	F2	单位预算管理领导小组审定本单位预算项目支出绩效自评报告；布置评价结果运用工作
	B2	单位财务部门向财政厅/上级主管部门上报本单位预算项目支出绩效自评报告，将财政评价结果反馈给单位预算项目责任部门
	A2	财政厅/主管部门对单位上报的绩效自评报告进行财政评价，下达评价结果
	D2	单位预算项目责任部门收到评价结果反馈后，将评价结果上报单位预算管理领导小组；单位预算项目责任部门根据预算管理领导小组布置，落实评价结果

（二）风险点及风险控制矩阵（见表 4-13）

表 4-13　预算项目支出绩效考评风险点及风险控制矩阵

控制节点编号	风险点分析		风险等级	风险类别					控制点分析		
	编号	描述		合法合规	资产安全	报告风险	舞弊	效率效果	控制措施	责任部门	控制证据
D1	YS14	预算项目责任部门未认真开展绩效自评工作，自评结果不科学，不合理，不符合实际	中等			√		√	结合上级绩效考评要求，建立本单位绩效考评实施细则；运用执行进度考核、问题反馈及整改机制加强绩效考评管理	相关业务部门	单位绩效考评细则、考评结果运用建议方案
F2	YS15	预算管理领导小组未对财政考评结果予以足够的重视，未落实结果运用	中等					√		预算管理领导小组	

第五章

收入业务控制建设

收入业务控制是对事业单位经济活动资金流入过程的控制，事业单位收入的实现应当符合国家法律法规、政策和规章制度的要求。收入控制是事业单位业务层面控制中一项比较关键的内容，加强收入控制对事业单位维护国有资产安全、维持正常的经济管理活动、完成单位年度任务和实现发展目标具有十分重要的意义。

第一节 收入业务控制概述

一、收入业务控制范围

（一）事业单位收入的定义和分类

根据《事业单位财务规则》第十六条和第十七条，事业单位收入是指事业单位为开展业务及其他活动依法取得的非偿还性资金，包括：

（1）财政补助收入，即事业单位从本级财政部门取得的各类财政拨款；

（2）事业收入，即事业单位开展专业业务活动及其辅助活动取得的收入，包括财政专户核拨资金和经核准不上缴国库或者财政专户资金，不包括应当上缴国库或者财政专户资金；

（3）上级补助收入，即事业单位从主管部门和上级单位取得的非财政补助收入；

（4）附属单位上缴收入，即事业单位附属独立核算单位按照有关规定上缴的收入；

（5）经营收入，即事业单位在专业业务活动及其辅助活动之外开展非独立核算经营活动取得的收入；

（6）其他收入，除上述收入之外的各项收入，包括投资收益、利息收入、捐赠收入、非本级财政补助收入、租金收入等。

政府财政收入来源的方式有征税方式和非征税方式，非征税方式形成的收入就是行政事业单位的非税收入。根据 2016 年财政部印发的《政府非税收入管理办法》，政府非税收入是指除税收以外，由各级国家机关、事业单位、代行政府职能的社会团体及其他组织依法利用国家权力、政府信誉、国有资源（资产）所有者权益等取得的各项收入，具体包括了 12 大类，即行政事业性收费收入、政府性基金收入、罚没收入、国有资源（资产）有偿使用收入、国有资本收益、彩票公益金收入、特许经营收入、中央银行收入、以政府名义接受的捐赠收入、主管部门集中收入、政府收入的利息收入、其他非税收入。不具备执法职能的交通事业单位取得的非税收入主要有事业性收费收入、国有资源（资产）有偿使用收入和银行存款利息收入。这些收入是交通事业单位事业收入的重要来源。20 世纪 90 年代以来，全国范围内开展了治理行政事业性乱收费清理整顿行动，事业单位的事业性收费收入日益减少甚至消失，国有资源（资产）有偿使用收入在非税收入总量中的比重日益上升。伴随着政府对国有资产监管力度的加强，非税收入的收缴管理越来越被上级主管部门重视，非税收入的收缴管理经常被列为巡视巡察、检查或督查工作的重要内容。

（二）收入业务的环节

收入业务主要涉及收入的取得与解缴、票据管理、收入预算编制、收入确认等控制环节。

1. 收入的取得与解缴

交通事业单位的收入类型与来源渠道不同，取得的方式也不同。按照政府全面预算管理和“收支两条线”管理制度的要求，事业单位取得的全部收入应当纳入部门预算管理，按照财政部门批复的预算款源和用途使用，不得“坐收坐支”。有非税收入收缴职能的事业单位，在取得收入的同时，应按照规定开具财政票据，确保收缴分离、票款一致；必须上缴国库或财政专户的，应及时、足额上缴，不得以任何形式截留、挪用或者私分。实行行政事业性收费、政府性基金，以及政府定价或指导价的经营服务性收费的事业单位，应当按照政府规定的项目和标准收费，并在收费场所公示收费项目的文件依据和具体征收内容，如征收主体、对象、范围、标准、方式、期限等，未经批准不得擅自设立、变更或撤销收费项目及其相关征收内容。

【案例 5-1】

A 局单位车位停车费标准被投诉

A 局的办公区与住宅小区在同一个院子，只有一个大门供车辆出入，大院内地面上车位均为单位所有。2021 年以前，单位车位的临时车辆停放收费标准均由后勤部门参考当时周边小区的车位收费标准，报领导班子会讨论通过后执行。2021 年 5 月，某车主向当地市场监督管理局投诉其在 A 局管理的车位上停放 24 小时被收费 50 元的做法属于乱收费。市场监督管理局向 A 局提供了市政府出台的优化机动车停车服务收费标准的相关文件。根据文件精神，A 局的停车场属于实行政府定价管理的停车场，此停车场为专用停车场而非住宅小区停车场，定价标准为 24 小时最多 15 元。因此，市场监督管理局要求 A 局退回多收车主的 35 元，立即重新修订收费标准。A 局按照市场监督管理局的意见给车主退款，立即修订了收费标准。

2. 票据管理

依据 2020 年 12 月国家财政部门修订的《财政票据管理办法》第三条，财政票据是指“由财政部门监（印）制、发放、管理，国家机关、事业单位、具有公共管理或者公共服务职能的社会团体及其他组织依法收取政府非税收入或者从事非营利性活动收取财物时，向公民、法人和其他组织开具的凭证”。财政票据的形式有电子和纸质两种形式，电子票据和纸质票据具有同等法律效力，是财会监督、审计监督等的重要依据。目前，全国各省（自治区、直辖市）均开展了财政票据电子化管理改革，用票单位在依法收取政府非税收入或者从事非营利性活动收取财物时，原则上应开具财政电子票据，所有财政票据（纸质和电子票据）的领购及核销需通过票据系统操作。

3. 收入预算编制

事业单位应根据行业发展规划和本单位履行职能的需要，合理预测本单位下一年度预算收入规模，提高收入预算编制的准确性。其中，特别要注意对非税收入征收的预测，事业单位应参考往年年度非税收入的来源、构成和规模，结合当前非税收入业务情况和财政部门予以的返还比例，合理确定下一年度取得的非税收入中可以作为预算收入的额度。

4. 用款计划管理与收入确认

根据财政部2020年印发的《预算管理一体化规范（试行）》，实行预算管理一体化后，预算指标已细化到具体单位、具体项目，可以不通过用款计划来细化和控制预算，单位根据下达的预算指标和实际需要申请支付，财政部门直接依据指标控制支付，支付与明细、具体的预算指标形成对应关系，确保支付与预算指标的衔接。有的地区保留用款计划申请模式，采取预算指标与用款计划对支付申请“双控制”的模式。

【案例 5-2】

非税收入收缴方式的改变对单位收入管理控制的影响

A局在2021以前取得的国有资产出租收入、银行账户存款利息、标书出售收入、公路路树砍伐收入、路产赔款等非税收入，不需上缴国库或财政专户，留于单位账户，使用时通过部门预算安排。取得这些收入之时就形成了单位的非税收入中的“其他收入”，此时收入管理控制的重点在于合法合规地取得收入。2021年，交通运输厅要求直属事业单位的非税收入解缴至厅本级，由交通运输厅统筹安排返还使用，此时A局收到上级主管部门返还的非税收入时形成了“上级补助收入”。2022年开始，财政厅要求直属事业单位的非税收入必须全部缴入国库，此时A局取得的非税收入按照应缴财政款进行管理，收入管理控制的重点增加了确保非税收入及时足额上缴国库的内容。

二、收入业务控制目标

（一）收入取得与解缴控制目标

（1）落实行政事业性收费项目公示制度，规范收费行为，接受社会公众监督。

（2）建立和完善收入管理制度，明确归口管理部门、管理岗位和管理职责。

（3）应收尽收，应缴尽缴，建立收入台账，定期对账。

（4）遵循国家关于现金交易的管理制度，防治私设“小金库”或资金账外循环。

（5）严格执行收支两条线管理制度，防止“坐收坐支”。

（6）建立收入稽核分析、检查与报告制度。

（二）票据管理控制目标

（1）建立票据管理制度，明确归口管理部门、管理岗位和管理职责。

（2）申领票据手续完备，开具的票据内容真实、完整、规范。

（3）对票据使用进行登记，设置票据管理台账。

（4）票据专人专柜保管，保障票据安全。

（5）建立健全票据监督检查制度，确保票据使用合法合规。

【案例 5-3】

某县公路局渡河费票据管理存在重大风险

A 局所属某县公路局管理一个渡口，向需要渡河的旅客与车辆按标准收取渡河费。A 局财务科对该局财务检查时发现，渡口费收缴存在如下问题：渡口日常运营分四个班次，每个班次两人，一人负责开船，另一人负责收款开票。收款开票的职工平时将渡河费保管在个人名下，待一本定额税票用完后才将税票和所收款项向票管员缴销。由于渡河业务量不大，往往需要两个月以上才能缴销一本税票，存在较高的舞弊风险。该县公路局财务负责人辩称：由于不能像公路收费站那样有多个道口可以暂停其中一个进行交接，如果只允许拿一本税票，票款交接手续的复杂性将会极大影响渡轮的正常开运；每班一个职工保管一本税票就是为了实现班次的无缝衔接，但是如果要求四个人的票款经常向票管员缴销，票管员工作量太大。A 局财务科则认为，应当先防范舞弊风险，再考虑票管员的工作量，最后 A 局向该县公路局提出如下整改措施：负责收款开票的职工的票据缴销必须日清月结，每天将该渡河费缴入单位账户，一周与票管员进行一次票据核销与票款核对，每个月至少抽查一次收费监控。

（三）收入预算编制控制目标

（1）收入预算编制满足上级主管部门的工作部署和要求。

（2）收入预算编制科学、合理，符合单位实际情况与行业发展需要。

（四）用款计划管理与收入确认控制目标

（1）用款计划编制及时，能够满足各业务部门的用款需求及项目支出进度。

（2）收入确认准确、完整，与支出对应的收入来源恰当。

三、收入业务管理机构和职责

（一）收入收缴与核算归口管理部门

收入收缴与核算归口管理部门一般为事业单位的财务部门，有的事业单位将财务职能并入办公室，那么这些具备财务职能的办公室应为收入收缴与核算归口管理部门。其职责主要包括：负责拟定收入管理岗位职责，制定收入管理制度；组织非税收入的收款、解缴及纳税申报工作；开展收入相关的会计核算、报表与报告编制等工作；编制收入预算；进行收入分析和监督检查。

（二）收入业务归口管理部门

收入业务归口管理部门是按收入业务内容确定的归口管理部门，其职责主要包括：办理事业性收费许可；负责收入业务相关事项的审批或报批；组织收入业务实施，建立相关台账；拟订年度非税收入计划。

（三）票据管理部门

票据管理部门的职责主要包括：负责拟定票据管理岗位职责和票据管理制度；财政票据系统的维护与管理；年度用票计划及票据报表的核对和编报；票据的申领、发放、保管、使用及核销；票据使用的监督与检查。

四、收入业务权限指引表（见表 5-1）

表 5-1 清晰地反映了收入业务中的关键事项，明确列示了这些关键事项的审核审批岗及相应的权限。

表 5-1　收入业务权限指引表

事项	收入业务归口管理部门		票据管理部门		收入收缴与核算归口管理部门		单位领导	领导班子
	经办	负责人	票管员	负责人	经办	负责人		
收入取得与解缴	经办	审核			经办	审核	审批	

续表

事项	收入业务归口管理部门		票据管理部门		收入收缴与核算归口管理部门		单位领导	领导班子
	经办	负责人	票管员	负责人	经办	负责人		
收入预算编制	经办	审核			经办	审核	审核	集体决策
票据管理			经办	审核		审核	审批	
用款计划与收入确认					经办	审核		

五、收入业务不相容岗位

收入业务不相容岗位至少包括：收费项目设立的申请与审核；收款与会计核算；收款与监督检查；票据保管与领用或核销，票据开具与审核；收入预算编制与审核。

六、收入业务相关内部控制制度

收入业务相关内部控制制度主要有单位的收入管理规定，票据管理实施细则，以及就某些重要或敏感收入业务而制定的专项管理规定，例如渡河费管理规定。

第二节 收入业务控制流程与风险控制

本节以 A 局为案例，阐述了交通事业单位收入业务控制在各环节的控制流程及其风险点，非税收入既可以来源于所属单位收入业务，也可以来源于本单位业务部门收入业务，例如后勤部门收取的单位房屋租金。

一、收入取得与解缴

（一）流程图及流程描述

1. 收入取得与解缴控制流程图

交通事业单位收入取得与解缴控制流程见图 5-1。

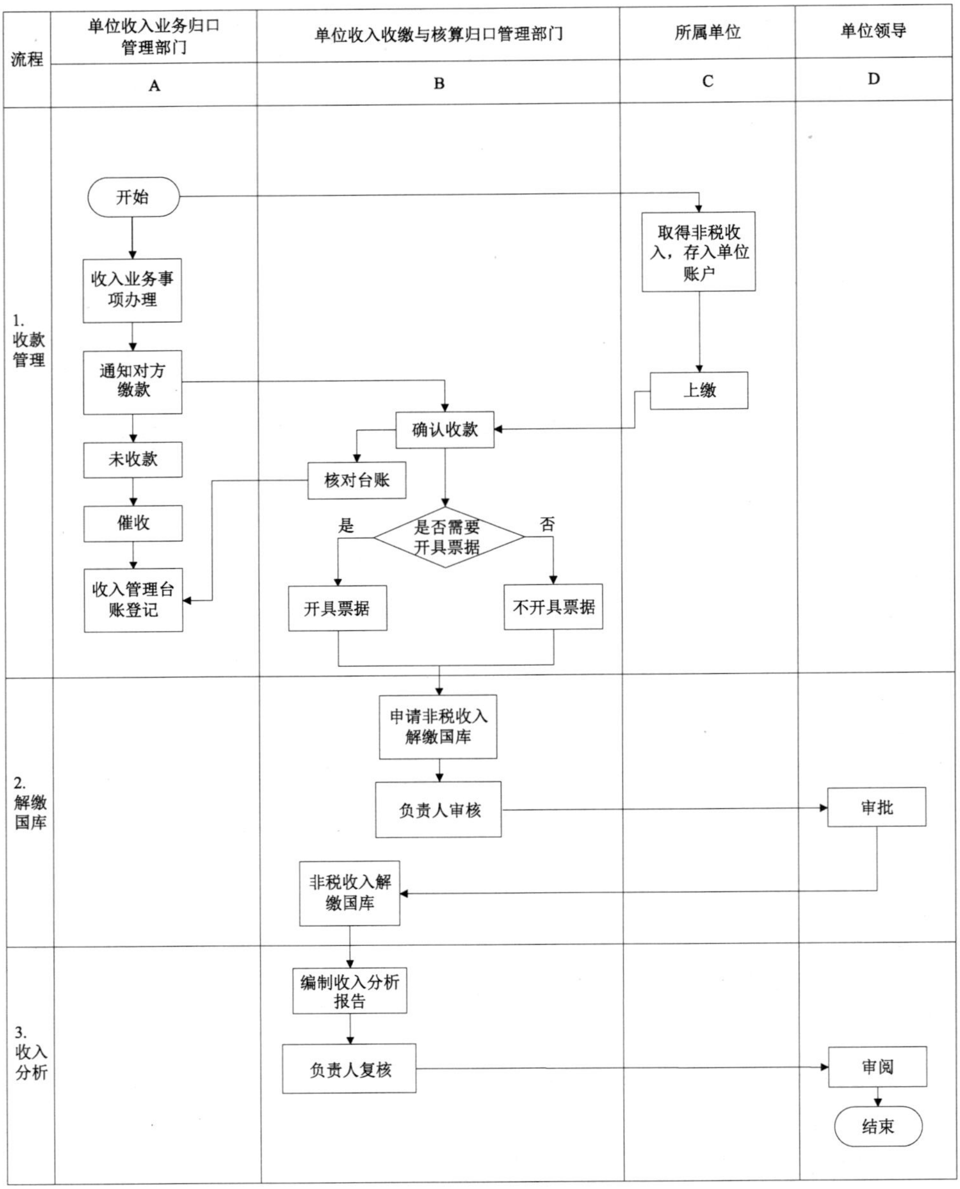

注：每个流程通过后才能进入下一流程，如不通过，则返回上一流程或者返给提出申请或发起办理的业务部门。对于流程不通过的情况不另行绘制。

图 5-1　收入取得与解缴控制流程图

2. 收入取得与解缴流程描述（见表 5-2）

表 5-2 收入取得与解缴控制流程描述

流程	节点	流程节点描述
1. 收款管理	A1	单位收入业务归口管理部门办理收入业务事项，通知对方缴款；对于应收未收的收入进行催收；根据取得收入情况登记收入管理台账；与单位收入收缴与核算归口管理部门核对收入台账
	B1	单位收入收缴与核算归口管理部门确认收款；与收入业务归口管理部门核对收入台账；需要开具票据的开具票据
	C1	所属单位取得非税收入，存入单位账户后上缴
2. 解缴国库	B2	单位收入收缴与核算归口管理部门申请将非税收入解缴国库，负责人审核；经单位领导审批后解缴
	D2	单位领导对收入解缴国库业务进行审批
3. 收入分析	B3	单位收入收缴与核算归口管理部门编制收入分析报告，负责人审核后交单位领导
	D3	单位领导审阅收入分析报告

（二）主要风险点及风险控制矩阵（见表 5-3）

表 5-3 收入取得与解缴控制主要风险点及风险控制矩阵

控制节点编号	风险点分析		风险等级	风险类别					控制点分析		
	编号	描述		合法合规	资产安全	报告风险	舞弊	效率效果	控制措施	责任部门	控制证据
A1	SR1	收入业务归口管理部门办理收入业务事项不合法合规，对于应收未收款项未及时催收	高	√	√		√	√	定期检查收费许可手续是否健全，是否严格执行收费标准；建立收入管理台账，加强与财务部门核对收入，及时办理催收	相关业务部门	收费许可管理相关的政策文件、收费台账、欠款催收通知
B2	SR2	收入收缴与核算归口管理部门未及时解缴	中		√			√	建立健全收入相关内部控制制度，明确解缴时间节点，定期进行收缴业务的督查	财务部门	收入相关内部控制制度、收入稽核制度、监督检查报告

【案例 5-4】

某县公路局财务负责人挪用单位房租收入

A 局所属某县公路局一直由该县公路局财务负责人负责单位门面租金的收取工作，而国有资产管理科从不与财务科核对应收租金与实收金额，财务科会计只负责收款记账。该财务负责人利用此控制环节漏洞牟利，他通知承租方交现金给自己，然后从文具店购买普通收款收据，私盖财务科公章后交给承租方作为收款证明，实际上将钱挪作私用。几年间，该财务科负责人总计挪用了 30 多万元公款。A 局在财务专项检查时发现这一不法行为，将该财务科负责人移交给司法机关处理，该县其他相关业务部门负责人及分管领导均被问责。

二、票据管理

（一）流程图及流程描述

1. 票据管理控制流程图

交通事业单位票据管理控制流程见图 5-2。

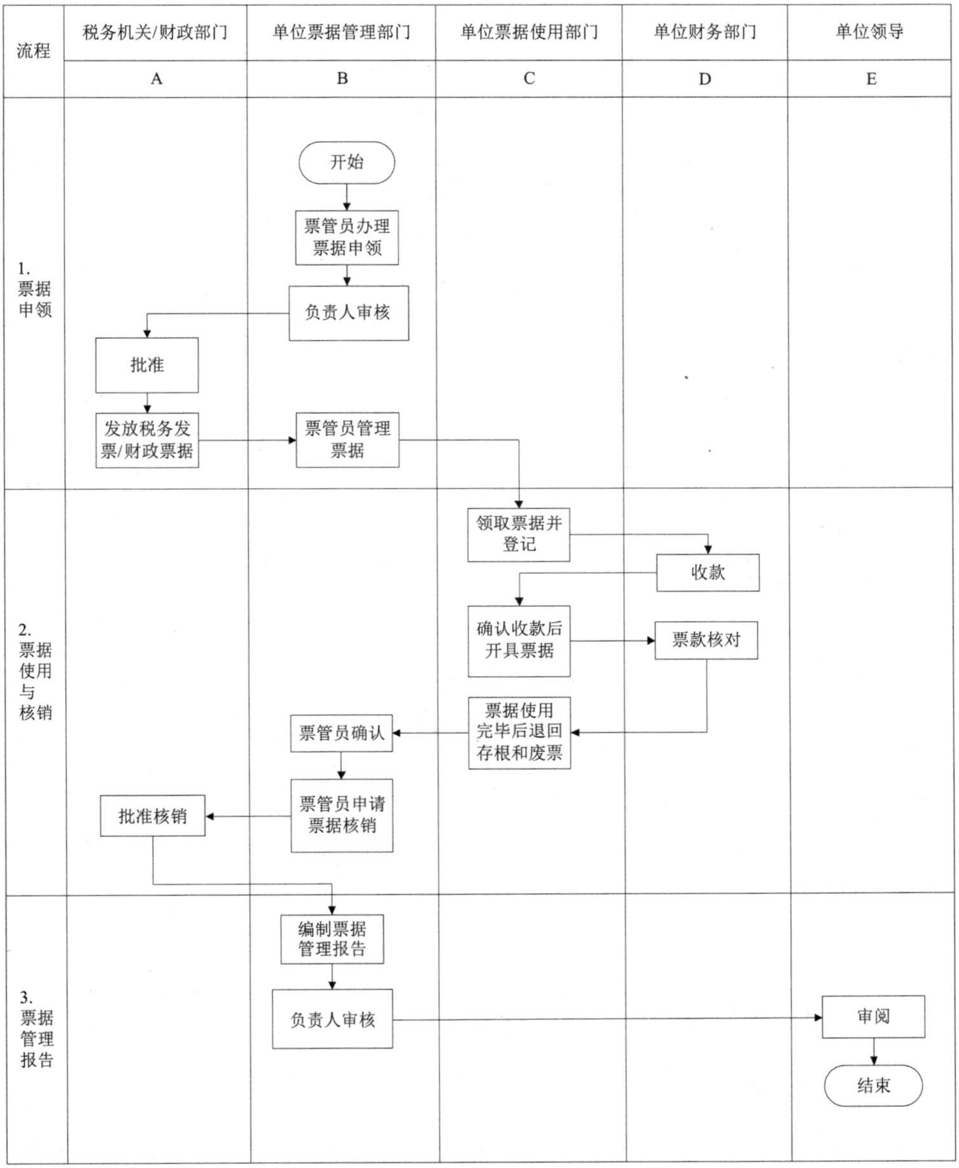
流程
税务机关/财政部门
单位票据管理部门
单位票据使用部门
单位财务部门
单位领导
A
B
C
D
E
1. 票据申领
开始
票管员办理票据申领
负责人审核
批准
发放税务发票/财政票据
票管员管理票据
2. 票据使用与核销
领取票据并登记
收款
确认收款后开具票据
票款核对
票据使用完毕后退回存根和废票
票管员确认
票管员申请票据核销
批准核销
3. 票据管理报告
编制票据管理报告
负责人审核
审阅
结束

图 5-2　票据管理流程图

2. 票据管理控制流程描述（见表 5-4）

表 5-4　票据管理控制流程描述

流程	节点	流程节点描述
1. 票据申领	B1	单位票据管理部门票管员向税务机关/财政部门办理票据申领，负责人审核；票管员收到票据后管理票据
	A1	税务机关/财政部门批准票据领用申请，发放票据
2. 票据使用与核销	C2	单位票据使用部门向票管员领取票据并登记；单位确认收款后开具票据；单位在票据使用完毕后向票管员退回存根和废票
	B2	票管员确认已使用票据和废票，向税务机关/财政部门办理票据核销
	D2	单位财务部门收款，与票据使用部门票款核对
	A2	税务机关/财政部门批准票据核销
3. 票据管理报告	B3	单位票据管理部门编制票据管理报告，负责人审核票据管理报告后交单位领导
	E3	单位领导审阅票据管理报告

（二）主要风险点及风险控制矩阵（见表 5-5）

表 5-5　票据管理控制主要风险点及风险控制矩阵

控制节点编号	风险点分析		风险等级	风险类别					控制点分析		
	编号	描述		合法合规	资产安全	报告风险	舞弊	效率效果	控制措施	责任部门	控制证据
C2	SR3	票据使用部门收款后应开未开票据	中	√	√		√		完善票据管理制度，进行票据信息化管理，定期进行票据业务检查	票据使用部门	票据管理制度、票据稽核或检查记录
D2	SR4	财务部门未及时进行票款核对	高		√		√			财务部门	

三、收入预算编制

收入预算编制属于预算编制的一项内容，其流程见预算编制章节，这里不再重复阐述。

四、用款计划管理与收入确认

（一）流程图及流程描述

1. 用款计划管理与收入确认控制流程图（见图 5-3）

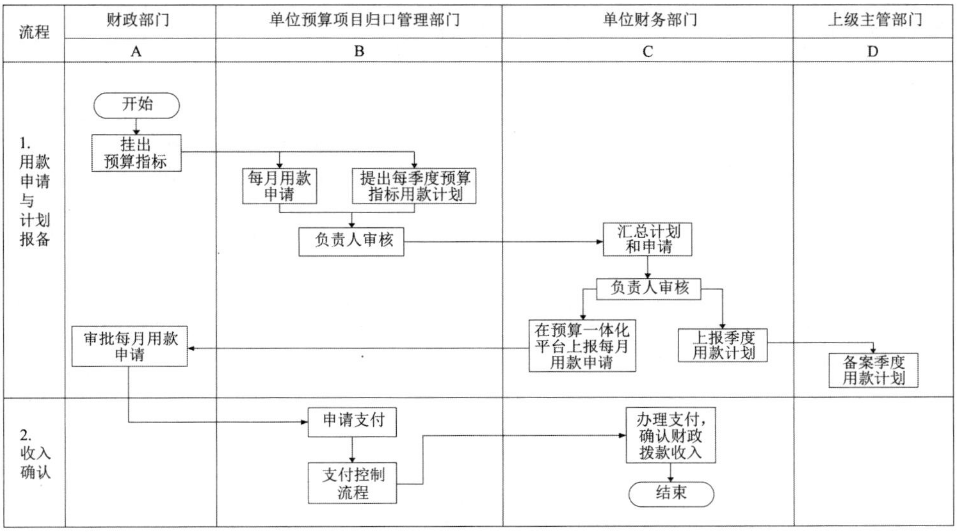

图 5-3　用款计划管理与收入确认控制流程图

2. 用款计划管理与收入确认流程描述（见表 5-6）

表 5-6　用款计划管理与收入确认控制流程描述

流程	节点	流程节点描述
1. 用款申请与计划报备	A1	财政部门挂出预算指标；财政部门审批每月用款申请
	B1	单位预算项目归口管理部门进行每月用款申请，提出每季度预算指标用款计划；负责人审核用款申请和用款计划后转单位财务部门
	C1	单位财务部门汇总用款计划和申请，负责人审核后在预算一体化平台上报每月用款申请，向上级主管部门上报季度用款计划
	D1	上级主管部门备案季度用款计划
2. 收入确认	B2	单位预算项目归口管理部门申请支付，进入支付控制流程
	C2	单位财务部门办理支付，确认财政拨款收入

（二）主要风险点及风险控制矩阵（见表 5-7）

表 5-7　用款计划与收入确认控制主要风险点及风险控制矩阵

控制节点编号	风险点分析		风险等级	风险类别					控制点分析		
	编号	描述		合法合规	资产安全	报告风险	舞弊	效率效果	控制措施	责任部门	控制证据
C1	SR5	预算指标申请或用款计划不恰当	中					√	定期组织预算执行情况分析，对比用款申请或计划与执行差异情况	预算项目归口管理部门	用款计划表、预算执行分析情况报告、预算执行相关会议记录

第六章

支出业务控制建设

支出业务控制是对事业单位经济活动资金流出过程的控制。根据《事业单位财务规则》第二十条，事业单位支出“是指事业单位开展业务及其他活动发生的资金耗费和损失”，“事业单位支出包括事业支出、经营支出、对附属单位补助支出、上缴上级支出、其他支出”。其中事业支出是事业单位主要支出，包括了保障单位正常运转的基本支出，以及为完成特定的工作任务和事业发展目标所需的项目支出。交通事业单位的支出业务按预算资金用途可以分为生产性支出、管理性支出和债务支出。生产性支出一般以项目支出的形式体现，常常涉及工程项目管理内容，如A局的公路小修保养费、养护大中修工程、标志标线工程、安保工程等生产性支出全部列入项目支出，体现了公路行业管理的特殊性，此时其内部控制建设应按照建设项目业务控制要求进行，在第七章阐述。本章主要阐述管理性支出业务控制和债务性支出业务控制。

第一节 管理性支出业务控制概述

一、管理性支出业务控制范围

（一）管理性支出定义、内容与结算方式

1. 管理性支出定义

这里的管理性支出指事业单位用于保障单位正常运转和履行基本职能所需的管理费用，对应预算管理的基本支出及项目支出中属于非生产性的、为完成特定工作任务或目标的费用如扶贫经费、党建经费、困难职工慰问费、第一书记驻村专项工作经费等。

2. 管理性支出内容

管理性支出内容包括人员经费、“三公”“两费”支出、其他管理性经费支出。

（1）人员经费支出

人员经费支出是指事业单位支付给职工的各类劳动报酬，以及为其缴纳的各项社会保险、对个人和家庭的补助支出。人员经费支出不仅包括一般公共预算基本支出中根据定员编制和定额标准编列的“工资福利支出”和“对个人和家庭的补助”，还包括项目支出中为实现特定目标对职工个人和家庭的补助支出，如职工死亡抚恤金、驻村第一书记的相关补助、困难职工慰问金等，根据实际情况和工作需要编报。

（2）“三公”“两费”支出

“三公”支出是指事业单位用财政拨款安排的公务用车购置及运行费、公务接待费和因公出国（境）费支出，“两费”支出是指事业单位的会议费和培训费支出。近些年，事业单位财政部门一直强调压减并严控“三公”“两费”

支出，拉紧“钱袋子”，精打细算过日子，保障机关运行等刚性支出。“三公”“两费”支出均需纳入部门预算并单独列示，执行中既不允许调剂使用或结转使用，也不允许突破，预算单位每月需向上级报告实际支出情况。行政事业单位的“三公”“两费”一直是社会公众高度关注的热点，也是外部审计或监督重点审查的经费事项，是管理性支出业务控制中的重要内容，有特定的控制要求和审批流程。“三公”“两费”主要包括：

① 公务用车购置及运行费

公务用车购置及运行费指事业单位有定编证的公务用车购置支出（含车辆购置税、牌照费）、公务用车燃料费、维修保养费、过路过桥费、保险费和停车费等支出。事业单位的公务用车实行编制管理，车辆编制由政府有关部门根据人员编制、领导职数、工作需要等因素核定，公务用车购置及运行费预算由单位按照编制内公务用车数量和运行费用定额标准编制。

② 公务接待费

公务接待费指事业单位各类公务接待中产生的支出。公务接待必须严格审批管理，不得超标准接待。接待单位必须取得派出单位发出的接待公函，注明公务活动内容、时间、行程、人数和人员姓名，对于无公函的公务活动和来访人员不予接待。对于接待产生的费用，由接待单位填写接待清单，按规定的接待范围和标准及既定的审批流程进行报销。

③ 因公出国（境）费

因公出国（境）费指事业单位公务出国（境）发生的国际旅费、国外城市间交通费、住宿费、伙食费、培训费、公杂费等支出。事业单位要严格按照因公出国经费开支范围和标准，依据上级主管部门批准的出国计划预算费用和回国后合理的行程安排支出相关费用。

④ 会议费

会议费指单位召开各类会议而产生的费用，包括会议住宿费、伙食费、会议室租金、交通费、文件印刷费、医药费等。事业单位应当遵循厉行节约、反对浪费、规范简朴、务实高效的原则安排会议，严格控制会议次数和参会人数，编制会议费预算应细化到具体费用项目，按照规定的会议类型及相应的综合定额进行控制。综合定额为会议费总额开支的上限标准，具体各项明细费用之间可以调剂。事业单位应当将非涉密会议的名称、主要内容、参会人数、经费开支等情况在单位内部公示或提供查询，会议费的预算及支出情况应当纳入部门预决算公开范围。

⑤ 培训费

培训费是指事业单位使用财政性资金在境内开展时长在三个月以内的各类培训而产生的各项费用，包括师资费、住宿费、伙食费、场地费、资料费、交通费及其他费用。除了师资费外，其他费用实行分类综合定额标准，分项核定、总额控制，各项费用明细之间可以调剂使用。事业单位应在上级主管部门的统一部署下组织业务部门合理编制年度培训计划，计划经上级主管部门批准后原则上不得调整。

（3）其他管理性支出

这里所说的其他管理性支出是指除了人员经费和“三公”“两费”外，为保障单位日常运转和完成特定工作任务而发生的管理费用，包括办公费、水电费、印刷费、邮电费、物业管理费、交通费、维修（护）费、劳务费、工会经费、福利费、委托业务费、差旅费等。对属于基本支出中的公用经费的，预算编制时以人员编制、实有人员、通用资产、绩效目标等为基础，按财政部门规定的公用经费支出标准，实行定员定额预算控制；属于项目支出内容的，根据特定工作目标或任务需求，结合实际情况编制。其他管理性支出在单位经济活动中的数量和批次较多，其内部控制应采取分事项、分权限、分阶段控制的方法，确保在内部控制目标实现的同时又能提高行政效率。

3. 管理性支出的结算方式

事业单位管理性支出的结算方式通常有现金结算、银行转账结算与公务卡结算三种。其中，公务卡结算方式是在国库集中支付改革之后，为了对预算单位大量提取和使用现金行为进行有效监管而推出的。公务卡是指预算单位工作人员持有的信用卡，主要用于日常公务支出和财务报销业务。各省级财政部门均出台了本地区范围内公务卡强制结算目录，要求纳入目录的支出事项必须使用公务卡结算或以转账方式结算，原则上不得使用现金结算；只有不具备刷卡条件的场所发生的单笔消费在一定金额以下（各地在1000元以内自行确定）的零星公务消费支出，以及只能使用现金结算的支出等两种情况可以使用现金结算。公务卡结算已成为规范公务消费支出、打造“阳光财政”的一项基础性财政管理制度，对规范预算单位的公务支出发挥了积极作用。目前，公务卡结算已经成为事业单位除了银行转账结算外主要的结算方式，现金结算已逐渐退出了单位日常的管理活动。A局早在10年前就已经取消现金交易，不设库存现金。

（二）管理性支出业务环节

管理性支出业务涉及支出申请、审核、审批与支付等控制环节，有的支出细目政策性或规范性很强，如“三公”、“两费”、差旅费，具体的控制环节不能完全统一，必须依据有关政策法规或规章制度，结合单位实际情况进行设计。

二、管理性支出业务控制目标

管理性支出业务控制目标包括以下几点：

（1）建立支出相关内部控制制度，完善审批流程，重大支出经过事业单位领导集体决策。

（2）支出范围和标准符合相关政策与规章制度，“三公”“两费”支出控制在限额范围内，基本支出和项目支出之间没有相互挤占。

（3）支出申请符合预算管理要求，支出进度满足上级主管部门的要求。

（4）支出核算及时、准确，支出分析报告真实、完整。

（5）支出合法合规性得到有效监控，支出控制兼顾了单位管理活动的效率。

三、管理性支出业务的管理机构及其职责

（一）支出业务归口管理部门

支出业务归口管理部门负责对支出业务提出申请；负责支出申请的前置条件或手续的办理；执行各项支出相关的管理规定、政策和制度；对支出相关内部控制制度建设提出意见或建议。

（二）财务部门

财务部门负责制定管理性支出相关内部控制制度，根据上级主管部门文件精神及时调整支出范围、定额与标准；对支出申请的必要性、合理性、合法合规性及预算金额进行审核；办理支付业务；进行支出会计核算，组织支出分析。

（三）领导班子会或党委会

领导班子会或党委会负责审议并决定重大支出或支出预算，审议通过关于支出的内部控制制度。

四、管理性支出权限指引表（见表 6-1）

表 6-1 清晰地反映了管理性支出业务中的关键事项，明确列示了这些关键事项的审核审批岗及相应的权限。

表 6-1　管理性支出业务权限指引表

部门与岗位 事项	业务归口管理部门		财务部门		单位领导	领导班子
	经办人	负责人	会计	负责人		
人员经费	经办	审核	复核	审核	审批	重大或重要支出集体决策
“三公”“两费”	经办	审核	复核	审核	审批	
其他管理性支出	经办	审核	复核	审核	审批	

五、管理性支出控制不相容岗位

管理性支出不相容岗位包括但不限于如下岗位：支出申请与审核或审批、支出审批与付款、支出执行与监督检查、支出执行与会计记录、支出业务经办

与会计核算。

六、管理性支出相关内部控制制度

管理性支出相关内部控制制度可以是覆盖事业单位管理性支出各项内容的综合性内部控制制度，如××单位管理性费用开支办法；也可以针对上级主管部门出台的专项规范（如公务接待、会议费、差旅费等），制定便于事业单位实际操作的具体实施办法，如××单位差旅费管理办法。

第二节 管理性支出业务控制流程与风险控制

本节以A局为案例，阐述了交通事业单位管理性支出业务控制在各环节的控制流程及其主要风险点与控制措施。

一、人员经费支出控制

人员经费支出控制的主要流程：A劳资员填制工资福利或补助发放表单→B劳资部门负责人审核→C财务部门负责人审核→D单位领导审核→E出纳付款。人员经费支出控制主要风险点及风险控制矩阵见表6-2。

二、“三公”“两费”支出控制

（一）公务用车购置和运行维护费支出控制

公务用车购置业务应编入年度部门预算和政府采购预算，车辆管理业务部门采购公务用车前应办理定编证，采购时必须执行公务用车政府采购流程并履行规定的验收程序，财务部门审核上述手续完毕后才予以付款，而后国有资产管理部门应及时将采购的车辆录入固定资产管理系统。购置流程主要的风险点在于政府采购环节，因为公务用车的采购标准和流程要求十分严格，财政部门对于车辆的型号、排量、产地、配置都有控制要求，事业单位需要在不突破预算额度的基础上综合平衡各项控制要求才能采购到性价比较高的公务用车。

车辆维修、加油和保险费办理通常需要在政府采购定点单位进行，不在定点办理的必须要有充足理由（如异地故障、乡村道路无指定石油公司等），事先经申请并得到车辆管理部门负责人批准；对于过路过桥费、停车费的管理要定期核对，核对车辆行驶路线判断其是否属于公务出行。

公务用车运行维护费控制流程：A公务用车驾驶员提出费用申请→B车辆管理员复核→C车辆管理部门负责人审核→D财务部门负责人审核→E单位领导审批。公务用车运行维护费主要风险点及风险控制矩阵见表6-3。

表 6-2　人员经费支出控制主要风险点及风险控制矩阵

控制节点编号	风险点分析		风险等级	风险类别					控制点分析		
	编号	描述		合法合规	资产安全	报告风险	舞弊	效率效果	控制措施	责任部门	控制证据
A	ZHC1	劳资部门填制的人员经费表单有误或不合规	中	√			√		人员经费制单与审核、发放的岗位彼此分离，监督部门定期对人员经费支出名目与标准进行检查	劳资部门	人员经费表单、相关岗位设置与说明

表 6-3　公务用车运行维护费支出控制主要风险点及风险控制矩阵

控制节点编号	风险点分析		风险等级	风险类别					控制点分析		
	编号	描述		合法合规	资产安全	报告风险	舞弊	效率效果	控制措施	责任部门	控制证据
B	ZHC2	车辆管理部门未能及时发现、制止公务车管理过程中的违纪违规行为	高	√		√	√		建立公务用车管理制度；单车台账管理，考核单车费用明细开支合理性，定期在单位内公开；对车辆动态进行实时跟踪，如卫星定位系统；加强节假日的车辆钥匙和车辆的封存管理；制定公务车驾驶员管理制度，明确其岗位职责，定期对公务车驾驶员进行安全教育与职业道德教育	车辆管理部门	车辆管理台账、公务用车管理制度、驾驶员管理制度、节假日车辆封存记录

【案例 6-1】

公务车司机利用职务便利公车私用

A 局某公务车司机利用工作日单位不要求交回车辆钥匙的管理漏洞，每天晚上八点以后开车回家过夜，并在第二天早上七点半之前把车辆开回单位车位停放，有时出差后不将车辆停回单位，而是开公车出去办私事，如此操作持续了一年有余，最终该司机被其他职工举报。后来，车辆管理部门吸取教训，给每台公车配备了卫星定位系统，不定期抽查出车情况，并在公车出入口安装了道闸监控系统，监控公务车辆进出。同时，实行每天下班后将车辆钥匙统一交回登记的管理办法，有效解决了公车私用问题。

（二）公务接待费支出控制

负责接待的业务部门提出公务接待申请前，应先明确如下事项：接待对象是否同城，同城不允许接待；是否有接待公函，无接待公函不允许接待；接待的地点、人数（来访人员及本单位陪同接待人员）、用餐标准。

公务接待费支出流程为：A 业务部门提出接待申请，负责人审核→B 负责接待部门负责人审核→C 单位领导同意→D 负责接待的部门安排接待→E 接待完成后，负责接待的部门填写接待费审批表，并附接待函和发票办理报销→F 财务部门负责人审核→G 单位领导审批。表 6-4 提供了接待费申请与审批表。公务接待费支出控制主要风险点及风险控制矩阵见表 6-5。

表 6-4 接待费用（清单）申请与审批表（示例）

<table>
<tr><td>来访单位名称</td><td></td><td>接待公函填写是否规范</td><td>是/否</td></tr>
<tr><td>负责接待的业务部门负责人意见</td><td></td><td>接待时间</td><td></td></tr>
<tr><td rowspan="4">工作餐地点及用餐标准</td><td rowspan="2">□单位食堂</td><td colspan="2">□司局级及其随员（标准人均 120 元以下）</td></tr>
<tr><td colspan="2">□处级以下及其随员（标准人均 90 元以下）</td></tr>
<tr><td rowspan="2">□餐饮店、饭店</td><td colspan="2">□司局级及其随员（标准人均 150 元以下）</td></tr>
<tr><td colspan="2">□处级以下及其随员（标准人均 130 元以下）</td></tr>
<tr><td rowspan="4">用餐总人数</td><td>来访单位人数</td><td colspan="2"></td></tr>
<tr><td rowspan="2">本单位陪餐人数</td><td colspan="2">□ 人（接待对象 10 人及以内的，陪餐人数不超过 3 人）</td></tr>
<tr><td colspan="2">□ 人（接待对象超过 10 人的，陪餐人数不超过总人数的三分之一）</td></tr>
<tr><td>合计人数</td><td colspan="2">□ 人</td></tr>
</table>

续表

工作餐费用限额	用餐总人数　人×　元标准=　元	单位领导意见：	
实际报销费用	小写：　　元，大写：　仟　佰　拾　元　角　分		
报账人		财务负责人审核	
后勤部门负责人		单位领导审批	

（三）因公出国（境）经费支出控制

事业单位的出国（境）人员和出国（境）费用通常由上级主管部门确定，出国（境）费用必须有预算保障，无预算任何人不得公务出国（境）。出国（境）经费支出流程为：A 人事部门取得上级主管部门关于本单位出国（境）人员的出国（境）批件→B 人事部门申请支付出国（境）费用，负责人审核→C 财务部门负责人审核→D 单位负责人审批→出纳支付，出国（境）人员回国后的旅途费用按差旅费报销流程报销。因公出国（境）经费支出主要风险点及风险控制矩阵见表 6-6。

（四）会议费支出控制

事业单位应按照批复的会议费预算和会议费计划安排会议，承办会议的业务部门应先进行会议费预算申请，列明拟召开会议的时间、地点、内容、会期、人员范围及人数、住宿费和餐费等内容，会议费预算申请表见表 6-7。

会议费支出流程：A 拟召开会议业务部门申请会议费预算，部门负责人审核→B 财务部门负责人审核→C 单位领导审批→D 业务部门按批准的预算额度组织安排会议→会议结束业务部门经办人凭会议通知、人员签到表、预算审批表，以及定点会议场所费用明细办理报销，负责人审核→财务部门负责人审核→单位领导审批。会议费支出控制主要风险点及风险控制矩阵见表 6-8。

（五）培训费支出控制

培训费是基于经批准的培训计划开展培训所发生的费用。培训计划的编制与部门预算编制同步进行。上级主管部门通常会在部门预算编制“一上”时，下达预算单位培训费控制数，事业单位人事教育部门在控制数内组织各业务部门结合专业化培训主题，提出下一年度拟办理的培训并测算费用，汇总后交事业单位领导班子会集体决策形成正式培训计划上报。政府有关主管部门审批上报的培训计划，财政部门根据批准的培训计划下达“一下”控制数。“二上”时，事业单位在部门预算中列报经上级审批的培训计划，如有调整也是在“一下”控制数范围内进行调整，且仍需原审批培训计划的主管部门对调整计划进行再度审核。“二下”时，有关主管部门审定上报的培训计划，财政部门在批复部门预算中确认培训费预算。

表 6-5　公务接待费支出控制主要风险点及风险控制矩阵

控制节点编号	风险点分析		风险等级	风险类别					控制点分析		
	编号	描述		合法合规	资产安全	报告风险	舞弊	效率效果	控制措施	责任部门	控制证据
C	ZHC3	单位领导违规同意接待	高	√			√		制定公务接待费管理实施细则；定期在单位内公开接待费的使用情况；建立对违规接待行为的责任追究机制；加强专项监督检查	单位领导	公务接待内部控制制度，接待审批单
D	ZHC4	未按规定、标准接待	高	√			√			接待责任部门	

表 6-6　因公出国（境）经费支出控制主要风险点及风险控制矩阵

控制节点编号	风险点分析		风险等级	风险类别					控制点分析		
	编号	描述		合法合规	资产安全	报告风险	舞弊	效率效果	控制措施	责任部门	控制证据
B	ZHC5	人事部门未取得出国（境）批件就申请支付出国（境）费用	中等	√			√		出国（境）事项的办理与费用报销必须以有关部门出国（境）批件和规定的费用标准为依据	人事部门	出国（境）批件，出国（境）费用审批单

表 6-7　会议费预算申请表（示例）

会议名称			
主办单位及部门		承办单位及部门	
会议地点		起止时间（含报到和离开时间）	
会议内容和人数	会议内容： 参会人员范围： 参会人数：		
经费预算（元）	预算明细（列明计算过程） 1. 住宿费：　2. 伙食费： 3. 会议室租赁费：　4. 文具： 5. 其他杂项费： 总计　　元		
申报部门负责人		经办人	
会签部门负责人（如有）	年　月　日		
财务部门负责人	年　月　日		
业务分管领导	年　月　日		
行政主管或其授权领导审批	年　月　日		

表 6-8　会议费支出控制主要风险点及风险控制矩阵

控制节点编号	风险点分析		风险等级	风险类别					控制点分析		
	编号	描述		合法合规	资产安全	报告风险	舞弊	效率效果	控制措施	责任部门	控制证据
A	ZHC6	业务部门申请会议费预算不合理、内容不合规	中	√			√		制定会议费管理实施细则，严格会议费报销审核；内部监督机构定期检查；对违规使用会议费问题执行问责机制	业务部门	会议费预算审批单、会议费相关内部控制制度、监督部门检查报告
D	ZHC7	会议费超预算或违规开支	中	√			√				

事业单位应按照批复的培训费预算和培训费计划组织培训，组织培训的业务部门应先申请培训费预算，列明拟组织培训的时间、地点、内容、方式、参培人员范围及人数、培训相关开支明细与预算额度等内容见表 6-9。

表 6-9　培训费预算申请表（示例）

<table>
<tr><td>培训班名称</td><td colspan="3"></td></tr>
<tr><td>主办单位</td><td></td><td>承办单位</td><td></td></tr>
<tr><td>培训地点</td><td></td><td>起止时间
（含报到和离开时间）</td><td></td></tr>
<tr><td>培训内容、培训对象和人数</td><td colspan="3"></td></tr>
<tr><td>费用预算明细</td><td colspan="3"></td></tr>
<tr><td>申请部门负责人</td><td></td><td>经办人</td><td></td></tr>
<tr><td>人事教育部门负责人</td><td colspan="3">年　月　日</td></tr>
<tr><td>财务部门负责人</td><td colspan="3">年　月　日</td></tr>
<tr><td>分管领导</td><td colspan="3">年　月　日</td></tr>
<tr><td>行政“一把手”或其授权领导审批</td><td colspan="3">年　月　日</td></tr>
</table>

培训费支出流程为：A 业务部门按培训计划提出培训预算申请，负责人审核→B 人事教育部门负责人审核→C 财务部门负责人审核→D 单位领导审批→E 业务部门组织培训→F 业务部门培训结束后经办人凭培训通知、人员签到表、预算申请表、发票及开支明细办理报销，负责人审核→G 财务部门负责人审核→H 单位领导审批。培训费支出控制主要风险点及风险控制矩阵见表 6-10。

表 6-10　培训费支出控制主要风险点及风险控制矩阵

<table>
<tr><td rowspan="2">控制节点编号</td><td colspan="2">风险点分析</td><td rowspan="2">风险等级</td><td colspan="5">风险类别</td><td colspan="3">控制点分析</td></tr>
<tr><td>编号</td><td>描述</td><td>合法合规</td><td>资产安全</td><td>报告风险</td><td>舞弊</td><td>效率效果</td><td>控制措施</td><td>责任部门</td><td>控制证据</td></tr>
<tr><td>A</td><td>ZHC8</td><td>培训费申请预算不合理、内容不合规</td><td>中</td><td>√</td><td></td><td></td><td>√</td><td></td><td rowspan="2">制定培训费管理实施细则，规范培训费内容；加强培训费报销审核；内部监督机构定期检查；对违规使用培训费问题问责</td><td rowspan="2">业务部门</td><td rowspan="2">培训费预算审批单、培训费相关内部控制制度、监督部门检查报告、问责机制</td></tr>
<tr><td>F</td><td>ZHC9</td><td>培训费超预算或违规开支</td><td>中</td><td>√</td><td></td><td></td><td>√</td><td></td></tr>
</table>

三、其他管理性支出控制

(一) 其他管理性支出控制流程

其他管理性支出涉及的支出明细项目较多，控制活动的重点应当放在事前，履行必要的审批手续。

1. 事前控制

支出归口管理业务部门根据支出内容判断是否属于政府采购范畴，如果属于政府采购，则需执行政府采购流程直至签订政府采购合同。如果不属于政府采购范畴，则进入自行采购流程，自行采购又分为两种情况：一种是不需要签订合同的常规性、额度小的零星开支（如邮费、文印费、装订费、临时用工劳务费、行业协会会费等），经办人可以事先征得部门负责人同意直接办理业务；另一种是需要签订合同的，在签订合同前，应首先就拟发生的费用总额进行预算申请（如表 6-11 所示），支出归口管理业务部门提出申请，采购部门和财务部门负责人审核，业务部门分管领导同意后，由行政“一把手”或其授权人（如财务分管领导）审批。费用预算获批后，支出归口管理业务部门按照内部控制流程要求，例如经过单位内部询价或是采购小组集体讨论，确定合同签约方，接着就进入合同审批流程，详见合同控制业务章节。

表 6-11　费用预算申请与审批表（示例）

费用名称		申请部门	
申请费用的原因、目的及其他相关内容			
费用预算总额			
预算资金来源			
申请部门负责人		经办人	
会签部门负责人（如有会签部门）	年　月　日		
财务部门负责人	年　月　日		
分管领导	年　月　日		
行政“一把手”或其授权领导审批	年　月　日		

2. 事中、事后控制

对于不需要签订合同的业务，经办人在业务办理完毕后应在规定时限内获取发票或凭据，办理报销手续。对于需要签订合同的，涉及价款结算的由业务部门经办人发起请款，如实按合同验收，最终结算还应随附验收证明，经业务部门负责人和财务部门负责人审核后交单位领导审批。涉及货物类采购的，还应建立货物质保档案，登记质保期及质保期内供应商责任和义务，特别是货物出现质量问题时应承担的免费维修或退换货服务。

（二）其他管理性支出控制主要风险点与控制措施

其他管理性支出主要风险点关联到采购、合同等业务层面的主要风险点，详见有关章节的阐述。通常情况下，支出业务归口管理部门能否确保支出的合法合规与合理性，以及负责审核的相关业务部门能否发现存在的问题，是支出控制的主要风险点，风险等级为中等，风险类别涉及合法合规性、资产安全、舞弊和效率效果。控制措施主要有：建立和完善采购、合同、支出业务等相关的内部控制制度，加强业务人员综合素质的培训；建立执行监督检查机制；落实问责和奖惩机制。控制证据包括支出相关内部控制制度、支出审批表单、监督或检查报告等。

四、公务卡结算控制

若管理性支出内容属于财政部门规定的公务卡强制结算目录范围，除了采用银行转账结算外还可以使用公务卡结算，除非出现了无法使用公务卡的情况（如公务车在偏远道路上故障必须就近检修、供应商无刷卡机等），否则不允许使用现金交易。经办人使用公务卡结算后应及时办理公务卡报销手续。

（一）公务卡结算控制流程（**A→F**）

A. 经办人公务消费刷公务卡支付费用，特殊情况无法使用公务卡的，应事先征得财务部门负责人同意。

B. 公务卡消费后，经办人取得发票等财务报销凭证和公务卡消费交易凭条（POS 机小票）。

C. 经办人最迟于免息还款日前，整理公务消费原始发票和经本人签名的公务卡消费交易凭条、购物明细或消费清单，按报销程序报单位领导审批。

D. 会计对持卡人签字确认的公务卡消费交易凭条、报销审批凭证及报销单据等进行审核后，登录公务卡支持系统核实公务消费的真实性，通知出纳支付。

E. 出纳通过国库集中支付资金清算系统向公务卡账户进行还款结算。

F. 经办人自行查询确认公务卡资金到账情况，若发现异常，应及时向财务部门说明并及早处理。

（二）公务卡结算控制主要风险点及风险控制矩阵（见表 6-12）

表 6-12　公务卡结算控制主要风险点及风险控制矩阵

控制节点编号	风险点分析		风险等级	风险类别					控制点分析		
	编号	描述		合法合规	资产安全	报告风险	舞弊	效率效果	控制措施	责任部门	控制证据
A	ZC10	应使用而未使用公务卡时，事前未征求财务部门负责人意见，或不能使用公务卡的理由不充分	高	√			√		建立完善公务卡管理制度，明确公务卡报销流程，明确不能使用公务卡的情形，加强对业务经办人的公务卡相关知识培训	业务部门	公务卡相关内部控制制度、费用报销单、未使用公务卡特殊事项报批单、公务卡知识培训记录

第三节
债务业务控制概述

一、债务业务控制范围

（一）债务的定义和分类

依据《政府会计准则第 8 号——负债》的释义，事业单位的负债是指政府会计主体过去的经济业务或者事项形成的，预期会导致经济资源流出政府会计主体的现时义务。履行该义务很可能导致含有服务潜力或者经济利益的经济资源流出。按照债务是否具有流动性，债务分为流动性债务和非流动性债务。流动性债务是指预计在 1 年内（含）偿还的负债，包括短期借款、应付短期政府债券、应付及预收款项、应缴款项等；非流动性债务是指流动负债以外的负债，包括长期借款、长期应付款、应付长期政府债券等。按照是否属于或有事项形成的，可以分为能够确定偿还时间与金额的确定性债务与不能确定偿还时间与金额的预计债务。按债务来源的业务性质，债务分为融资活动形成的举借债务和日常业务活动形成的应付、预收款项及暂收性债务。

（二）债务业务环节

根据《事业单位财务规则》第五十一条规定：“事业单位应当建立健全财

务风险预警和控制机制，规范和加强借入款项管理，如实反映依法举借债务情况，不得违反规定融资或者提供担保。”《行政事业单位内部控制规范（试行）》第三十一条规定：“根据国家规定可以举借债务的单位应当建立健全债务内部管理制度，明确债务管理岗位的职责权限，不得由一人办理债务业务的全过程。大额债务的举借和偿还属于重大经济事项，应当进行充分论证，并由单位领导班子集体研究决定。”事业单位债务管理应重点关注举债过程即借入款项管理，并将其作为防范财务风险的一个重要举措。事业单位对于债务应实行分类管理：属于流动性的债务，财务部门要及时清理，查明债务形成原因，及时办理结算或偿还债务；属于非流动性的债务，要拟出偿债计划并适时编制预算，确保有足够的资金偿还。因此，借入款管理、债务清理与偿还是债务业务的主要环节。

二、债务业务控制目标

债务业务控制目标包括以下几点：

（1）建立健全债务管理内部控制制度，尤其是举债决策机制、债务风险控制和财务预警机制，合理设置债务业务岗位，明确职责。

（2）举债符合单位实际需求，举债方案通过充分的必要性和可行性论证，符合有关政策文件规定和上级主管部门规章制度要求。

（3）举债经过单位领导集体决策，应报上级审批的履行报批手续。

（4）定期清理债务，建立往来账款清理机制；及时跟踪、安排债务偿还，妥善解决各项债务纠纷。

（5）建立债务信息管理台账，定期对债务进行统计与分析。

（6）债务相关文件资料及时归档，妥善保管。

三、债务业务管理机构和职责

（一）债务发起部门

债务发起部门负责债务发起相关业务的办理，组织举债项目的可行性研究并进行论证，进行本部门相关债务清理，提出清理意见，办理债务清偿手续，对债务管理相关内部控制制度提出意见或建议。

（二）债务业务归口管理部门

债务业务归口管理部门通常为财务部门，负责制定债务管理相关内部控制制度，跟踪债务的形成与偿还，开展债务业务会计核算，组织债务清理工作并形成报告。

（三）局领导班子会或党委会

负责审议并决定举债项目、举债方案和偿债方案。

四、债务业务权限指引表（见表 6-13）

表 6-13　债务业务权限指引表

事项	部门				岗位	
	债务发起部门		财务部门		单位领导	领导班子
	经办	负责人	会计	负责人		
借入款	申请	审核	/	审核	审核	集体决策
债务偿还	申请	审核	复核	审核	审批	属于重大或重要债务偿还的集体决策
债务清理	主办	复核	复核	审核	审批	属于重大或重要债务清理方案的集体决策

五、债务业务控制不相容岗位

债务业务不相容岗位至少包括：借入款申请与审核（或审批）、债务偿还的申请与审核（或审批）、债务清理方案的拟定与审核（或审批）。

六、债务业务相关内部控制制度

债务业务相关的内部控制制度主要有单位往来账款清理制度、借入款项管理办法等。

第四节
债务业务控制流程与风险控制

一、借入款管理控制

（一）流程图及流程描述

1. 借入款管理控制流程图（见图 6-1）

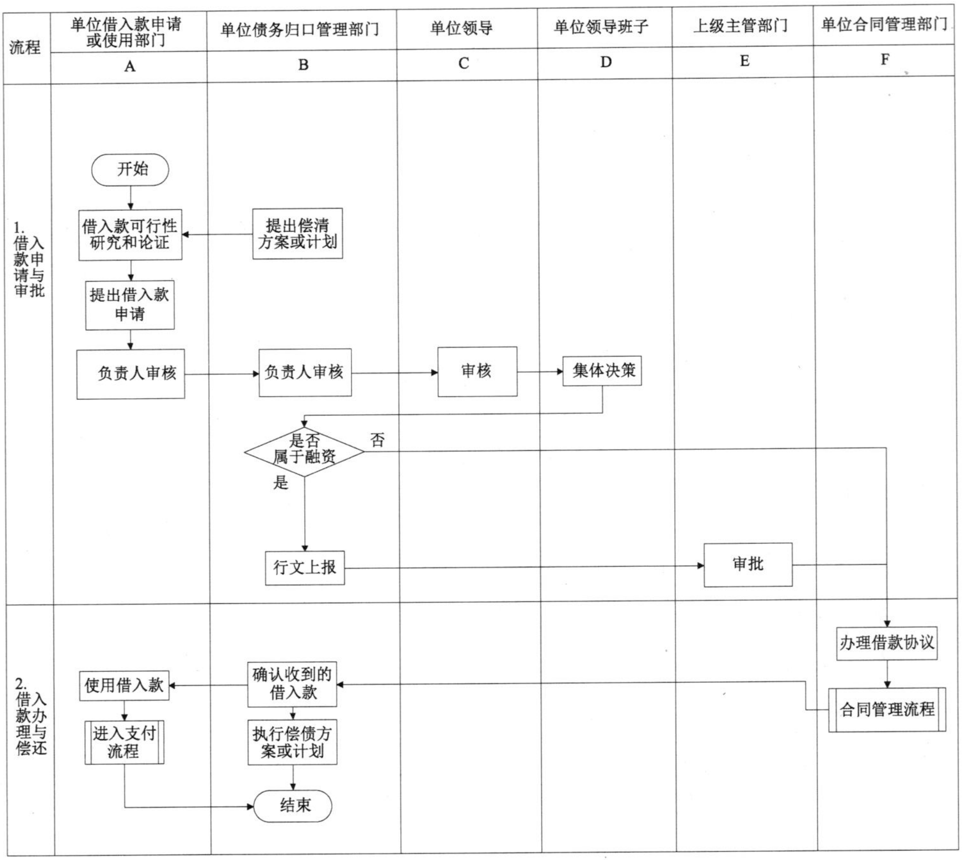

注：每个流程通过后才能进入下一流程，如不通过则返回上一流程，或者返回提出申请或发起办理的业务部门。对于不通过的情况不另行绘制。

图 6-1　借入款管理控制流程图

2. 借入款管理控制流程描述（见表6-14）

表6-14 借入款管理控制流程描述

流程	节点	流程节点描述
1. 借入款申请与审批	A1	单位借入款申请部门对拟借入款项进行可行性研究和充分论证；单位借入款申请或使用部门提出借入款申请（含偿债方案或计划），负责人审核后交单位债务归口管理部门
	B1	单位债务归口管理部门提出借入款偿债方案或计划交申请部门；负责人审核借入款申请后转单位领导；经领导班子集体决策后，若属于融资的借入款则行文报上级主管部门，不属于融资借入款的转单位合同管理部门办理
	C1	单位领导审核借入款申请后交领导班子集体决策
	D1	单位领导班子对借入款事项进行集体决策
	E1	上级主管部门审批属于融资性质的借入款申请后，转单位合同管理部门办理
2. 借入款办理与偿还	F2	单位合同管理部门办理借款协议，进入合同管理流程
	A2	单位借入款使用部门使用借入款，进入支付流程
	B2	单位债务归口管理部门确认收到借入款并通知借入款使用部门；单位债务归口管理部门执行偿债方案或计划

（二）主要风险点及风险控制矩阵（见表6-15）

表6-15 借入款管理控制主要风险点及风险控制矩阵

控制节点编号	风险点分析		风险等级	风险类别					控制点分析		
	编号	描述		合法合规	资产安全	报告风险	舞弊	效率效果	控制措施	责任部门	控制证据
A1	ZHC11	未经充分论证或未经可行性研究就申请借款	中	√	√			√	建立借入款管理内部控制制度，加强借入款可行性与必要性的论证与审核	借入款申请部门	借入款管理内部控制制度，可行性研究报告、论证意见
D1	ZHC12	领导班子集体决策不当	中	√	√			√	将借入款管理纳入“三重一大”集体决策制度；领导班子对借入事项应充分讨论、谨慎决策	领导班子会或党委会	“三重一大”集体决策制度、领导班子会或党委会会议纪要

【案例 6-2】

A 局从市政府借款实施公路路面大修工程

2020 年，A 局所在地的城区人民政府提出：A 局管辖范围内的国省干线市区过境路段交通量大、损毁严重，适逢市政府承办的国际博览会会期临近，为方便交通物流和群众出行，提升城市形象，需要立即安排路面大修。但是，当年 A 局上级批复的预算中没有在该路段安排大修资金，无法组织实施路面大修工程，为此，市政府提出借款 500 万元给 A 局先行施工。A 局养护管理科和财务科商议研究了该项目在 2021 年部门预算中立项审批的可行性，以及预算批复后从零余额账户归还市政府借款的预计时间和方式方法等问题，拟订了借款可行性研究报告及偿还方案，征求分管领导意见后提交党委会讨论。党委会集体决策同意执行，并明确由法制科牵头组织借款协议签署、养护管理科组织项目实施、财务科负责按协议归还政府借款等工作职责。之后，A 局与市政府签署了借款协议，借款到位后立即组织施工并在博览会前完工。该项目被列入了 2021 年 A 局的部门预算，A 局在项目预算指标挂出后及时归还了市政府借款。

二、日常业务活动形成的应付应缴、预收款项和暂收性债务控制

对于按规定需上缴财政的非税收入，通常由会计定期核对应缴财政款账目余额，确定解缴额报财务部门负责人审核、财务分管领导审批后通知出纳缴款。其中的主要风险点在于未在规定的时间内及时、足额地上缴非税收入。风险等级为中等，风险类别涉及合法合规性与效率效果。对于日常业务活动而形成的债务，其控制活动往往牵涉业务办理流程与合同的履行。财务部门应建立往来账款清理机制，定期清理日常业务活动形成的各项债务，形成清理报告，并将债务情况及时向有关业务部门及单位领导反馈，督促推进结算工作，避免造成不必要的债务风险。案例 6-3 介绍了 A 局的往来账款清理机制，该机制同样适用于债权控制。

【案例 6-3】

A 局自 2019 年开始建立往来账清理工作长效机制

A 局自 2019 年开始建立往来账清理长效工作机制，主要做法如下：

一、成立往来账清理工作组

小组组成如下：

组长：×××（行政“一把手”），副组长：×××（财务分管领导），组员：×××、×××（主要业务部门负责人）。牵头科室为财务科，其他业务科室在职责范围开展债权债务清理的相关工作。

二、清理范围和时间节点

局机关及机关管理的项目办、建设办、工会、党办等的所有账务。清理时间为每年 12 月 31 日前。

三、工作要求

（一）机关财务科负责建立机关及所管其他账套的往来账台账、各项目建设办公室会计负责建立本项目往来账台账、工会和党办会计分别负责建立相应账套往来账台账（见表 6-16），每清理一笔就同步更新台账，台账与会计账同步登记，实行动态管理。台账中的时间从 2019 年 1 月 1 日起，台账栏内“会计账科目余额”取数截止日为每一年度 12 月 31 日。

（二）清理工作组于每年 2 月底前完成上一年度往来账清理工作，清理报告由管理台账的财务人员分别撰写，财务科汇总整理后报局领导审阅。

（三）清理报告包含（不限于）以下内容：

1. 往来账清理工作组织开展情况。
2. 往年往来账清理主要成果。
3. 报告年度 1 月 1 日以来新形成的往来账目情况。
4. 下一步账务清理工作的计划。

表 6-16　A 局往来账管理台账表

单位名称：　　　　账套名称：　　　　金额单位：元

序号	一级科目	明细科目	业务内容	对方单位或个人名称	借方或贷方	2019 年 1 月 1 日账面数	账龄（年）	形成原因	其他情况说明	事务所审核结果	审计处理意见	往年往来账清理情况		会计账科目余额	往年往来账余额与会计账科目余额差额	往年往来账余额与会计账目余额差异原因分析	备注
												清理时间、记账凭证号、减少金额	往年往来账余额				
1																	
2																	
3																	
4																	
5																	

第七章

建设项目控制建设

交通事业单位管理的建设项目大多与交通基础设施有关，项目管理的质量和效率关系到公众对交通基础设施使用的满意度。由于这些项目建设周期长、资金投入规模较大，资金流向和利益关系复杂，容易滋生违规违纪行为、贪污腐败，因此，内部控制建设对提升建设项目的管理能力和治理效率，确保财政性资金使用的安全性与有效性，防范贪污腐败，具有非常重要的意义。

第一节 建设项目控制概述

一、建设项目的控制范围

（一）建设项目的定义和分类

1. 建设项目的定义

建设项目亦称基本建设工程项目，是指按一个总体设计组织施工，建成后具有完整的系统，可以独立地形成生产能力或者使用价值的建设工程。建设项目具有如下特征：

（1）在总体设计或初步设计范围内，由一个或多个相互联系的单项工程组成，统一核算、统一管理。

（2）以形成固定资产为特定目标，且在投资总量、技术水平、质量、工期、使用效益等方面有约束性条件。

（3）遵循一定的建设程序和建设过程，一般包含了从项目建议、方案比选、决策、勘察设计、施工、竣工验收到投入使用的全过程。

（4）具有一次性特点的组织形式，如一次性投入、一次性固定的建设地点、一次性设计。

2. 建设项目的分类

建设项目按照不同标准分类如下：

（1）按建设性质，分为新建项目、扩建项目、迁建项目、恢复项目、改建项目。新建项目是指按照规定的程序立项，从无到有开始建设的项目；扩建项目是指单为了扩大固定资产的设计运营能力、增加新效益或在原有业务系统的基础上扩充规模而开展的新增固定资产投资项目；迁建项目是指原单位因自身发展要求、国家经济发展战略需要或环保等原因搬迁到异地而建设的项目；恢复项目是指因自然灾害或战争等原因使原有固定资产全部或部分报废，需要重建来恢复生产能力、工作条件、生活福利设施等的建设项目；改建项目是指对固定资产现有设施或工艺条件进行技术改造或更新的项目。

（2）按建设规模，分为大型建设项目、中型建设项目、小型建设项目三类。不同建设规模的工程建设项目，国家规定的审批机关和报建程序也不尽相同。

（3）按建设用途，分为生产性建设项目和非生产性建设项目。生产性建设项目是指直接用于物质资料生产或直接为物质资料生产服务的建设，如工业建设项目，包括工业、国防和能源建设项目；农业建设项目，包括农、林、牧、渔、水利建设项目；基础设施建设项目，包括交通、邮电、通信建设项目，地质普查、勘探建设项目等；商业建设项目，包括商业、饮食、仓储、综合技术服务事业建设项目。非生产性建设项目是指用于满足人民物质和文化、福利需要的建设和非物质资料生产部门的建设，如办公用房、居住建筑、公共建筑，以及不属于上述各类的其他非生产性建设项目。

（4）各行业按一定的标准和内容对建设项目进行分类。各行业从自身行业管理需求出发对建设项目进行分类管理，如 A 局所在的公路管理行业，按照公路养护目的和养护对象将养护工程分为预防养护、修复养护、专项养护和应急养护工程。预防养护工程是指公路整体性能良好但有轻微病害，为延缓公路性能过快衰减、延长公路使用寿命而预先采取的主动防护工程。修复养护工程是指公路出现明显病害或部分丧失服务功能，为恢复技术状况而进行的功能性、结构性修复或定期更换，包括大修、中修、小修。专项养护工程是指为恢复、保持或提升公路服务功能而集中实施的完善增设、加固改造、拆除重建、灾后恢复等工程。应急养护工程是指在突发情况下造成公路损毁、中断、产生重大安全隐患等，为较快恢复公路安全通行能力而实施的应急性抢通、保通、抢修。

（二）建设项目业务环节

交通事业单位建设项目业务主要涉及以下环节：项目立项、工程设计与概预算、财政投资评审、项目采购、项目施工、项目竣（交）工验收、竣工结算与竣工决算。业务的控制范围应覆盖上述环节。

1. 项目立项

交通事业单位建设项目立项是建设项目业务的起点，关系到是否实施建设项目的决策问题，在整个项目管理过程中非常重要。交通事业单位根据国家和地方国民经济发展中长期规划、产业政策、生产力布局、市场环境、所在地的内外部条件，提出具体项目的建议或框架性的总体设想，将申请文件上报有关政府主管部门，经过一定的报批程序得到有关部门批准。交通事业单位的不同资金来源、不同规模的项目立项审批部门及审批程序是有所区别的，不同地区、管理体制和管理模式下的立项流程也有所区别，并非所有的建设项目都要经过项目建议书、可行性研究报告阶段。如 A 局作为国省干线公路管养单位，每年的公路养护工程立项均直接从行业项目库中按轻重缓急选取项目列入下一年度部门预算上报。同时，交通运输主管部门将汇总的全部公路工程项目报同级发改委，发改委再下达年度公路交通基础设施投资计划。如果交通事业单位承担重大的新建或改扩建项目任务，以及非生产性大型修缮项目，则需要单独提出项目建议书，报送可行性研究报告，涉及用地的还需进行建设用地审批。

2. 工程设计、工程设计概算与施工图预算

工程设计是项目立项后，根据建设工程相关法律法规要求，对建设项目所需的技术、资源、环境等进行综合分析、论证，编制建设工程设计文件和图纸的整个活动过程。通常设计工作可以分为一阶段设计（即直接开展施工图设计）和两阶段设计（即初步设计和施工图设计），技术复杂的设计项目可以采用三阶段设计（即初步设计、技术设计、施工图设计）。

初步设计（基础设计）的内容依项目的类型不同而有所变化，一般来说，它包含与项目有关的基本的技术决策，确定基本的技术经济指标，对项目进行总体设计和布局设计，确定主要的工艺流程、设备的选型和安装设计、土建工程量和概算等。初步设计文件应当满足编制施工招标文件、主要设备材料订货和编制施工图设计文件的需要，是下一阶段施工图设计的基础。技术设计是根据已经得到批准的初步设计而编制更精确、更完备、更具体的文件和图纸，它要确定初步设计中所采取的工艺过程、建筑物和构筑物、校正设备的选择及其数量的误差、确定建设规模和技术经济指标，并做出修正概算。施工图设计（详细设计）是根据批准的初步设计，绘制出正确、完整和尽可能详细的建筑、安装图纸，包括建设项目部分工程的详图、零部件结构明细表、验收标准与方法、施工图预算等。此时的设计文件应当满足设备材料采购、非标准设备制作和施工的需要，并注明工程合理年限。如 A 局的公路养护工程一般采用一阶段施工图设计，其中应急养护和对技术要求相对简单的养护工程可以按照技术设计方案组织实施；技术特别复杂的工程可以采用技术设计和施工图设计两阶段设计。

工程设计概算是指在初步设计阶段进行的项目投资额度的概略计算，是初步设计文件的组成部分，由单位工程概算、单项工程综合概算和建设项目总概算组成。概算投资应包括建设项目从立项、可行性研究、设计、施工、试运行到竣工验收的全部建设资金。采用两阶段设计的建设项目，初步设计阶段必须编制设计概算；采用三阶段设计的，必须编制修正概算。设计概算额度控制、审批、调整应遵循政府或行业的有关规定。如果设计概算值超过控制额，以至于概算投资额度变化影响项目效益，使效益达不到预定目标值时，必须修改设计或重新立项审批。设计概算不仅是年度固定资产投资计划编制和建设项目投资控制的依据，是施工图设计控制和施工图预算的依据也是衡量设计方案技术经济合理性和选择最佳设计方案的依据，还是考核建设项目投资效果的依据。

施工图预算是指在施工图设计完成以后，按照主管部门制订的预算定额、费用定额、材料市场价格和其他取费文件等编制的工程建设施工造价的技术经济文件。它是设计阶段控制工程造价的重要环节，是控制施工图设计不突破设计概算的重要措施，也是筹集建设资金、安排建设资金计划的依据。在设置招标控制价的情况下，招标控制价可根据施工图预算来确定，或在施工图预算的基础上考虑工程的特殊施工措施、工程质量要求、目标工期、招标工程范围及自然条件等因素进行编制。施工图预算还可以作为确定合同价款、拨付工程进度款及办理工程结算的基础。

3. 财政投资评审

财政投资评审是财政职能的重要组成部分，财政部门通过对财政性资金投资的建设项目进行审查与评价，对其资金使用情况进行专项核查及追踪问效，确保财政资金规范、安全、有效运行。各地财政厅（局）结合当地实际情况制定出具体实施办法，报财政部备案。例如，A 局所在地的财政厅将纳入本级财政投资评审的范围分为部门项目支出预算评审、工程项目概（预）算评审、工程项目招标控制价评审、工程项目竣工结算评审和工程项目竣工财务决算评审五大项，每一项都规定了具体的内容或标准。根据这些规定，A 局公路养护工程项目中达到公开招标金额时需要进行招标控制价评审或概（预）算评审 A 局机关某年度拟进行办公楼修缮，办公楼修缮费用约 150 万元，需要进行部门项目支出预算评审及招标控制价评审。

4. 项目采购

根据《财政部关于开展政府采购意向公开工作的通知》（财库〔2020〕10 号）文件精神，预算单位可以依据部门预算“二上”或预算批复与追加的内容公开采购意向。除了协议供货、定点采购方式实施的小额零星采购、批量集中采购和不可预见的紧急采购外，按项目实施的集中采购目录以内或者采购限额标准以上的货物、工程、服务采购均应当公开采购意向。采购意向公开时间原则上不得晚于采购活动开始前 30 日。单位在实施采购前，应当进行财政投资评审的必须进行评审。

建设项目的采购应当依据省级人民政府发布的政府采购工程，以及与工程建设有关的货物、服务的公开和未达到公开招标数额标准及定点采购标准，选择确定相应的采购方式。常见的采购方式有公开招标、竞争性谈判、竞争性磋商或者单一来源等。交通事业单位适用的行业工程建设项目相关招标管理制度主要有交通运输部《公路工程建设项目招标投标管理办法》、交通运输部《水运工程建设项目招标投标管理办法》、交通运输部《铁路工程建设项目招标投标管理办法》、交通运输部《工程建设项目勘察设计招标投标办法》、交通运输部《工程建设项目施工招标投标办法》、交通运输部《工程建设项目货物招标投标办法》。有的项目也会涉及住房和城乡建设部《房屋建筑和市政基础设施工程施工招标投标管理办法》。工程项目招标一般采用公开招标和邀请招标两种方式，经过招标前准备、招标、投标、开标、评标（定标）、签订合同几个阶段。

5. 项目施工

建设工程项目施工阶段涉及质量管理、进度管理、安全管理、环境管理和投资管理。质量管理就是项目单位要求施工单位严格按照国家规定及合同规定的质量要求，执行国家施工标准和规范，严格按照施工设计及图纸进行施工，确保工程质量达到设计标准。进度管理就是在确保建设质量的前提下，施工单位应制订经项目单位认可的工程进度实施计划，并严格按照项目进度计划管理实施，确保项目按照工程预期进度完工。安全管理就是项目单位应建立安全生产管理制度，坚持以人为本、预防为主的安全目标，确保项目处于安全状态。环境管理就是项目单位应建立环境管理制度，制定环境管理目标，施工过程中采取环境保护措施，控制施工现场对环境产生的影响，预防环境污染。投资管理就是项目单位在工程资金管理方面严格遵守各项财经制度，做到用款有计划、开支有依据，及时计量支付，科学核算成本，控制项目投资不超过批准的造价限额。

现阶段，内部控制建设以资金活动为主线。因此，施工阶段的投资管理是内部控制建设重点环节，其中需要重点关注工程价款结算与设计变更。工程价款结算是指依据建设工程合同中关于结算价款的约定，对项目进行工程预付款、工程进度款、工程竣工价款结算的活动。工程预付款是建设单位在项目开工前拨给施工单位一定数额的预付备料款，是施工单位进行施工准备而购置所需材料、结构件等流动资金的主要来源。工程进度款是施工过程中按一定时间段、形象进度或控制界面等完成的作业数量计算的各项费用总和。工程竣工价款结算是建设单位收到施工单位递交的竣工结算报告及竣工结算资料后，在规定的期限或合同约定期限内确认并向施工单位支付最终的工程结算价款，同时应保留不超过3%的质量保证（保修）金，待工程交付使用1年或质保期到期后清算（合同另有约定的，从其约定），工程在质保期内若有返修，产生的返修费用应在质量保证（保修）金内扣除。

设计变更是指项目自初步设计批准之日起至通过竣工验收正式交付使用之日止，对已批准的各阶段设计文件所进行的修改、完善、优化等活动。设计变更主要由以下原因引起：（1）实际施工条件与原设计施工要求条件不符或发生变化，原设计图纸有关部分需要修改；（2）建设方的局部使用功能改变，设计方为了满足要求，进行修改、变动；（3）材料、设备确实无法采购，或甲方要求以更先进的设备代替并经设计方同意；（4）施工中各方发现图纸确有误、有漏或不当之处需要修补或修正。进行设计变更时，设计变更的条件和分类应遵循主管部门的相关规定并履行了报批程序。

6. 项目竣（交）工验收

项目施工完毕后，项目单位应及时组织交工验收与竣工验收。交工验收的主要内容是检查施工合同的执行情况，评价工程质量是否符合技术标准及设计要求，是否可以移交下一阶段施工或是否满足使用要求，对各参建单位工作进行初步评价。竣工验收的主要内容是对工程建设成果进行综合评价，包括对工程质量、参建单位和建设项目的综合评价。不同行业对建设项目竣（交）工的具体流程和要求有所不同，如交通运输部针对公路工程的竣（交）工制定了《公路工程竣（交）工验收办法及实施细则》。通常，交通事业单位作为项目法人可以组织交工验收，而竣工验收往往由上级主管部门组织，交通事业单位在竣工阶段的主要工作是竣工验收申请及配合上级主管部门进行竣工验收。因此，交工验收是项目竣（交）工阶段内部控制建设的重点环节。

7. 竣工结算与竣工决算

工程竣工结算指建设项目竣工验收合格后，项目单位和施工单位按照合同专用条款约定的合同价款调整内容，对照原设计施工图，根据增减变化内容，进行最终工程价款结算。

竣工决算是在建设项目办理竣工时，由建设单位财务及有关部门编制的反映整个建设项目从筹建到工程竣工验收投产全部实际支出费用的文件，包括预留费用、尾工工程投资。决算内容包括竣工财务决算说明书、竣工财务决算报表、工程竣工图和工程造价对比分析四个部分，前两个部分又称之为建设项目竣工财务决算，是竣工决算的核心内容和重要组成部分。经批复的竣工财务决算是确认投资支出、资产价值及办理资产移交和投资核销的最终依据。

二、建设项目控制目标

（一）项目立项控制目标

（1）项目立项经过充分严密论证，技术、经济可行；编制的项目建议书或可行性研究报告符合行业发展规划及国家政策、相关法律法规和行业规范要求。

（2）立项决策经过单位内部控制流程，采取领导集体决策的议事规则，决策依据充分、合法合规。

（3）立项履行了报批程序，项目所需资金列入年度部门预算。

（二）工程设计与概预算控制目标

（1）设计方案科学合理，标准明确规范，设计深度满足项目下一阶段工作要求。

（2）概预算编制切合实际，规范合理。

（3）施工图设计方案经过规审查机构审查。

（三）财政投资评审控制

（1）应进行财政投资评审的项目适时申报评审。

（2）报送投资评审材料完备、合法合规。

（四）项目采购

（1）选择恰当的采购方式确定项目的施工单位，以及项目物资和服务的供应商，采购文件编制科学合理。

（2）项目涉及的政府采购应采尽采，采购程序合法合规，属于“三重一大”的项目采购要经过领导集体决策。

（五）项目施工控制

（1）建立工程质量、进度、安全和环境管理和监督检查机制，明确各参建单位在项目建设中的职责，确保建设项目按预计工期和质量目标完工。

（2）设计变更依据充分、资料完备，符合合同约定和有关规章制度、法律法规的规定。

（3）设计变更履行了报批手续，程序合法合规，处理得当及时。

（4）工程价款结算及时，遵循了内部控制流程，拨付手续规范。

（5）项目物资采购的数量、单价和品种规格符合项目技术参数需求，手续规范，验收合格。

（六）项目竣（交）工控制

（1）明确项目验收条件和验收程序，及时申请项目竣（交）工。

（2）按照规定的程序和要求履行竣（交）工验收手续。

（3）依法依规进行竣工结算，竣工决算编审规范。

（4）及时办理建设项目资产移交手续。

（5）整理项目档案，归档齐全，档案移交及时有序。

三、建设项目管理机构和职责

（一）建设项目现场管理机构（建设办）

建设项目现场管理机构（建设办）是交通事业单位管理建设项目的派出机构，代表单位对项目实施进行具体管理，直接对单位负责，并接受单位及上级主管单位的领导和监督检查。主要有以下职责：

（1）贯彻执行项目建设相关的法律法规、行业规章制度和规范；传达落实上级主管部门对项目建设的各项要求、指示指令并监督参建单位贯彻执行。

（2）对建设项目进行质量、安全、进度、投资管理。

（3）负责项目现场管理工作，执行工程施工现场管理的有关规定，实现安全生产、文明施工。

（4）项目开工前，代表建设单位组织设计和监理单位向施工单位进行技术交底；按合同规定向监理单位、施工单位提供建设用地、技术资料，创造良好的外部施工环境。

（5）负责对项目实施过程中出现的工程变更进行核实审查，办理报批。

（6）负责审核施工过程的计量支付，并以此作为建设单位支付工程费用的依据。

（7）组织对监理单位、施工单位的检查考核。

（8）收集有关工程建设资料，掌握工程动态，及时汇总分析，报送项目相关信息。

（9）组织工程交工验收，报请竣工验收。

（10）建立完善工程管理档案。

（11）负责协调各参建单位之间，以及参建单位与项目所在地政府部门之间的关系，及时向上级主管部门汇报项目建设情况和存在的问题。

（二）建设项目归口管理部门

建设项目在不同的阶段可能会有不同的归口管理部门，视单位内设机构职能而定。有的交通事业单位因为常年管理的建设项目较多，这些项目的前期工作任务繁重、情况复杂，往往设置计划规划部门对项目规划、立项等进行管理，进入实施阶段后再由对应的责任部门负责。例如，A局的规划计划科统一负责公路工程项目库，收集、汇总各类工程计划，而公路工程项目具体实施由养护管理科和工程管理科负责。建设项目归口管理部门应承担以下职责：

（1）编制单位事业中长期发展规划中涉及建设项目的内容及年度投资建议计划。

（2）建立项目库并实行动态管理。

（3）监督、检查上级主管部门下达的年度项目投资计划和后续的项目实施情况。

（4）组织开展或协助上级主管部门开展项目前期工作。

（5）组织建设项目涉及财政投资评审的相关工作。

（6）对工程设计及概预算进行审批或报批、设计变更审批或报批。

（7）组织本单位建设项目招投标工作、监督管理所属单位建设项目招投标工作。

（8）对本单位建设项目进行质量、进度、技术与安全管理，监督所属单位建设项目管理。

（9）协调项目的计量支付、工程变更、索赔管理及重大紧急事件处理。

（10）组织单位权限内的项目竣（交）工验收，审查并上报项目竣工决算文件，配合上级主管部门进行竣工验收。

（11）办理项目验收后档案的移交与管理，统计项目建设信息并上报。

（12）组织建设项目工程市场监督管理及参建企业信用评价。

（三）财务部门

（1）组织项目资金拨付，确保项目资金使用合法合规，符合内部控制流程要求。

（2）负责项目会计核算，编制项目财务报表、报送相关财务信息。

（3）参与审核项目工程价款结算。

（4）参与项目验收，配合竣工审计工作。

四、建设项目权限指引表

建设项目权限指引表见表 7-1。

五、建设项目控制不相容岗位

建设项目控制不相容岗位至少包括：项目论证、立项申请与审核或审批、概预算编制与审核或审批、设计变更申请与审核或审批、工程价款支付与审核或审批、项目管理与监督、验收申请与审核或审批。

六、建设项目相关内部控制制度

建设项目相关的内部控制制度可以是一个覆盖单位建设项目管理各项内容的综合性内部控制制度（如建设项目管理办法或实施细则），也可以就某个项目管理内容进行细化规范（如工程计划管理、项目库管理、招标投标管理、工程竣（交）工验收等），或者针对某个重要的控制环节制定专项内部控制制度（如设计变更、工程价款结算等），还可以按工程项目类别分别制定（如房屋建筑物修缮、公路路网建设等）。

表 7-1　建设项目权限指引表

事项		规划部门		项目归口管理部门		采购管理部门		项目现场管理机构（建设办）		财务部门		单位领导	领导班子
		主办人	负责人	主办人	负责人	主办人	负责人	主办人	负责人	主办人	负责人		
项目立项	建立项目库	主办	审核		审核								
	项目投资建议计划	主办	审核		审核							审核	集体决策
	项目建议书或可行性研究报告	主办	审核		审核							权限内审批或同意报批	
工程设计与概预算		复核	审核	主办	审核							权限内审批或同意报批	
财政投资评审				申请	审核						审核	同意报批	
项目采购、合同签订				申请	审核	复核	审核				审核	审批	
项目实施	日常管理							主办	权限内审批或同意报批				
	设计变更			复核	审核			主办	同意报批			权限内审批或同意报批	
	工程价款结算			复核	审核			主办	权限内审批或同意报批	复核	审核	审批	
交工、竣工验收				复核	审核			申请	审核	编制财务决算	审核	权限内审批或同意报批	

第二节
建设项目控制流程与风险控制

本节以 A 局为案例，阐述了交通事业单位建设项目内部控制在各环节的控制流程及其主要风险点与控制措施。

一、建设项目立项

（一）流程图及流程描述

1. 建设项目立项控制流程图（见图 7-1）

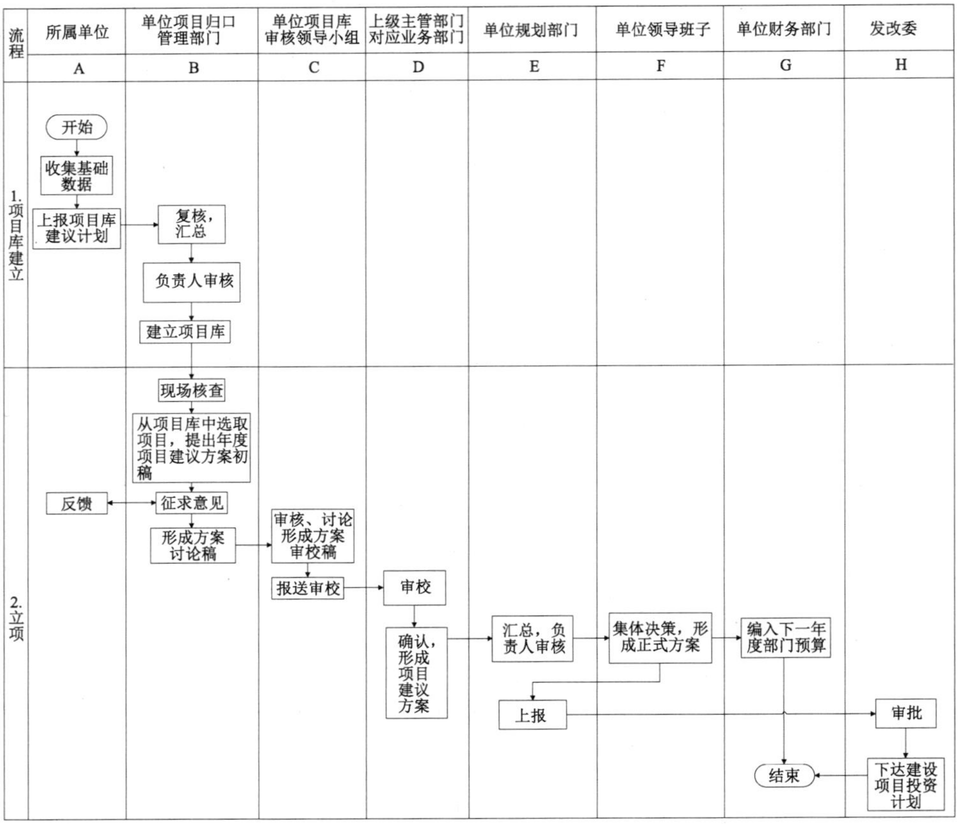

注：每个流程通过后才能进入下一流程，如不通过，则返回上一级流程或者返回提出申请或发起办理的业务部门，对于不通过的情况不另行绘制。

图 7-1　建设项目立项控制流程图

2. 建设项目立项控制流程描述（见表7-2）

表 7-2　建设项目立项控制流程描述

流程	节点	流程节点描述
1. 项目库建立	A1	所属单位收集基础数据，上报项目库建议计划
	B1	单位项目归口管理部门对所属单位报来项目库进行复核、汇总，负责人审核后建立项目库
2. 立项	B2	单位项目归口管理部门经过现场核查，从项目库中选取项目，提出年度项目建议方案初稿，征求所属单位意见修改后形成方案讨论稿
	A2	所属单位对项目建议方案初稿反馈意见
	C2	单位项目库审核领导小组审核、讨论形成方案审校稿，报上级主管单位对应业务部门审校
	D2	上级主管部门对应业务部门审校方案审校稿后予以确认，形成项目建议方案
	E2	单位规划部门汇总上级对应业务部门确认的各项目建议方案，负责人审核；单位领导集体决策后形成正式方案上报上级主管部门/发改委
	F2	单位领导班子对项目建议方案进行集体决策
	G2	财务部门将领导班子集体决策的项目方案编入下一年度部门预算
	H2	发改委审批报来的项目方案，下达建设项目投资计划

(二) 主要风险点及风险控制矩阵 (见表 7-3)

表 7-3 人员经费支出控制主要风险点及风险控制矩阵

控制节点编号	风险点分析		风险等级	风险类别					控制点分析		
	编号	描述		合法合规	资产安全	报告风险	舞弊	效率效果	控制措施	责任部门	控制证据
A1	JS1	搜集的基础数据内容不全或信息不准确，提出的项目库必要性不足、不科学	中			√		√	完善项目前期工作相关内部控制制度，明确基础数据的搜集要求，建立“谁申报、谁负责”“谁管理、谁负责”的责任机制	项目库责任部门或管理单位	项目前期工作相关内部控制制度，项目绩效考评机制
C2	JS2	项目建议方案审核流于形式，未能发现隐患或问题	中			√		√	明确对拟立项项目的审核要点，审核小组组长应由单位领导担任，成员应至少包括工程技术、财务、安全等业务骨干，落实审核责任制	项目库审核领导小组	项目库审核领导小组成立文件，审核要点说明，相关会议记录

二、工程设计与概预算、财政投资评审控制

（一）流程图及流程描述

1. 工程设计与概预算、财政投资评审控制流程图（见图 7-2）

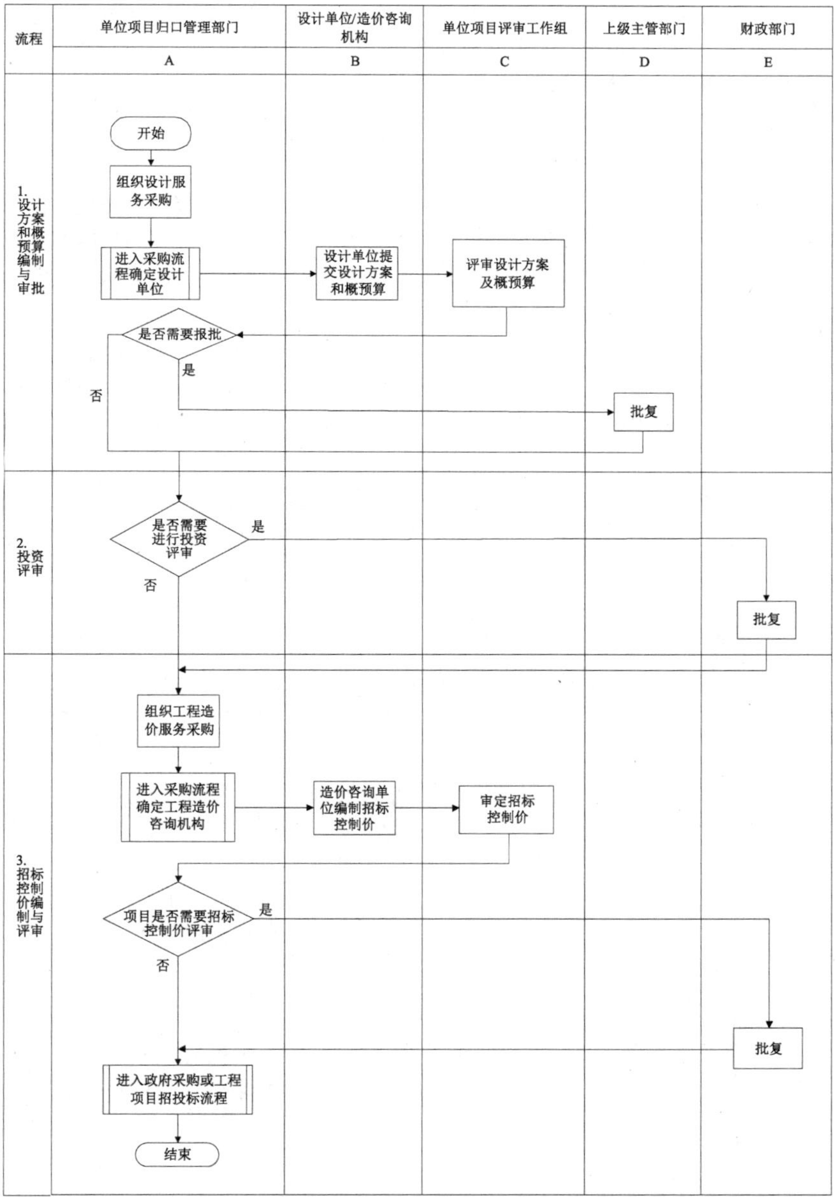

图 7-2　工程设计与概预算、财政投资评审控制流程图

2. 工程设计与概预算、财政投资评审控制流程描述（见表 7-4）

表 7-4　工程设计与概预算、财政投资评审控制流程描述

流程	节点	流程节点描述
1. 设计方案和概预算编制与审批	A1	单位项目归口管理部门对所负责的项目组织设计服务采购，进入采购控制流程确定设计单位；评审后的设计方案及概预算，按是否需要报批，是则办理报批
	B1	设计单位提交设计方案和概预算
	C1	单位项目评审工作组评审设计方案及概预算
	D1	上级主管部门批复设计方案和概预算
2. 投资评审	A2	单位项目归口管理部门根据项目是否需要投资评审来报批，是则经财政部门批复后进入招标控制价编制与评审；否则直接进入招标控制价编制与评审
	E2	财政部门批复项目投资评审
3. 招标控制价编制与评审	A3	单位项目归口管理部门组织造价服务采购，进入采购流程后确定工程造价咨询机构；招标控制价经审定后按项目是否需要进行招标控制价评审，是则向财政部门申请评审，经财政部门批复后进入政府采购或工程招投标流程；否则直接进入政府采购或工程招投标流程
	B3	造价咨询单位编制招标控制价
	C3	单位项目评审工作组审定招标控制价
	E3	财政部门批复招标控制价

（二）主要风险点及风险控制矩阵（见表 7-5）

表 7-5　工程设计与概预算、财政投资评审控制主要风险点及风险控制矩阵

控制节点编号	风险点分析		风险等级	风险类别					控制点分析		
	编号	描述		合法合规	资产安全	报告风险	舞弊	效率效果	控制措施	责任部门	控制证据
C1、C3	JS3	评审工作组的评审流于形式，经验不足，专业能力不够，未能发现隐患或问题	中	√		√		√	明确评审工作要点，评审小组组长应由单位领导担任，成员至少包括工程技术、财务、安全等业务骨干，具有足够的业务经验，建立评审责任制	评审工作小组	评审相关的规范与评审要求，评审责任制等

三、建设项目采购业务

在采购业务控制章节中已阐述采购业务的控制流程，下面主要对建设项目常见的公开招标方式作具体阐述。

（一）流程图及流程描述

1. 建设项目采购业务控制流程图（见图 7-3）

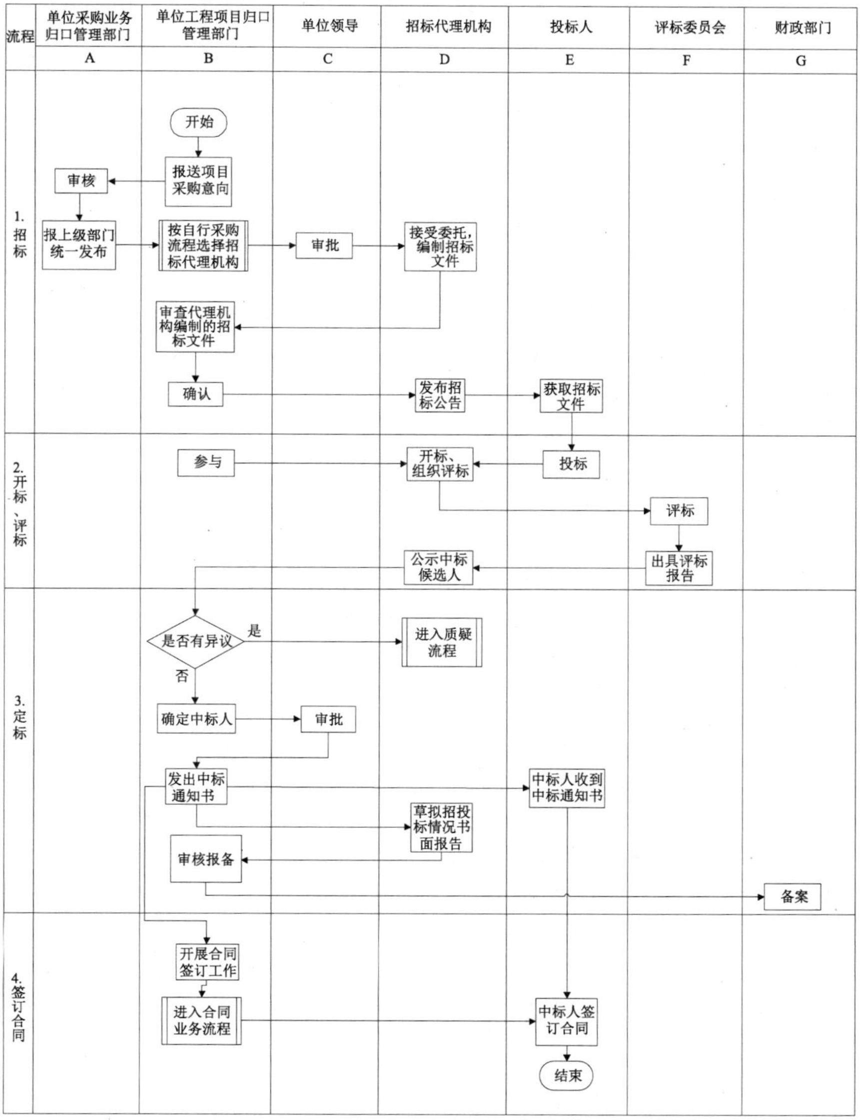

图 7-3　建设项目采购业务控制流程图

2. 建设项目采购业务控制流程描述（见表 7-6）

表 7-6　建设项目采购业务控制流程描述

流程	节点	流程节点描述
1. 招标	B1	单位工程项目归口管理部门对所负责的项目向采购业务归口管理部门报送政府采购意向；按自行采购控制流程选择招标代理机构并报单位领导审批；审查代理机构编制的招标文件并予以确认
	A1	单位采购业务归口管理部门审核项目采购意向后，报上级部门统一发布
	C1	单位领导审批确认招标代理机构
	D1	招标代理机构接受委托，编制招标文件；招标代理机构发布招标公告
	E1	投标人获取招标文件
2. 开标、评标	E2	招标人投标
	D2	招标代理机构开标、组织评标；根据评标委员会出具的评标报告公示中标候选人
	B2	单位工程项目归口管理部门参与开标和评标
	F2	评标委员会评标，出具评标报告
3. 定标	B3	中标候选人公示有异议的，进入质疑流程；无异议的，单位工程项目归口管理部门确定中标人；报领导审批后发出中标通知书；审核招标代理机构的招投标情况书面报告后向财政部门报备
	C3	单位领导审批确认中标人
	D3	招标代理机构发出中标通知书后编制招投标情况报告，提交单位工程项目归口管理部门审核
	E3	中标人收到中标通知书
	G3	财政部门对招投标情况报告进行备案
4. 签订合同	B4	发出中标通知书后，单位工程项目归口管理部门开展合同签订工作，进入合同业务流程
	E4	与中标人签订合同

（二）主要风险点及风险控制矩阵（见表 7-7）

表 7-7　建设项目采购业务控制主要风险点及风险控制矩阵

控制节点编号	风险点分析		风险等级	风险类别					控制点分析		
	编号	描述		合法合规	资产安全	报告风险	舞弊	效率效果	控制措施	责任部门	控制证据
B1	JS4	审核招标文件未能发现存在不规范、不科学、不合理的地方	中	√			√	√	明确招标文件审核岗位职责，配备业务能力强且经验丰富的人员担任审核岗；如有必要可以请外部专家对招标文件进行审查	项目归口管理部门	招标文件审核岗位说明、编制招标文件的相关要求或规范
F2	JS5	评标委员会评标过程中发生违纪违规行为	中	√			√	√	建立对评标过程的监督检查机制及评标后的复核机制	相关业务部门	招投标监督检查和复核机制

四、项目实施

（一）对建设项目质量、进度、安全控制

1. 质量控制

交通事业单位及其派出的项目实施机构均应建立健全工程质量检查管理制度，通过定期抽查、委托专业机构检查、自查等方式确保工程质量。质量检查内容包括原材料、半成品、施工配合比、监理内业资料、施工内业资料、现场施工，等等。每个分项工程质量抽检视情况钻芯取样，如对公路路面厚度、沥青混凝土路面油石比、空隙率、水泥混凝土路面强度等进行检测。对于规模较大和技术复杂的建设项目可以根据需要开展监理和第三方检测服务。对于不委托监理和第三方检测服务的项目，由项目实施机构负责质量监管和检验、检测等工作。委托方在检查中发现施工单位严重违反施工操作规程或使用不合格材料造成质量问题的，按合同约定给予处罚；整改不力或不整改的，视情节轻重给予通报并向上级行业主管部门报告，纳入信用评价系统作不良评价。对于不胜任工作岗位的施工单位人员及监理人员，应按合同约定予以清退出场。建设项目发生质量事故的，交通事业单位应对项目实施机构责任人进行问责。

2. 进度控制

项目实施机构要严格监督施工单位进度，每月统计、分析和对比已完成投资情况，对进度履约情况进行检查，发现问题及时采取相应措施，确保工程按期完成。每月按时向单位或上级主管部门报送建设项目进度报表。如施工单位需要调整进度计划，项目实施机构应与监理单位达成一致调整意见。

3. 安全控制

事业单位应建立建设项目安全生产管理制度，审核备查施工单位的安全技术措施计划；制定安全目标，将安全生产责任分解后落实到各参建单位，定期考核。定期召开安全生产工作例会，总结前一阶段的安全生产情况，布置下一阶段的安全生产任务。项目实施机构应监督施工单位落实合同中相关安全技术措施，当发现施工单位安全管理工作失控时，应责令其停产整顿，由此产生的损失由施工单位承担。

（二）投资控制

1. 工程价款支付

（1）工程价款支付主要内容

建设项目工程价款支付主要包括工程预付款、进度款或过程结算价款、竣工结算价款及最终清算价款几项内容。

① 工程预付款

在建设工程施工合同中，工程预付款是指在工程开工前，发包方按预计完成工程量造价总额的一定比例预先支付承包方的工程材料款，主要用于购买工程所需的材料和设备。《建设工程施工合同（示范文本）》指出实行工程预付款的，双方应当在专用条款内约定发包人向承包人预付工程款的时间和数额，开工后按约定的时间和比例逐次扣回。

② 工程进度款

工程进度款是指在施工过程中，按逐月、多个月份合计（或按形象进度、控制界面等）完成的工程数量计算的各项费用的总和。其中工程量的计量按照《建设工程工程量清单计价规范》确定，工程量单价根据施工合同约定的工程计价方法确定。2020 年 7 月，住房和城乡建设部发布《工程造价改革工作方案》，进一步推进工程造价市场化改革，包括取消最高投标限价按定额计价的规定，逐步停止发布预算定额；推行清单计量、市场询价、自主报价、竞争定价的工程计价方式；修订工程量计算规范，统一工程项目划分、特征描述、计量规则和计算口径；修订工程量清单计价规范，统一工程费用组成和计价规则。

2022 年 6 月，财政部、住房和城乡建设部联合发布《关于完善建设工程价款结算有关办法的通知》（财建〔2022〕183 号），要求自 2022 年 8 月 1 日起，提高建设工程进度款支付比例，政府机关、事业单位、国有企业建设工程进度款支付应不低于已完成工程价款的80%，高于2004年《建设工程价款结算暂行办法》中规定的60%的最低比例。在确保不超出工程总概（预）算及工程决（结）算工作顺利开展的前提下，除按合同约定保留不超过工程价款总额3%的质量保证金外，进度款支付比例可由发承包双方根据项目实际情况自行确定。该文件还规定当年开工、当年不能竣工的新开工项目可以推行过程结算。过程结算是指发包人和承包人根据有关法律法规规定和合同约定，在过程结算节点上对已完工程进行当期合同价格的计算、调整、确认的活动。过程结算以质量验收合格为前提，承包人提交施工过程结算文件时，应同时提交计量、计价工程相应的自检质量合格证明材料和满足合同要求的相应验收资料。经发承包双方签署认可的施工过程结算文件，作为竣工结算文件的组成部分，竣工结算不应再重新对该部分工程内容进行计量计价。因此，推行施工过程结算有助于施工单位进度款回收与资金周转，落实建设单位监管责任，预防拖欠工程款和农民工工资。

③ 竣工结算

竣工结算是指工程项目竣工以后甲乙双方根据合同约定、工程进度、工程变更与索赔等情况得出最后工程造价，分为单位工程竣工结算、单项工程竣工结算和建设项目竣工总结算。

竣工结算工程价款=合同价款+施工过程中合同价款调整数额-预付及已结算的工程价款-质保金

④ 最终清算价款

建设项目缺陷责任期终止，合同双方就包含质保金在内的工程往来款项做最终的清算，结清所有的债权债务关系。

（2）流程图及流程描述

① 工程价款支付控制流程图

交通事业单位工程价款支付控制流程见图7-4。

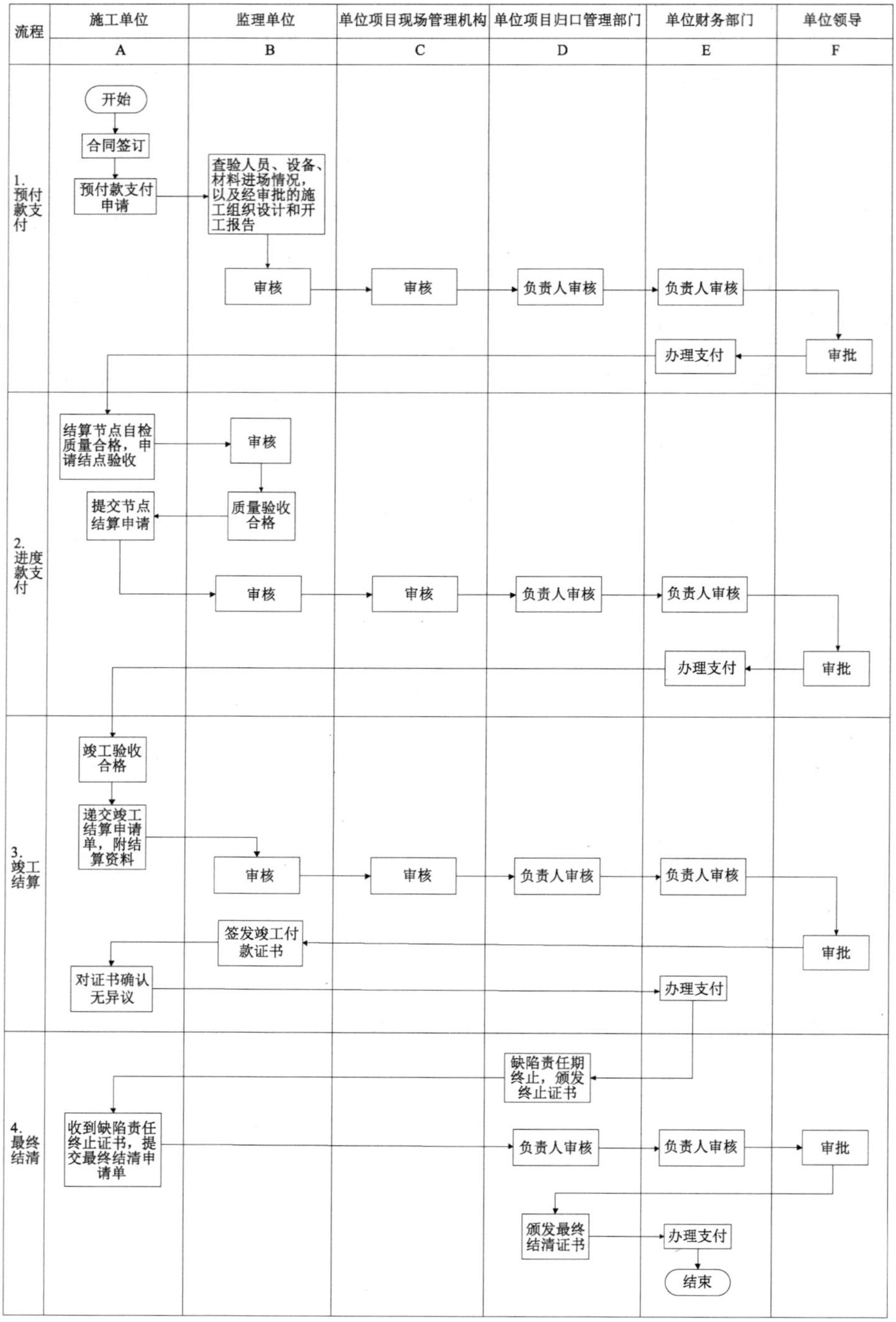

图 7-4　工程价款支付控制流程图

② 工程价款支付控制流程描述（见表 7-8）

表 7-8　工程价款支付控制流程描述

流程	节点	流程节点描述
1. 预付款支付	A1	施工单位在合同签订后申请工程预付款
	B1	监理单位查验施工单位的人员、设备、材料进场情况，以及经审批的施工组织设计和开工报告，审核后转单位项目现场管理机构
	C1	单位项目现场管理机构对监理单位确认的预付款申请进行审核后交单位项目归口管理部门
	D1	单位项目归口管理部门负责人审核预付款申请后转单位财务部门
	E1	单位财务部门负责人审核预付款申请，经领导审批后办理支付
	F1	单位领导对预付款申请进行审批
2. 进度款支付	A2	施工单位结算节点自检质量合格，申请节点验收，质量验收合格后提交节点结算申请
	B2	监理单位审核节点验收申请，质量验收合格后转施工单位办理节点结算申请；审核节点结算申请后交单位项目现场管理机构
	C2	单位项目现场管理机构审核节点结算申请后，交单位项目归口管理部门
	D2	单位项目归口管理部门负责人审核后，交财务部门
	E2	单位财务部门负责人审核后，经领导审批办理支付
	F2	单位领导审批节点结算申请
3. 竣工结算	A3	施工单位在项目竣工验收合格后递交竣工结算申请单，并附结算资料；收到监理单位签发的竣工付款证书无异议后，由单位财务部门办理支付
	B3	监理单位审核竣工结算申请后，交单位项目现场管理机构；根据审批后的竣工结算申请签发竣工付款证书
	C3	单位项目现场管理机构审核竣工结算申请后，交项目归口管理部门
	D3	单位项目归口管理部门负责人审核竣工结算申请后，交单位财务部门
	E3	单位财务部门负责人审核竣工结算申请，交领导审批后，对于施工单位确认无异议的竣工付款证书办理支付
	F3	单位领导审批竣工结算申请
4. 最终清算	D4	项目缺陷责任期终止，单位项目归口管理部门向施工单位颁发终止证书；负责人审核施工单位的最终结清申请后交财务部门；颁发最终结清证书
	A4	施工单位收到缺陷责任终止证书，提交最终结清申请单
	E4	单位财务部门负责人审核最终结清申请单，交单位领导审批；根据最终结清证书办理支付
	F4	单位领导审批最终清算申请

（二）主要风险点及风险控制矩阵（见表 7-9）

表 7-9　工程价款结算控制主要风险点及风险控制矩阵

控制节点编号	风险点分析		风险等级	风险类别					控制点分析		
	编号	描述		合法合规	资产安全	报告风险	舞弊	效率效果	控制措施	责任部门	控制证据
C2、D2、C3、D3	JS6	审核未能发现结算资料中存在的问题，或未执行应有的结算流程	中	√		√	√	√	建立完善工程价款结算相关内部控制流程，明确审核岗职责；认真核对结算资料及合同、图纸、进度计划、局部更改和隐蔽工程佐证材料；重点审查工程量，明确计价依据	项目实施机构或归口管理部门	工程价款结算相关内部控制制度、结算资料清单、合同、图纸等
E2、E3、E4	JS7	应扣保证金或预付款未扣回；超预算支付；未发现结算金额计算有误	中	√		√	√	√	明确工程价款支付内部控制流程要求；及时进行工程结算账务处理，建立工程往来账款的管理台账；明确工程结算审核岗位职责	财务部门	工程价款结算相关内部控制制度、工程结算台账、审核岗位职责说明

【案例 7-1】

某公路工程项目对合同结算价款支付未严格控制导致超概算

A 局管理的某二级公路路网建设办未对工程价款结算进行严格控制，导致整个项目超概算。超概算的主要原因有：一是支付给政府征地拆迁费严重超出预算；二是重大设计变更未及时向上级主管部门办理审批手续。超概算后不得不暂停结算工程价款，一方面造成正常计量给施工单位的工程款不能按时支付，影响了施工单位资金周转；另一方面由于该项目在预算一体化平台上的 1000 多万元财政预算指标存在被财政部门收回的风险，影响了 A 局的预算执行进度。

2. 设计变更

参建单位各方均可提出设计变更建议，变更建议应当采取书面形式并注明变更理由。下面以 A 局建设项目管理中常见的由施工单位提出设计变更建议情形阐述其内部控制流程及风险点。

（1）流程图及流程描述

① 设计变更控制流程图（见图 7-5）

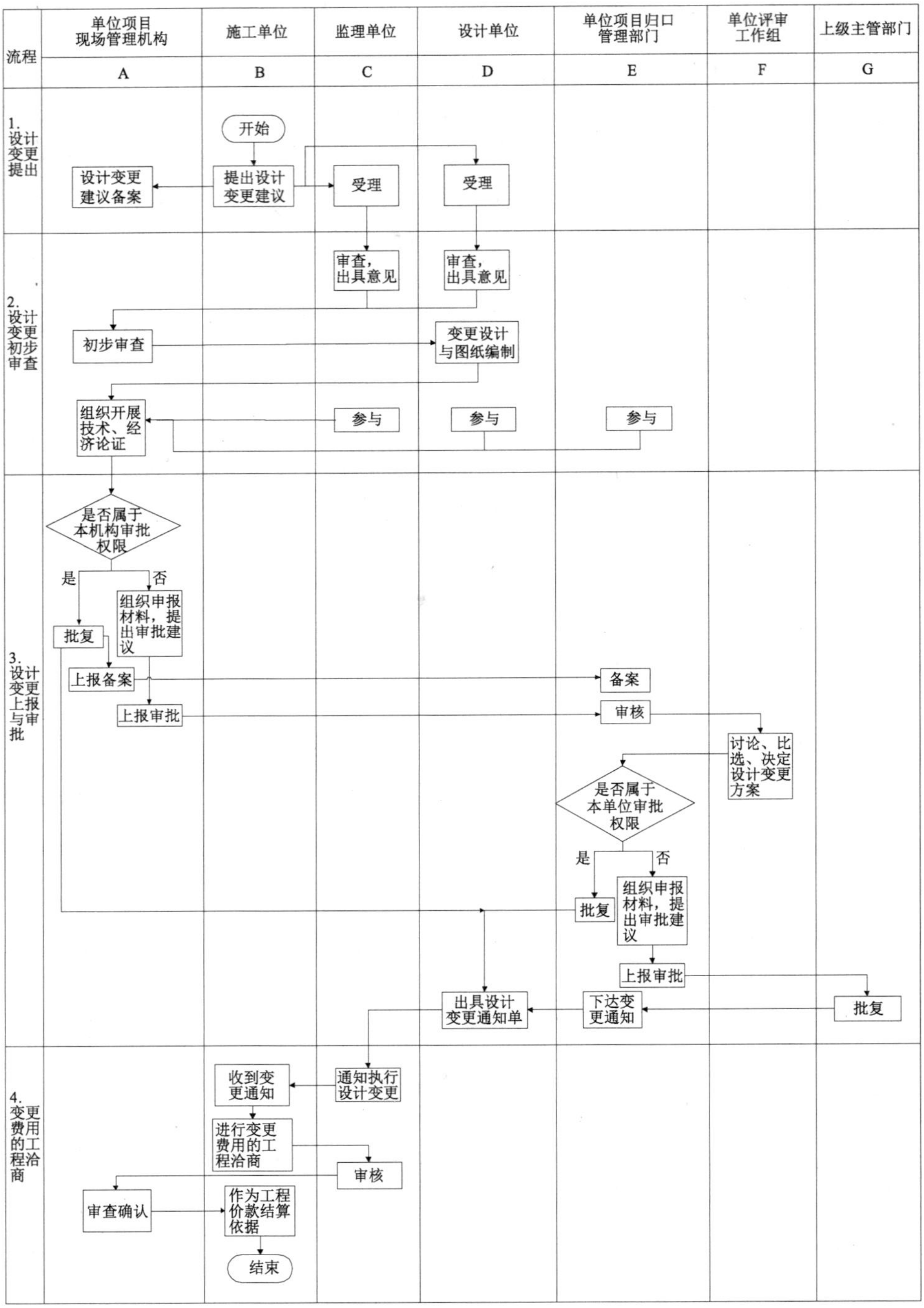

图 7-5 设计变更控制流程图

② 设计变更控制流程描述（见表 7-10）

表 7-10 设计变更控制流程描述

流程	节点	流程节点描述
1. 设计变更提出	B1	施工单位提出设计变更建议，报监理单位和设计单位
	A1	单位项目现场管理机构对施工单位的设计变更建议进行备案
	C1	监理单位受理施工单位的设计变更建议
	D1	设计单位受理施工单位的设计变更建议
2. 设计变更初步审查	C2	监理单位审查设计变更建议，提出意见，参与论证
	D2	设计单位审查设计变更建议，提出意见；根据单位项目现场管理机构初步审查后进行变更设计与图纸编制，参与论证
	A2	单位项目现场管理机构在监理和设计单位提出审查意见后进行初步审查，要求设计单位进行变更设计与图纸编制；组织开展对变更方案的技术、经济论证
	E2	单位项目归口管理部门参与设计变更的技术、经济论证
3. 设计变更上报与审批	A3	单位项目现场管理机构在设计变更论证通过后，根据是否属于自身审批权限，是则批复并报单位项目归口管理部门备案；否则组织申报材料提出审批建议，上报审批
	E3	单位项目归口管理部门对现场管理机构报来的批复进行备案；审核报来的设计变更材料，根据经评审后的设计变更方案是否属于本单位权限，是则批复，否则组织申报材料提出审批建议，上报审批；在上级主管部门批复后下达变更通知
	F3	单位评审工作组讨论、比选、决定设计变更方案后由项目归口管理部门批复或上报审批
	G3	上级主管部门批复设计变更方案
	D3	设计单位根据批复出具设计变更通知单
4. 变更费用的工程洽商	C4	监理单位通知施工单位执行设计变更；审核施工单位关于变更费用的工程洽商后交单位项目现场管理机构
	B4	施工单位收到设计变更执行通知后，向单位项目现场管理机构进行变更费用的工程洽商，得到项目现场管理机构审查确认后作为工程价款结算依据
	A4	单位项目现场管理机构审查确认施工单位报来的变更费用工程商洽

（2）主要风险点及风险控制矩阵（见表 7-11）

表 7-11　设计变更控制主要风险点及风险控制矩阵

控制节点编号	风险点分析		风险等级	风险类别					控制点分析		
	编号	描述		合法合规	资产安全	报告风险	舞弊	效率效果	控制措施	责任部门	控制证据
A2	JS8	对设计变更建议未严格按照合同或相关规范、标准要求审查；技术与经济论证不够充分、不够科学合理，参与论证人员业务水平和经验不足	高	√		√	√	√	建立现场管理机构负责人责任制，明确变更审核岗位职责；加强对变更原始资料收集，属于隐蔽工程的项目应有相应的佐证资料；选择专业能力匹配、经验丰富的技术骨干作为论证人员；建立设计变更台账；将设计变更管理纳入单位建设项目管理综合考核评价	项目现场管理机构	设计变更管理相关的责任制、审核岗说明、论证人员配备要求、设计变更台账等、建设项目考核评价机制
F3	JS9	对变更方案未严格按照合同或相关规范、标准要求评审；参与评审人员业务水平和经验不足	中	√		√	√	√	建立分管领导、技术负责人负责制；指定专人全程参与项目设计全过程，选择专业能力匹配、经验丰富的技术骨干作为评审人员	评审工作组	设计变更管理相关的责任制、评审人员配备要求、评审报告

【案例 7-2】

A 局建立台账作为设计变更的一项控制措施

为了加强对项目设计变更的动态监管，A 局建立了公路工程项目设计变更管理台账，如表 7-12 所示。

表 7-12 A 局公路工程项目设计变更管理台账（示例）

项目名称：

变更编号	所属合同段	起止桩号	批准文号	变更项目名称	变更情况					变更原因
					原数量（m^3）	变更后数量（m^3）	增减数量（m^3）	单价（元）	增减金额（元）	
BG01-007	第 1 合同段	k15+890.47-k15+918.717	略	挖土方	433	796	363	5	1815	经实地测量复核，k15+890.47-k15+918.717 横断面设计图与实际地形不符。
			略	挖石方	8202	15131	6929	14	97006	

五、项目竣（交）工控制

建设项目单位所在的行业不同，对项目竣（交）工要求也有所不同。下面以 A 局的公路工程项目为例阐述建设项目的竣（交）工的控制内容。

（一）流程图及流程描述

1. 项目竣（交）工控制流程图

交通事业单位建设项目的竣（交）工控制流程图见图 7-6。

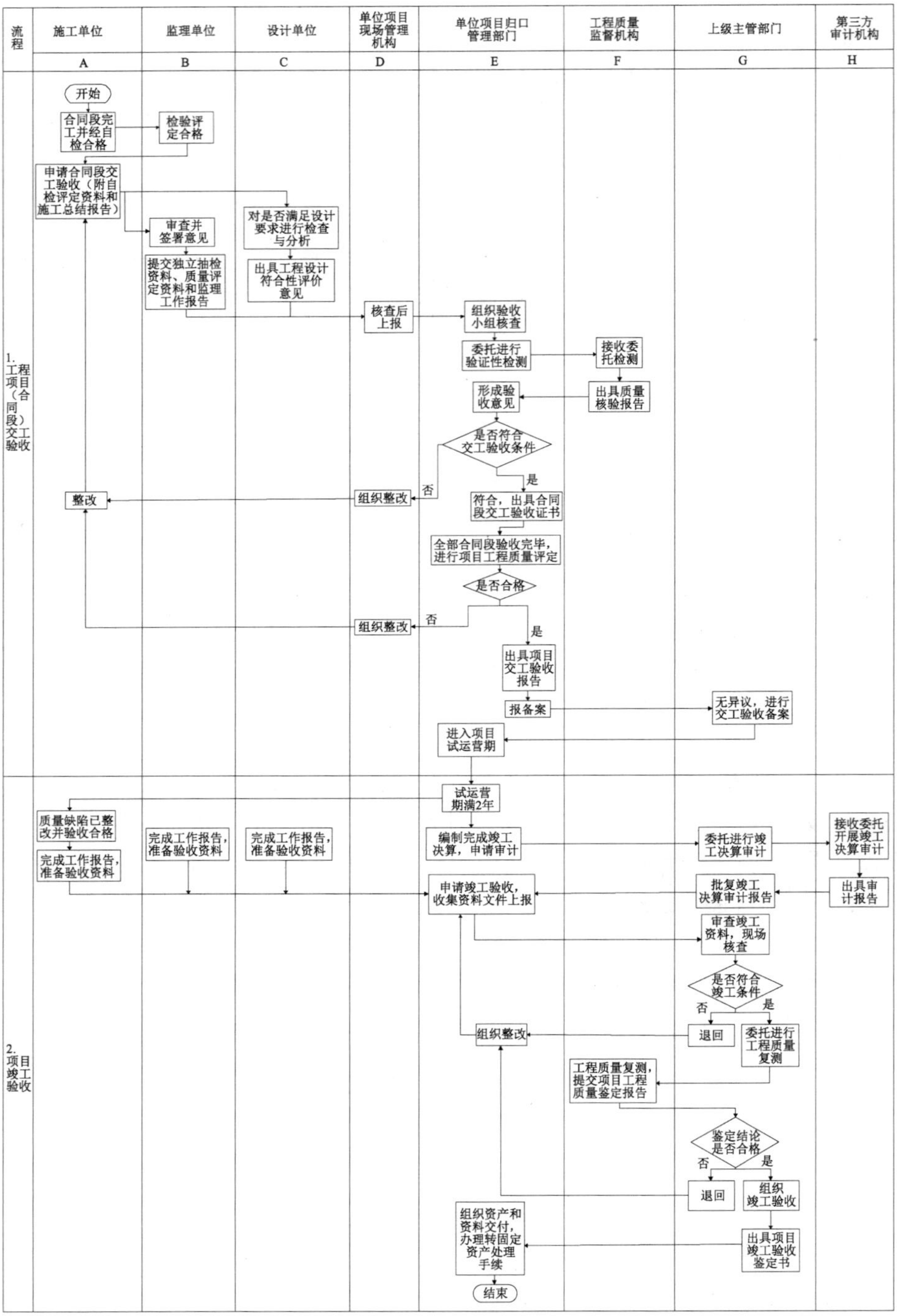

图 7-6　项目竣（交）工控制流程图

2. 项目竣（交）工控制流程描述（见表 7-13）

表 7-13 项目竣（交）工控制流程描述

流程	节点	流程节点描述
1. 交工验收	A1	施工单位按照合同段完工并经自检合格，经监理单位检验评定合格后，将申请合同段交工验收（附自检评定资料和施工总结报告），报监理单位和设计单位审查；对于不符合验收条件的情况按单位要求整改重新申请
	B1	监理单位审查合同段交工验收申请，签署意见并提交独立抽检资料、质量评定资料和监理工作报告
	C1	设计单位对是否满足设计要求进行检查与分析，出具工程设计符合性评价意见
	D1	单位项目现场管理机构核查验收申请后上报至单位项目归口管理部门
	E1	单位项目归口管理部门组织验收小组核查，委托工程质量监督机构进行验证性检测；根据质量核验报告形成验收意见；根据是否符合交工验收条件，符合则出具合同段交工验收证书，不符合则退回项目现场管理机构，组织施工单位整改后重新上报；全部合同段验收完毕后，进行项目工程质量评定，评定合格则出具项目交工验收报告并报上级主管部门备案，不合格则退回项目现场管理机构组织施工单位整改；备案后项目进入试运营期
	F1	工程质量监督机构接受委托检测，出具质量核验报告
	G1	上级主管部门对项目交工验收无异议则进行备案
2. 竣工验收	E2	试运营期满 2 年，单位项目归口管理部门编制完成竣工决算，向上级主管部门申请决算审计；申请竣工验收，收集经批复的竣工审计报告和参建单位的工作报告等相关资料文件上报；对退回的竣工申请组织整改；收到竣工验收鉴定书后，组织资产和资料交付，办理转固定资产处理手续
	A2、B2、C2	施工单位质量缺陷已整改并验收合格；施工、监理和设计单位完成各自工作报告并准备竣工验收相关资料
	G2	上级主管部门委托进行竣工决算审计，批复竣工决算审计报告；审查竣工资料，现场核查；根据是否符合竣工条件，不符合则退回，符合则委托质量监督机构进行工程质量复测；根据工程质量鉴定报告，不合格则退回申请，合格则组织竣工验收，出具项目竣工验收书
	F2	质量监督机构接受上级主管部门委托进行质量复测，提交项目工程质量鉴定报告
	H2	第三方审计机构接受委托进行竣工决算审计，出具竣工决算审计报告

（二）主要风险点及风险控制矩阵（见表 7-14）

表 7-14 项目竣（交）工控制主要风险点及风险控制矩阵

控制节点编号	风险点分析		风险等级	风险类别					控制点分析		
	编号	描述		合法合规	资产安全	报告风险	舞弊	效率效果	控制措施	责任部门	控制证据
B1、C1、D1	JS10	交工验收核查不规范、质量检验或质量评定把关不严	高	√	√	√	√	√	建立交工验收相关的内部控制制度；明确交工验收核查的内容、要求及核查岗位职责；建立工程质量责任追究机制	项目现场管理机构、项目归口管理部门	交工验收相关内控制度、验收核查岗位说明、工程质量责任追究机制
E2	JS11	竣工决算编报不及时，存在错报漏报；虚增建设成本；竣工验收申请资料不完备、不合格	中	√		√	√	√	建立竣工验收相关的内部控制制度，明确验收时应准备的资料清单和内容；明确竣工决算审查岗位职责；建立项目资金监管机制	财务部门、项目归口管理部门	竣工验收相关的内控制度、竣工决算审查岗位说明、项目资金监管机制

第八章

采购业务控制建设

采购业务是交通事业单位日常经济活动中频率较高的重要经济活动，也是领导干部和普通职工违纪违规、贪污舞弊问题的高发领域。因此，事业单位需要通过建立完善采购内部控制制度并监督执行来规范采购行为。采购业务控制是事业单位对于使用预算资金进行货物、服务和工程采购而建立的内部运转和管控机制，采购业务控制活动往往需要衔接预算、合同、支出，以及建设项目等业务控制，对于加强财政性支出管理，提高财政资金使用效益，维护政府职能的公信力具有十分重要的意义。

第一节 采购业务控制概述

一、采购业务控制范围

（一）采购的定义和分类

采购指机构或组织在一定条件下基于生产、销售或消费等目的从供应市场上购买商品或劳务的交易行为。

交通事业单位采购业务按采购标的内容可以分为货物采购、工程采购和服务采购。货物采购指采购各种形态和种类的有形物品，包括原材料、燃料、设备、产品，等等。工程采购指工程类项目采购，包括建筑物和构筑物的新建、改建、扩建、装修、拆除、修缮，等等。服务采购指除货物和工程以外的其他无形需求对象的采购。

按是否属于《中华人民共和国政府采购法》（以下简称《采购法》）规定的政府采购范畴，可以分为政府采购和单位自行采购。政府采购是《采购法》规定的各级国家机关、事业单位和团体组织，使用财政性资金采购依法制定的集中采购目录以内的或者采购限额标准以上的货物、工程和服务的行为。单位自行采购是指行政事业单位在政府采购之外自行组织的采购行为，其采购标的既不在集中采购目录内，也未达到采购限额标准。政府采购按采购项目是否纳入集中采购目录，分为集中采购和分散采购。集中采购是采购人将列入集中采购目录的项目委托集中采购机构代理采购或者进行部门集中采购的行为，集中采购的范围由省级以上人民政府公布的集中采购目录确定。分散采购是采购人委托采购代理机构代理采购或采购限额标准以上的未列入集中采购目录的项目时，经省级以上人民政府批准后进行自行采购的行为。

2018 年 11 月，中央全面深化改革委员会第五次会议审议通过《深化政府采购制度改革方案》，明确要加快形成采购主体职责清晰、交易规则科学高效、监管机制健全、政策功能完备、法律制度完善、技术支撑先进的现代政府采购制度。为落实改革精神，各省、自治区、直辖市人民政府均逐步减少集中采购目录内项目，大幅提高政府采购和公开招标限额标准，以进一步降低行政成本，提高采购效率。相应地，单位自行采购项目的数量与金额逐步增加，自行采购业务的内容越来越丰富，频次越来越多，占比日益加大，重要性日益凸显，因此内部控制建设既要重视政府采购业务，也应关注单位自行采购业务。表 8-1 展示了政府采购业务与单位自行采购业务的区别。

表 8-1　政府采购业务与单位自行采购业务区别一览表

区别	政府采购业务	单位自行采购业务
遵循的法律法规或制度文件	《采购法》及其实施条例，财政部和地方政府出台的有关政策、规章制度	单位内部控制文件
采购方式	目前有明确规定的采购方式为框架协议、公开招标、邀请招标、竞争性谈判、竞争性磋商、单一来源采购和询价	单位自行确定
执行主体	执行主体一般为代理机构，单位自身通常不能作为执行主体，作为执行主体必须具备两个条件，一是采购限额标准以上的未列入集中采购目录的项目，二是本单位有特殊要求且经省级以上人民政府批准	单位自身作为执行主体，也可选择社会代理机构
预算编制和计划要求	预算编制阶段需要根据集中采购目录和采购限额标准编制下一年度政府采购预算，预算年度必须编制政府采购计划并报备后才可采购	不需要单独编制采购预算，也不需要编制采购计划，自主决定采购时机

（二）采购业务环节

1. 政府采购业务

政府采购业务主要涉及以下环节：采购需求管理、政府采购预算、政府采购计划、采购实施、采购合同签订与备案、采购结算支付、采购验收、采购信息管理。政府采购业务的内部控制建设应覆盖上述环节。

（1）采购需求管理

政府采购需求管理是指采购人组织确定采购需求和编制采购实施计划而进行的相关风险控制管理的活动。采购需求是指为实现采购项目目标，拟采购标的及其需要满足的技术要求和商务要求。技术要求是对采购标的的功能和质量的要求，包括性能、材料、结构、外观、安全，或者服务内容和标准等。商务要求是对取得采购标的的时间、地点、财务和服务的要求，包括交付（实施）时间（期限）和地点（范围）、付款条件（付款进度和方式）、包装和运输、售后服务、保险，等等。采购需求应当符合法律法规、政府采购政策和相关规定，符合国家强制性标准，遵循预算、资产和财务等相关管理规定，符合采购项目特点。

（2）政府采购预算

政府采购预算是行政事业单位年度预算的组成部分，包含采购品目、资金来源、数量、规格型号、单价、采购截止时间等内容，集中反映了预算年度内单位用于政府采购的支出计划，是政府采购工作的基础。它包括部门预算中的政府采购预算和年度追加预算中用于政府采购项目的预算，编制时需要将采购项目具体化，将资金来源明晰化，更精确地反映项目支出采购预算的构成及资金分配情况。

（3）政府采购计划

政府采购计划是采购人根据批复的政府采购预算，按照采购品目汇编反映的单位采购需求及实施要求，经财政部门审核批复或备案的计划，是政府采购预算的具体实施方案。各地财政部门的政府采购计划对于列入采购预算中的项目在采购组织实施形式、采购方式、采购资金来源、采购预算补报、采购项目调整等方面均有具体规定，目的是指导政府采购预算的执行。

（4）采购实施

采购实施是指采购单位根据财政部门备案或下达的政府采购计划，将采购计划中的采购项目委托政府采购中心或社会代理机构组织实施；如果采购单位具备《政府采购货物和服务招标投标管理办法》（财政部令第 18 号）规定的条件，也可以自行组织采购。

（5）采购合同签订与备案

采购单位应当在中标或者成交通知书发出之日起 30 日内，与中标或成交供应商签订政府采购合同。任何一方无故拒绝签订的，应当承担相应的违约责任。采购单位应自政府采购合同签订之日起 7 个工作日内，将合同副本报同级政府采购监督管理部门和有关部门备案。

（6）采购结算支付

采购资金来源于预算内资金（含上缴国库管理的非税收入）的，已实行国库集中支付的预算单位，通过财政授权支付方式将政府采购资金支付给供应商。未实行国库集中支付的单位，先通过国库集中支付系统以转拨经费方式申请政府采购资金，再由单位支付给供应商。采购资金来源于单位留存的非税收入，根据批复的预算和政府采购计划安排，由单位直接支付给供应商。

（7）采购验收

采购单位应当按照合同约定对履约情况进行验收。重大采购项目应当委托国家专业检测机构办理验收事务。履约验收以采购合同约定的标准和要求为依据，符合标准和要求的即为验收合格。采购单位不得增加新的验收内容或标准，供应商对验收结论有异议的，应当请国家有关专业检测机构进行检测。

（8）采购信息管理

采购单位的采购信息管理主要指与单位采购业务相关的一系列数据与文档管理，如采购过程中的各种公告，以及与采购业务有关的报批审批文档、招投标文件等。

2. 单位自行采购业务

与政府采购相比，单位自行采购业务主要环节少了政府采购预算、采购计划编报、采购合同备案环节，其余环节大体一致，只是在某些具体操作细节有所区别，比如采购实施环节，单位可以按照自己制定的采购规则和流程进行采购，而不一定选择政府采购的方式。

二、采购业务控制目标

（一）政府采购业务

1. 政府采购预算与计划编制

① 政府采购预算与计划编制符合政府采购有关政策和规章制度要求，应编尽编，应采尽采。

② 政府采购预算与计划经过单位内部审核与批准流程，切实可行，符合单位实际需求。

2. 采购需求管理

① 采购需求满足政府采购相关政策和国家强制性标准，符合采购项目特点和实际需要。

② 遵循了预算、资产和财务等相关管理规定。

③ 明确采购标的所有技术、商务要求，功能和质量指标充分考虑了可能影响供应商报价和项目实施风险的因素；确定采购价格的依据充分、合理，且考虑了市场价格。

④ 需求表述清楚、规范、准确。

3. 政府采购实施

① 需要经过财政部门招标控制价评审的采购项目经过了评审。

② 采购方式恰当、合规，没有拆分项目进行采购。

③ 选择招标代理机构的程序规范，符合内部控制流程要求。

④ 实施过程依法依规且满足时效要求。

⑤ 处理投诉和质疑及时、公平、公正。

4. 政府采购合同签订与备案

① 政府采购合同签订与备案遵循了内部控制流程、手续完备规范、符合时限要求。

② 签订采购合同与招标文件保持一致，没有修改实质性条款。

5. 政府采购结算支付

① 政府采购结算支付以采购合同与实际履行情况为依据，合法合规。

② 支付申请经过内部控制流程，附件齐全，手续完备。

③ 支付相关会计记录及时、准确。

6. 政府采购验收

① 验收标准明确、验收程序规范。

② 验收小组成员构成合理，履职尽责。

③ 按规范填写验收书，没有缺项漏项。

④ 验收发现的问题得到了妥善处理，及时扣除应扣的质保金。

⑤ 验收后及时做好资产登记与会计账务处理。

7. 政府采购信息

① 政府采购信息发布渠道和时间合法合规，内容完整、公开透明。

② 政府采购全过程文件得到责任部门妥善保管，相关记录齐全。

③ 采购过程保密措施得当，信息安全得到保障。

④ 定期进行采购信息汇总与分析，为做好下一步工作提供决策依据。

单位自行采购业务的控制目标与政府采购业务一致。

三、采购业务管理机构和职责

采购业务管理机构主要涉及采购业务归口管理部门、采购项目责任部门和财务部门。

（一）采购业务归口管理部门的职责

采购业务归口管理部门的职责有：① 制定政府采购相关内部控制制度；② 组织开展政府采购预算及政府采购计划编制工作并审核上报；③ 审核政府采购需求与申请，确定政府采购方式和组织形式；④ 指导、督促采购计划实施和采购合同签订与备案；⑤ 指导、监督单位自行采购活动；⑥ 负责政府采购信息报送、公告与统计分析等工作；⑦ 处理政府采购项目采购过程中的纠纷；⑧ 监督采购项目验收。

（二）采购项目责任部门的职责

采购项目责任部门的职责有：① 编制采购项目预算，填报采购计划；② 开展采购需求管理，提出采购申请；③ 负责拟定采购文件、选择代理机构、签订合同等具体采购活动；④ 参与招标全过程；⑤ 组织采购验收；⑥ 负责采购项目的采购档案管理，协助处理政府采购项目采购过程中的纠纷；⑦ 办理采购项目结算手续。

（三）财务部门的职责

财务部门的职责有：① 汇总编报政府采购预算，协助编报政府采购计划；

② 审核采购需求，确定项目资金来源；③ 审核采购项目资金结算手续，办理采购资金支付；④ 协助采购业务信息统计与报送。

四、采购业务权限指引表

表 8-2 清晰地反映了采购业务中的关键事项，明确列示了这些关键事项的审核审批，以及相应的权限。

表 8-2　采购业务权限指引表

事项	采购业务归口管理部门		采购项目责任部门		财务部门		单位领导
	主办	负责人	主办	负责人	主办	负责人	
采购需求管理	参与	参与	经办	审核	参与	参与	审批
采购预算与计划编制	复核	审核	编制	审核	复核	审核	同意上报
采购申请		审核	经办	审核		审核	审批
实施采购			经办	审核			审批
质疑和投诉	复核	审核	经办	审核			审阅
合同签订与备案		审核	经办	审核		审核	审批
采购结算支付			经办	审核	复核	审核	审批
采购验收	参与		组织		参与		审批或同意报批
采购信息管理	复核	审核	经办	审核			审阅

五、采购业务控制不相容岗位

采购业务的不相容岗位至少包括：采购业务经办与审核或审批；采购方式确定与审核或审批；政府采购需求的提出与审核或审批；采购预算或计划的编制与审核或审批；采购业务结算资金申请与审核或审批；采购执行与验收；采购验收与入库登记。

六、采购业务相关内部控制制度

采购业务相关的内部控制制度可以区别政府采购业务和自行采购业务制定，如单位政府采购管理办法或自行采购管理办法；单位还可以就某个需要重点关注的采购环节制定专门的控制制度，如政府采购需求管理、验收管理、原材料采购管理，等等。

第二节

采购业务控制流程与风险控制

本节以 A 局为案例，阐述了交通事业单位采购业务控制在各环节的控制流程，以及交通事业单位采购业务的主要风险点与控制措施。

一、政府采购业务控制流程

（一）政府采购需求管理

1. 政府采购需求管理流程（A→D）

A. 市场调研

根据《财政部关于印发<政府采购需求管理办法>的通知》（财库〔2021〕22 号，以下简称“22 号文”）文件要求，采购项目责任部门在确定采购需求前，应选择不少于 3 个具有代表性的市场调查对象进行需求调查，采用咨询、论证、调查问卷等方式，了解相关产业发展情况、市场供需、类似采购项目历史成交记录，以及可能涉及的备品备件、耗材、运行维护、升级更新等后续采购及其他相关情况。

B. 拟订采购实施计划

围绕拟定的采购需求，采购项目责任部门还应同时拟定采购实施计划，对合同订立做出安排。采购实施计划包括采购活动的时间安排与组织形式、采购项目预算（或最高限价）、委托代理安排、采购包划分与合同分包、供应商资格条件、采购方式、落实政府采购政策、竞争范围和评审规则等。合同订立安排包括合同类型、文本主要条款、履约验收、风险管控措施等。

C. 对采购需求和采购实施计划进行审查

交通事业单位应成立审查工作组，审查工作组成员包括采购归口管理部门、财务部门、采购项目责任部门、监督部门等部门业务骨干，由单位领导主持审查工作组，审查无误予以确认。审查分为一般性审查和重点审查。一般性审查内容包括：采购需求是否符合预算、资产、财务等制度规定；对采购方式、评审规则、合同类型、定价方式做出选择的理由是否适用；应报批报核的事项是否上报；采购实施计划内容是否全面、完整。重点审查应在一般性审查通过的基础上再进行，属于“22 号文”十一条规定范围的采购项目应当开展重点审查。重点审查内容包括：是否具有歧视性，如是否指向特定供应商或者特定产品；是否确保充分的竞争性，如单一来源采购是否符合法定情形；是否落实规定的政府采购政策，如小微企业优惠政策；履约风险是否得到有效控制，如是否有明确的违约条款、验收标准。

D. 采购项目责任部门对审查通过的采购需求和采购实施计划归档，作为下一步编制政府采购预算与采购计划的依据。

2. 主要风险点及风险控制矩阵（见表 8-3）

表 8-3　政府采购需求管理主要风险点及风险控制矩阵

控制节点编号	风险点分析		风险等级	风险类别					控制点分析		
	编号	描述		合法合规	资产安全	报告风险	舞弊	效率效果	控制措施	责任部门	控制证据
A	CG1	调研不充分，不够科学、合理，可能存在违反政策、法规或规范的问题	中	√		√	√	√	充分市场调研，搜集采购标的标准、规范，了解政府采购相关的制度和政策，建立健全政府采购需求管理内部控制制度	采购项目责任部门	调研报告，相关的标准或规范，政府采购需求管理内控制度
D	CG2	审查流于形式，未发现存在问题	中	√		√	√	√	加强审查工作，明确审查的内容和要求；确保工作组成员由素质高、能力强的业务骨干组成	审查工作组	审查记录，相关的内部控制制度

（二）政府采购预算与计划

1. 流程图及流程描述

（1）政府采购预算与计划控制流程图（见图 8-1）

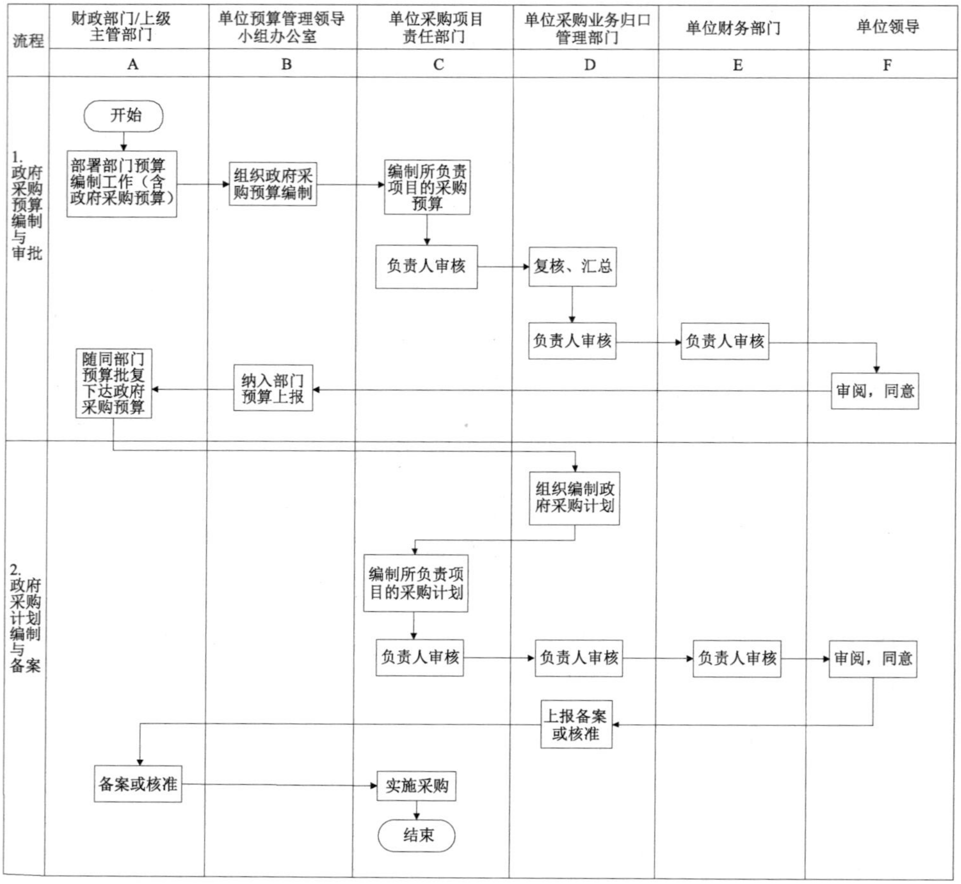

注：每个流程通过后才能进入下一流程，如不通过，则返回上一流程或者返回提出申请或发起办理的业务部门，对于通不过的情况不另行绘制。

图 8-1　政府采购预算与计划控制流程图

（2）政府采购预算与计划控制流程描述（见表 8-4）

表 8-4　政府采购预算与计划控制流程描述

流程	节点	流程节点描述
1. 政府采购预算编制与审批	A1	财政部门/上级主管部门部署部门预算（含政府采购预算）编制工作；随同部门预算批复下达政府采购预算
	B1	单位预算管理领导小组办公室组织开展政府采购预算编制工作；将经过流程确认的采购预算纳入部门预算上报
	C1	单位采购项目责任部门编制所负责项目的采购预算，负责人审核后交单位采购业务归口管理部门
	D1	单位采购业务归口管理部门复核、汇总采购预算，负责人审核后转财务部门
	E1	财务部门负责人审核汇总采购预算后报单位领导
	F1	单位领导审阅、同意政府采购预算，由单位预算管理领导小组办公室纳入部门预算上报
2. 政府采购计划编制与备案	D2	单位采购业务归口管理部门在部门预算批复后组织开展编制政府采购计划；负责人审核采购项目责任部门报来的采购计划后转财务部门；经单位领导同意后上报备案或核准
	C2	单位采购项目责任部门编制所负责项目的采购计划，负责人审核；在计划备案或核准后实施采购
	E2	单位财务部门负责人审核政府采购计划后转单位领导
	F2	单位领导审阅、同意政府采购计划
	A2	财政部门/上级主管部门对单位上报的政府采购计划予以备案或核准

2. 主要风险点及风险控制矩阵（见表 8-5）

表 8-5 政府采购预算与计划控制主要风险点及风险控制矩阵

控制节点编号	风险点分析		风险等级	风险类别					控制点分析		
	编号	描述		合法合规	资产安全	报告风险	舞弊	效率效果	控制措施	责任部门	控制证据
C1	CG3	漏编或错编政府采购预算	高	√		√		√	严格政府采购预算编制要求，设置复核岗，落实预算编制问责机制	采购项目责任部门	预算编制相关内部控制制度、问责机制、复核岗人员名单
D1	CG4	未能发现采购预算编制存在问题，上报的采购预算不准确、不完整	中	√		√		√	建立采购预算编制相关内部控制制度，建立问题清单，设置采购预算编制复核岗	采购业务归口管理部门	采购相关内部控制制度、采购预算或计划编制表单、问题清单、复核岗人员名单
C2	CG5	未能按采购预算编制采购计划或编制的计划不能关联预算	高	√		√		√	建立和完善政府采购管理内控制度，加强计划编报人员的业务培训	采购项目责任部门	采购预算或计划编制相关内部控制制度、批复的部门预算、政府采购培训记录
D2	CG6	未能发现采购计划存在问题，采购计划不准确、不完整	中	√		√		√	建立和完善政府采购管理内部控制制度，建立问题清单设置采购计划复核岗	采购业务归口管理部门	采购相关内部控制制度、采购计划编制表单、问题清单、复核岗人员名单

（三）政府采购实施与合同签订

1. 流程图及流程描述

（1）政府采购实施与合同签订控制流程图（见图 8-2）

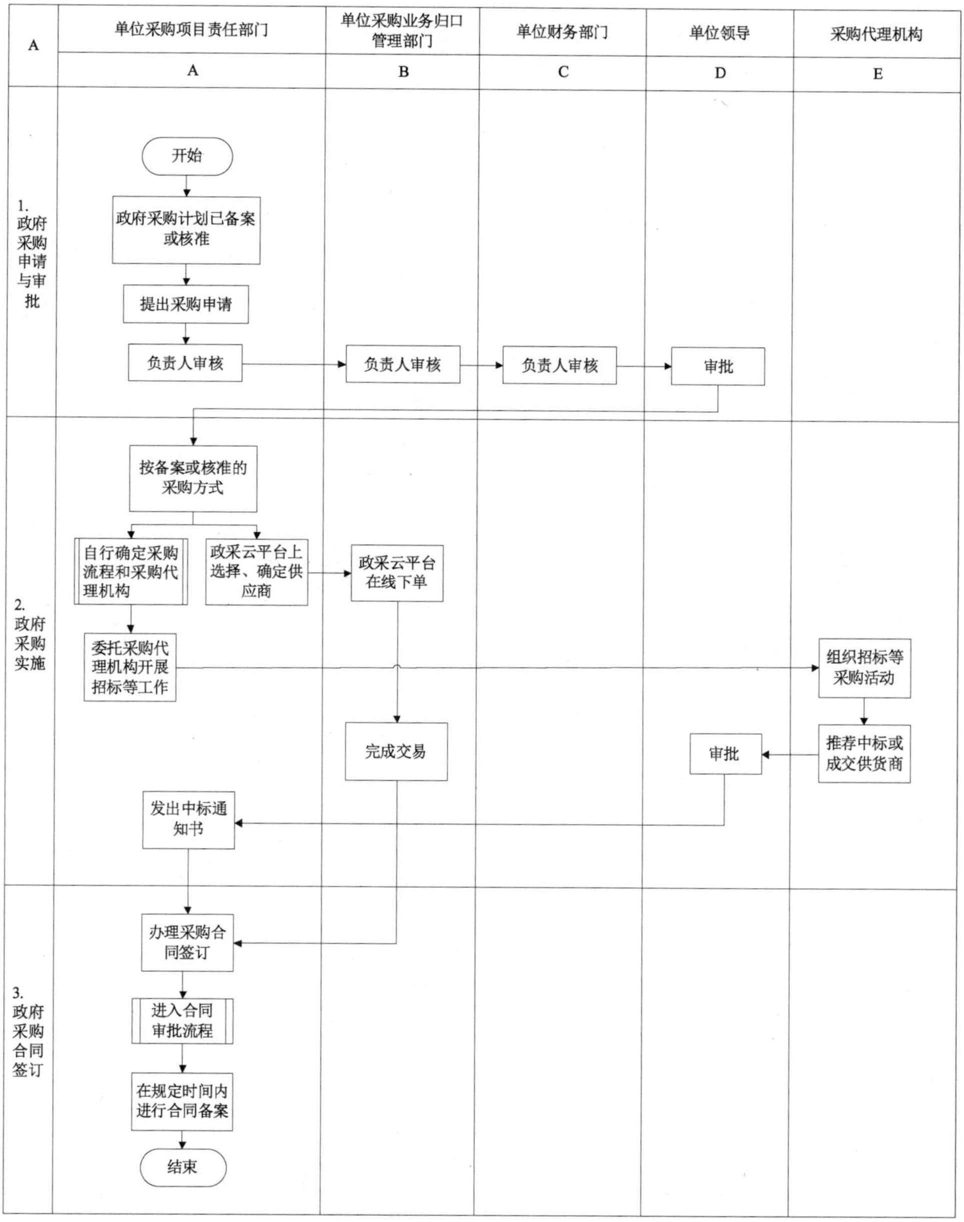

图 8-2　政府采购实施与合同签订控制流程图

(2）政府采购实施与合同签订控制流程描述（见表8-6）

表8-6 政府采购实施与合同签订控制流程描述

流程	节点	流程节点描述
1. 政府采购申请与审批	A1	单位采购项目责任部门在政府采购计划备案或核准后，提出采购申请，负责人审核后转采购业务归口管理部门
	B1	单位采购业务归口管理部门负责人审核采购申请后转财务部门
	C1	单位财务部门负责人审核采购申请后转单位领导
	D1	单位领导对采购申请进行审批
2. 政府采购实施	A2	单位采购项目责任部门按照备案或核准的采购方式，通过自行采购流程确定采购代理机构，委托代理机构开展招标等工作，或在“政采云”平台上选择并确定供应商，交采购业务归口管理部门办理，经单位领导审批后发出中标或成交通知书。
	B2	单位采购业务归口管理部门在“政采云”平台在线下单，完成交易
	E2	采购代理机构组织招标等采购活动，推荐中标或成交供应商
	D2	单位领导审批代理机构推荐的中标或成交供应商
3. 政府采购合同签订	A3	单位采购项目责任部门办理采购合同签订手续，进入合同审批流程，签订完成后在规定时间内进行合同备案

2. 主要风险点及风险控制矩阵（见表8-7）

表8-7 政府采购实施与合同签订控制主要风险点及风险控制矩阵

控制节点编号	风险点分析		风险等级	风险类别					控制点分析		
	编号	描述		合法合规	资产安全	报告风险	舞弊	效率效果	控制措施	责任部门	控制证据
A2	CG7	未按采购流程确定代理机构	中	√			√	√	建立完善采购相关内部控制制度，加强监督与问责机制	采购项目责任部门	采购业务相关内部控制制度、采购业务的监督与问责机制
E2	CG8	未公正公平地开展采购活动或有违规操作	中	√			√	√	严格对代理机构的采购活动监管，建立代理机构的选择与信用评价机制	采购项目责任部门	有关代理机构采购活动的监督机制或信用评价机制

(三) 政府采购质疑或投诉

1. 流程图及流程描述

(1) 政府采购质疑或投诉控制流程图 (见图 8-3)

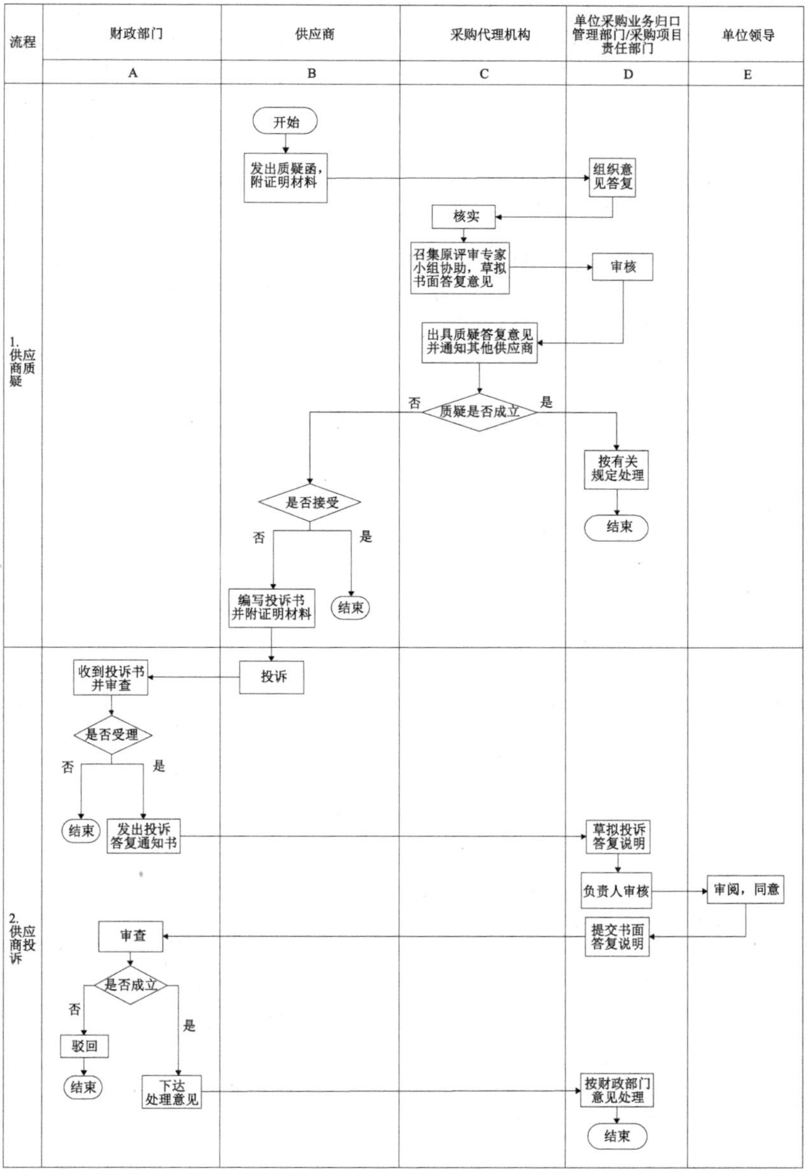

图 8-3　政府采购质疑或投诉控制流程图

(2) 政府采购质疑或投诉控制流程描述

政府采购质疑或投诉控制流程描述见表 8-8。

表 8-8　政府采购质疑或投诉控制流程描述

流程	节点	流程节点描述
1. 供应商质疑	B1	供应商向单位发出质疑函并附证明材料，若接受单位质疑不成立的答复意见则流程结束；不接受则编写投诉书并附证明材料，进入投诉流程
	C1	采购代理机构在对质疑函核实后，召集原评审专家小组协助，草拟书面答复意见，交单位采购业务归口管理部门/采购项目责任部门审核后出具质疑答复意见书，同时通知其他供应商
	D1	单位采购业务归口管理部门/采购项目责任部门审核质疑答复意见草稿；对于质疑成立的情况按有关规定进行处理，流程结束
2. 供应商投诉	B2	供应商向财政部门投诉
	A2	财政部门收到供应商投诉书并审查，不受理则流程结束，受理则向单位发出投诉答复通知书；审查单位提交的投诉答复说明，若投诉成立则下达处理意见，若投诉不成立则予以驳回，流程结束
	D2	单位采购业务归口管理部门/采购项目责任部门草拟投诉答复说明，负责人审核；经单位领导审阅同意后向财政部门提交；按财政部门下达的投诉成立处理意见对投诉进行处理
	E2	单位领导审阅、同意草拟的投诉答复说明

2. 主要风险点及风险控制矩阵（见表 8-9）

表 8-9　质疑或投诉控制主要风险点及风险控制矩阵

控制节点编号	风险点分析		风险等级	风险类别					控制点分析		
	编号	描述		合法合规	资产安全	报告风险	舞弊	效率效果	控制措施	责任部门	控制证据
D1	CG9	未在规定时限内或未公平公正地答复质疑函，对于质疑成立的情况未按有关规定进行处理	中	√			√	√	建立健全政府采购质疑投诉处理机制，内部监督部门对质疑投诉处理情况进行检查	采购业务归口管理部门/采购项目责任部门	政府采购质疑和投诉处理内控制度，内部监督部门对质疑和投诉的检查记录
D2	CG10	未认真核实供应商投诉事项、答复投诉的理由不充分、不依法依规或未按时答复	中	√			√	√			

（四）采购合同价款结算与验收

下面的采购合同价款结算与验收流程面向的是除建设项目之外的采购项目，建设项目的相关内容在其专章阐述。

1. 流程图及流程描述

（1）采购合同价款结算与验收控制流程图（见图 8-4）

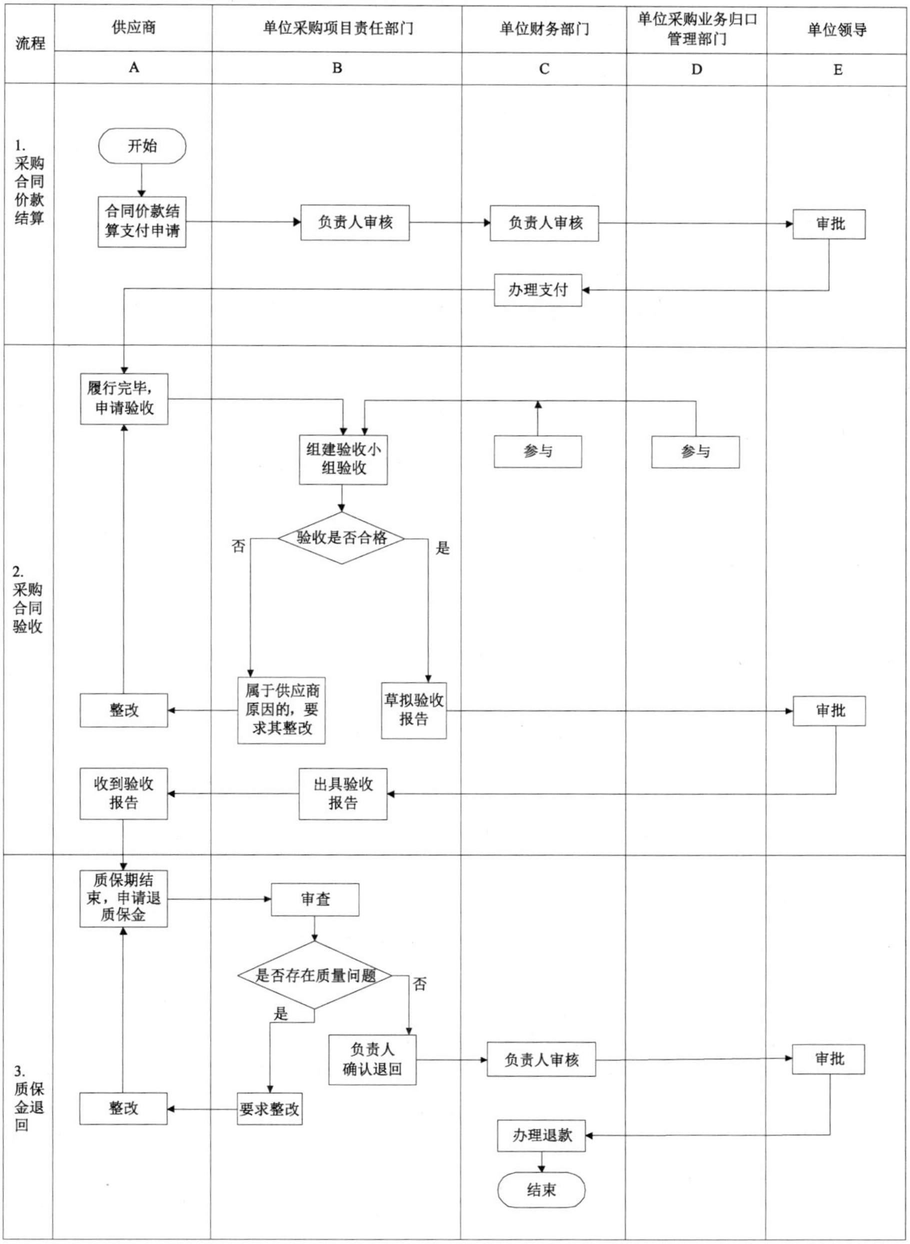

图 8-4　政府采购合同价款结算与验收控制流程图

（2）采购合同价款结算与验收控制流程描述（见表 8-10）

表 8-10　政府采购合同价款结算与验收控制流程描述

流程	节点	流程节点描述
1. 采购合同价款结算	A1	供应商提出合同价款结算支付申请
	B1	单位采购项目责任部门负责人对供应商支付申请进行审核
	C1	单位财务部门负责人对供应商支付申请进行审核，经单位领导审批后办理支付
	E1	单位领导对供应商的支付申请进行审批
2. 采购合同验收	A2	供应商合同履行完毕，申请验收；验收合格则收到验收报告，不合格则按要求整改，整改后重新申请
	B2	对于供应商提出的验收申请，单位采购项目责任部门组建验收小组验收；根据验收是否合格，合格则出具验收报告，经单位领导审批后交供应商；不合格，属于供应商原因的要求其整改
	C2	单位财务部门参与验收小组验收
	D2	单位采购业务归口管理部门参与验收小组验收
	E2	单位领导审批验收报告
3. 质保金退回	A3	供应商收到验收报告后，待质保期结束后申请退回质保金；对于存在的质量问题按要求整改后，重新申请
	B3	采购项目责任部门审查申请，根据采购项目是否存在质量问题，存在则要求供应商整改，不存在则负责人确认退回后转财务部门
	C3	单位财务部门负责人审核质保金退回申请，经单位领导审批后办理退款
	E3	单位领导审批质保金退回申请

2. 主要风险点及风险控制矩阵（见表 8-11）

表 8-11　采购合同价款结算与验收控制主要风险点及风险控制矩阵

控制节点编号	风险点分析		风险等级	风险类别					控制点分析		
	编号	描述		合法合规	资产安全	报告风险	舞弊	效率效果	控制措施	责任部门	控制证据
B1	CG11	未发现供应商结算申请不符合合同约定，作假或资料、手续不全	高	√	√		√		建立合同结算相关的内控制度；加强对合同履行的过程管理，严格监控履行进度；建立支付业务的监督与检查机制	采购项目责任部门	合同管理内控制度、合同结算审批单，监督和检查记录
C1	CG12	未发现供应商结算申请不符合合同约定，应扣回的款项未予以扣回	中	√	√		√			财务部门	合同结算与支付相关内控制度、合同结算审批单、责任追究机制、监督检查记录
B2	CG13	供应商申请验收的资料、手续未达到验收条件，或未对需要整改的问题进行整改	中	√	√		√		严格执行政府采购验收相关规定，明确验收标准、流程和手续，规范出具验收报告，发现问题及时要求供应商整改并跟踪落实	验收小组	验收相关的标准、规范，采购验收相关内控制度，问题整改通知书

（五）政府采购信息管理

事业单位的政府采购信息若不是需要保密的信息，则应当在财政部门指定的发布媒体上及时、完整、规范地向社会公开发布政府采购信息，确保政府采购全过程公开、透明。需要公开的信息一般有采购文件、公开招标公告、邀请招标资格预审公告、竞争性谈判公告、竞争性磋商公告、询价公告、中标公告、成交结果、政府采购合同、单一来源公示、终止公告，等等。在各渠道指定发布媒体上分别公告同一政府采购信息的，内容应当一致，若内容不一致则以财政部指定的媒体公告信息为准。公开的信息从起止时间、条件到需要公开信息的内容和格式都必须符合法律法规。

信息公开的流程一般为：A 单位采购项目责任部门起草需要发布的信息，负责人审核→B 采购业务归口管理部门复核，主要复核信息内容是否涉密，是否符合政策文件的规范要求、发布渠道是否合法合规、发布起止时间是否恰当等→C 采购业务归口管理部门在财政部门指定渠道发布。采购业务归口管理部门应当定期与采购项目责任部门和财务部门核对项目政府采购的工作进度等信息，沟通政府采购预算执行情况、采购进展情况及遇到的困难和问题，提请领导研究决策。各业务部门均应整理、搜集所负责采购项目的有关资料并在规定的保管期限（通常是自采购结束之日起至少 15 年）内妥善保管。主要风险点及风险控制矩阵见表 8-12。

表 8-12 政府采购信息管理控制主要风险点及风险控制矩阵

控制节点编号	风险点分析		风险等级	风险类别					控制点分析		
	编号	描述		合法合规	资产安全	报告风险	舞弊	效率效果	控制措施	责任部门	控制证据
A	CG14	拟发布的政府采购信息内容不全、信息漏发或错发；发布的信息有排斥潜在投标人的内容或存在其他影响公平竞争的内容	中	√		√	√	√	建立健全政府采购信息公开内部控制制度；分类别规范发布信息的内容、格式与渠道；委托代理机构发布的信息必须经过采购责任部门复核确认	采购项目责任部门	政府采购信息公开相关内部控制制度、相关媒体上的采购信息公告

二、单位自行采购业务

事业单位自行采购业务是政府采购范畴之外的采购活动过程，均由单位自主组织。它是单位采购业务的重要组成部分，自行采购业务流程应当通过相关的内部控制制度明确下来，不能缺失。这部分的控制流程设计取决于单位领导层对这部分采购活动的管理意图，若领导层更侧重于防范舞弊行为的发生，那么会设计较严格的采购控制条件和较多的控制环节，但这必然以牺牲行政效率为代价；若领导层更侧重于行政效率，那么内部控制设计将放松采购控制条件、精简控制环节，但这必然会增加舞弊的风险。如何平衡效率与防治舞弊之间的关系，是单位管理层必须认真考虑的问题，单位管理层通常应结合整个单位的内部控制环境、内部控制基础性评价及风险评估结果考虑。如果单位的内部控制环境良好、辅助采购业务的其他内部控制制度和机制较健全、基础性评价得分较高、内部控制风险评估等级低于中等，那么在控制条件可以适度放开，控制环节适度减少。如果内部控制风险评估等级达到中等及以上，则要采取更为严格的条件和程序。

案例 8-1 中 A 局本级针对自行采购业务制定了管理办法，从适用范围、实施方式、责任机构及职责、工作流程和工作要求等方面对本单位自行采购行为进行了规范。对于达到一定限额的，统一采用最低价中标询价方式确定供应商，减少了人为干预采购结果的可能性，提高了工作效率；对于采购金额未达到询价要求规模的，要求优先在政府采购云平台上采购，如不在“政采云”采购，需提供充足的依据，再由业务部门内部集体决策，防止部门负责人或业务主办按自己意愿决策。采购结果在单位内部也进行了信息公开，便于干部职工监督。整个实施过程注意了采购项目责任部门与采购业务管理部门职责分离，避免了一个部门全程操作，减少了舞弊风险 。整个流程控制主要有两个风险点：一是确定参与询价的候选供应商；二是业务部门内部集体决策。这两个环节有可能受业务部门领导或单位领导意志影响。为此，《管理办法》采取的控制措施有：对于第一项风险点，建立供应商信用评价体系，对供应商的信用评价设计专门的控制程序进行规范；对于第二项风险点，在《管理办法》中明确优先通过“政采云”平台采购，同时内部监督机构也应定期审查业务部门的内部集体决策过程。

【案例 8-1】

A 局本级针对自行采购业务制定《管理办法》

A 局本级针对自行采购业务制定了《管理办法》，主要内容如下：

1. 适用范围

《管理办法》适用范围为单项采购品目年度预算未达到×××人民政府办公厅公布的政府集中采购目录及限额标准规定范围或未到达有关招投标的政策法规、行业管理规章制度要求的工程、服务和货物采购。

2. 自行采购实施方式

（1）满足下列限额的，采用询价方式实施采购：工程类××万元及以上、服务类××万元及以上（其中招标代理服务×万元及以上）、货物类××万元及以上。采购来源具有单一性、不具有竞争性或不适用价格来评价的不适用询价方式。

（2）未达到规定限额的，由采购项目责任科室进行市场调查后，优先在“政采云”网上超市选择供应商，如采购人认为相同品牌和型号的商品在其他市场价格更低或网上超市无可选商品的，则可在本科室内部经集体研究决定供应商，但必须于会议开始前在“政采云”平台截图打印采购项目的相关信息作为会议记录表的附件，并填制会议记录表。

3. 询价工作机构及职责

（1）采购管理科负责询价的组织与管理工作，包括整个询价过程的资料档案归集备查工作。

（2）按采购业务内容成立项目询价小组。询价小组总人数为 3 人以上的单数，由采购项目责任科室、财务科、采购管理科等科室分别派出至少 1 名人员组成，采购项目责任科室负责人为小组组长。如为工程类采购项目，询价小组成员应有工程管理科、养护管理科或规划计划科人员参加。

（3）询价小组负责对参与询价的供应商资格资质进行审查，开展询价现场活动，撰写询价结果报告。

4. 询价工作流程

（1）由采购项目责任科室提出询价申请，报经其业务分管领导批准后递交采购管理科。

（2）采购管理科根据询价申请组建项目询价小组。采购项目责任科室提出参加询价的供应商资格条件及名单，供应商名单的产生按照《×××办法》（×字×号）有关规定执行。参加询价的供应商数量应为拟采用供应商的至少 3 倍，例如拟采用供应商有 2 家，则询价供应商应至少有 6 家。

（3）采购管理科向询价名单上的供应商发出询价函。邀请供应商参与询价的方式可以采用电话通知、电子邮件、传真等方式。给予询价供应商的报价时间从发出询价函的日期至截止日不得少于 2 个工作日。

（4）询价小组按询价函递交的截止时间，现场拆封询价函，经过对比分析所有报价，以报价从低到高为顺序确定首选供应商及候选供应商。

（5）采购项目责任科室将询价结果在办公楼公告栏及单位 OA 办公系统上公示至少 3 个工作日。公示无异议，询价小组编制《询价结果报告表》报采购项目业务分管领导审批。如公示有异议，询价小组对异议内容进行复核或重新组织询价。《询价结果报告表》应与合同审批表一起作为签订合同的依据。

5. 其他要求

（1）各科室签订采购合同后，应于 3 个工作日内将采购合同复印件交采购管理科存档。

（2）各科室每年 1 月底以前根据采购合同履行情况填制本部门的供应商信用评价台账，交采购管理科汇总。

第九章

合同业务控制建设

2021 年 1 月 1 日《中华人民共和国民法典》开始施行，其中的合同编在原《合同法》基础上融合了多年来法学研究成果和司法解释等共 29 章 526 条，分通则、典型合同、准合同三部分，约占《中华人民共和国民法典》总条款的 42%，足见其在日常经济和生活中的重要性。事业单位的经济活动大量地涉及合同，如采购业务、工程管理业务、各类委托业务。合同管理是单位日常管理活动的重要内容，合同业务控制直接影响事业单位的合法权益是否得到保障，经济行为是否合法合规，是否有效防范法律风险和业务风险。

第一节 合同业务控制概述

一、合同业务的控制范围

（一）合同的定义和分类

《中华人民共和国民法典》对合同的定义是：“合同是民事主体之间设立、变更、终止民事法律关系的协议。”与原《合同法》比较，典型合同由 15 个大类增加到 19 个大类，即买卖合同，供用电、水、气、热力合同，赠与合同，借款合同，保证合同，租赁合同，融资租赁合同，保理合同，承揽合同，建设工程合同，运输合同，技术合同，保管合同，仓储合同，委托合同，物业服务合同，行纪合同，中介合同，合伙合同。其中，保证合同、保理合同、物业服务合同、合伙合同为新增典型合同，原居间合同名称变更为中介合同。此外，合同还可以作如下划分。

1. 根据合同双方当事人的权利和义务，分为双务合同与单务合同

合同当事人仅有一方负担给付义务的合同为单务合同。双方当事人都享有权利、都要履行义务的合同为双务合同。单务合同为一方当事人有给付义务，另一方只享权利的合同如赠与合同；双务合同为一方当事人享有的权利，是另一方所负的义务，如买卖、租赁、承揽等。双务合同占合同总量的绝大部分。双务合同有对待给付及同时履行抗辩等规则，而单务合同没有。

2. 根据合同订立的形式，分为要式合同与不要式合同

要式合同是指合同订立时需要采用特定形式的合同，一般指书面合同。不要式合同是指不需要特定形式或手续就可成立的合同，如口头合同，双方口头协商一致就可履行，不需要书面形式。

3. 根据合同的格式，分为格式合同与非格式合同

格式合同是指合同内容由一方当事人预先拟订而不容对方当事人协商的合同，又称标准合同。如铁路、公路、航空运输合同，购买火车票、飞机票的时候就等于与对方签订了客运合同。非格式合同是指合同内容由双方当事人协商

确定的合同，实践中绝大多数合同为非格式合同。

交通事业单位经济活动中的合同通常不涉及融资租赁合同、保理合同、行纪合同、中介合同、合伙合同。根据 2022 年 3 月 1 日开始施行的《事业单位财务规则》，事业单位除利用国有资产对外投资外，不得使用财政拨款及其结余进行对外投资，不得从事股票、期货、基金、企业债券等投资，相应的不能签署此类对外投资合同。《事业单位财务规则》还规定事业单位不得违反规定融资或者提供担保，所以也不能签署类似的融资合同（包括融资租赁合同、担保合同）。

（二）合同业务环节

事业单位合同业务通常会涉及以下环节：合同前期准备、订立、执行、保管。其中，合同前期准备涉及策划、调查、谈判等内容；订立涉及合同文本起草、审核、审批、签署等内容；合同执行涉及合同履约、结算、变更、补充、转让、解除和纠纷处理等内容；合同保管涉及合同登记、归档等内容。合同业务的控制范围应覆盖上述环节。

1. 合同策划与调查

合同策划实际是确定订立合同的目的，即解决什么问题、达到什么效果、是否符合单位的目标任务。合同调查是在订立合同前对所涉及的重要内容进行的调查。一方面调查本单位订立合同的可行性与必要性，另一方面调查拟签合同对方履行合同必需的资格、能力、信誉。策划与调查相辅相成，可以在调查结果上进行策划，或是根据策划的需要进行调查，也可以一边调查一边策划。策划的最终结果是明确合同的主体、标的、数量或质量要求、履行时间和地点、价款等重要内容。事业单位在合同策划阶段还必须考虑政策、法规的前置程序，比如达到一定规模的需要经过财政投资评审，达到政府采购标准的应列入政府采购预算，工程类项目需要经过上级主管部门或发改部门立项的应先立项。

【案例 9-1】

A 局对管养公路上频发的群众索赔事件筹划社会公众责任险

近年来，随着普通国省干线公路交通流量日益增大，A 局所属县级公路管理局管养的公路上因路树倒伏或树枝砸人、路面坑槽未及时修补、路面障碍物未及时清除、标志标线不明晰等问题直接或间接地关联到群众伤亡的事故也随之增多。随着人民群众法律意识日益提升，遇到涉路事故时往往把公路局作为责任方或连带责任方告上法庭，法庭大多数情况下会判决公路局承担全部或部分赔偿责任。如果不赔偿，法院将采取强制执行措施，从公路局银行账户直接划款。这种突发事件引起的支出不在当年财政部门批复的预算内，只能依靠追加预算或调整来解决，给交通事业单位正常运转带来不利影响。为解决这个问题，A 局考虑向保险公司投保一个个性化的险种，也就是后来实施的公路养护社会公众责任险，只要每年支付小额的保费就能确保社会公众在使用公路及其附属设施发生意外时获得足够赔偿。在策划这个保险合同前，单位有关业务部门向所属县级公路局调查近三年发生涉路诉讼案件的次数、人员伤亡及法院判决情况、年度总体赔付金额等信息，结合各单位小修保养费预算承受能力与管养里程，初步测算出每公里养护里程的保费与年度保险额度。在策划投保方案时，引入了专业的保险经纪公司，要求保险经纪公司主要开展以下工作：一是参考类似保险业务，尽量罗列公路及其附属设施可能出现导致人身伤亡的各种状况；二是调查保险行业有没有类似险种或者能否单独为 A 局新增险种；三是设计保险合同条款，避免“保险理赔陷阱”，确保县级公路局作为投保人无论是否有过错，只要出险就予以赔偿；四是调查有意向承保的保险公司，为下一步询价做准备。经纪公司完成了上述四项工作，提交了公路养护社会公众责任险保险方案。此项新增保险业务随同保险方案被作为重大事项提请至 A 局领导班子会集体决策。领导班子会讨论通过后，由于涉及的保费金额未到达政府采购限额标准，采用了自行询价方式确定了每公里养护里程保费报价最低的保险公司作为供应商。公路养护社会公共责任险保险实施三年来，顺利减少了民事诉讼对单位资金正常运行的不利影响。

2. 合同谈判

合同谈判是指单位与拟签订合同对方就法律法规允许协商的合同条款进行洽淡，达成一致意见的过程。有的政府采购方式，在采购过程中就需要与供应商进行谈判，如竞争性磋商、竞争性谈判。政府采购一旦确定了中标或成交供应商，采购人不能再就招标文件中的实质性条款进行谈判，如采购货物的技术参数、数量、单价等。单位自行采购的事项按内部控制规定可以进行合同谈判的，谈判时应根据合同的重要程度、金额大小等因素来确定是由合同主办部门负责，还是由主办部门牵头相关业务部门参与的谈判小组负责。如有必要，还可以聘请专家参与。对于重要或重大的合同谈判，应当由单位领导主持，并将谈判的主要内容形成会议纪要。

3. 合同文本草拟与审核

合同文本是合同当事人用以记载合同内容的书面文件。政府采购合同的文本格式相对固定，一般在特别条款约定采购人的特定需求，政府采购合同的主要条款应当与招标文件的实质性条款保持一致。除了政府采购合同以外，其他的合同有的为格式合同，即合同对方提供预先拟定合同条款，单位可接受也可不接受，如供水供电合同、通讯公司通讯合同等；有的为合同一方内部合同范本，另一方可以根据需要进行修改后再征求对方意见；有的为双方谈判后达成共识，由其中一方根据双方谈判结果起草，另一方确认。事业单位订立合同，必须采用书面形式，书面形式可以是合同书、信件、电传、传真、电子数据交换、电子邮件等有形地表现所载内容的形式，其中的数据电文应可以随时调取查用。

草拟的合同文本都需经过审核，审核的要点主要有：合同形式是否恰当，要素是否齐全，内容是否合法合规，条款是否规范，双方的意思表示是否真实，等等。

4. 合同的审批与签署

经过审核的合同还需经过领导审批，需上报的合同还需经上级主管部门批准，比如事业单位所属的国有企业脱钩划转给其他国有企业的划转协议，往往需要单位直属上级主管部门或财政部门审批。合同审批后，由法定代表人或其授权人签署合同并加盖单位公章。

5. 合同履行与结算

合同履行指单位执行合同约定的义务，包括履行合同中的内容、时间、地点、期限、价款、要求等，履行过程中往往涉及结算。除了工程类合同外，一般合同结算方式由合同当事人自行协商确定，只要不违反法律规定，合同双方可以自愿选择分期结算或一次性结算。应当注意的是，工程类的合同结算有一定的政策、法规规范要求。比如工程预付款，根据财政部、建设部《建设工程价款结算暂行办法》（财建〔2004〕369 号）规定："本办法所称建设工程价款结算，是指对建设工程的发承包合同价款进行约定和依据合同约定进行工程预付款、工程进度款、工程竣工价款结算的活动。"该办法还规定："包工包料工程预付款一般情况下预付比例不低于合同金额的 10%，不高于合同金额的 30%；重大工程项目按年度工程计划逐年预付；计价执行《建设工程工程量清单计价规范》的工程，预付款比例在实体性消耗和非实体性消耗部分分别约定。"

6. 合同变更与补充

合同在执行过程中，根据双方实际情况，在法律法规允许的范围内，在原合同基础上变更部分条款，或需要对原合同中未约定事项进行补充约定，或对部分不清晰的合同条款进行补充说明，经双方友好协商达成一致意见，签订补充合同或协议。生效后即成为原合同不可分割的组成部分，与原合同具有同等的法律效力。

7. 合同转让与解除

合同转让是指当事人一方将合同的权利或义务全部或部分转让给第三人的法律现象，即新的债权人代替原债权人或新的债务人代替原债务人履行债务，不过债务的内容保持同一性。例如，A局因为国省干线路网公路建设职能被移交给政府直属国有企业，已经执行当中尚未履行完毕的合同相应地无偿转让给了企业。

合同解除是指合同当事人一方或者双方依照法律规定或者当事人的约定，依法解除合同效力的行为。《中华人民共和国民法典》第563条规定了合同可以约定解除的法定解除条件；《中华人民共和国民法典》第610条和第724条分别规定了适用于买卖合同和租赁合同的法定解除条件。事业单位拟解除合同时，应事先核查解除的理由是否符合约定解除或法定解除的情形。有时事业单位的上级主管部门下达行政指令会影响单位合同的继续履行，必须注意的是，行政指令并不能直接解除合同，行政指令不仅为事业单位作为合同当事人一方接受，另一方当事人也要接受时，才会发生解除的效果，也就是说解除行为必须是双方当事人的行为。

8. 合同纠纷处理

合同纠纷是指因合同的生效、解释、履行、变更、终止等行为而引起合同当事人产生争议。争议产生有主观原因和客观原因，主观原因为一方当事人因时过境迁主观上不想履行或不想完全履行合同；客观原因是发生不可抗力或订立合同时未考虑周全，某些条款不明晰，不适用实际情况，或是双方理解出现分歧，非合同当事人主观意志导致合同无法按约履行，产生纠纷。工程类项目由于执行时间比较长，容易受各种因素影响，导致项目结果与合同不符，容易产生纠纷。

9. 合同保管

合同签订后应由相关业务部门登记相关信息，原件交档案管理部门进行归档管理。

二、合同业务控制目标

（一）合同前期准备

（1）合同调查全面充分，不仅包括对对方状况的调查，还包括对合同必要性和可行性的调查。

（2）合同策划目标明确，考虑周详，内容科学，合法合规，符合单位管理目标和规划。

（3）合同谈判准备充分，谈判过程公平公正，重大或重要合同谈判由单位领导主持。

（二）合同订立

（1）合同条款合法合规、合同格式规范、合同要素齐全，真实反映当事人双方达成的一致意见，违约责任等关键条款完备，表述准确。

（2）审核或审批流程完备、手续齐全，相关业务部门的意见和建议得到了充分考虑，属于“三重一大”事项的经过了单位领导集体决策。

（3）合同签署人经过法定代表人授权，合同用印遵循了印章管理制度。

（三）合同执行

（1）对合同执行进行有效监管，及时发现合同对方的违约行为并采取恰当的应对措施。

（2）合同结算规范有序，资金支付遵循内部控制流程。

（3）根据情况变化和上级主管部门要求，适时对合同进行变更、补充、转让或解除。

（4）依法依规及时处理合同纠纷，维护自身权益。

（四）合同档案管理

（1）对合同进行登记管理，登记合同的订立、履行和变更等情况。

（2）定期对合同进行统计、分类、归档。

（3）合同及相关资料得到妥善保管，合同及相关资料的物理安全性和信息安全性均得到保障。

三、合同业务管理机构和职责

（一）合同业务主办部门

对所负责的合同业务进行调查与策划；牵头组织谈判小组，记录谈判结果；草拟合同并送审；属于“三重一大”合同事项的提交领导班子集体决策；对合同履行进行日常管理，办理合同结算支付，发起对合同的变更、补充与转让，组织对履行完毕合同的验收工作；会同法务部门处理合同纠纷；登记本部门合同台账，并向合同归口管理部门提供相关信息。

（二）合同业务归口管理部门

负责合同业务的归口管理，指导、监督本单位合同管理工作；参与合同谈判，从法务角度审核合同草稿，以及合同的变更、补充与转让事宜；牵头处理合同纠纷；指导、监督各业务部门的合同台账管理并进行汇总；合同归档管理。

（三）财务部门

参与合同谈判，从财务管理角度审核合同草稿，以及合同变更、补充与转让事宜；审核合同结算手续；支付合同价款。

四、合同业务权限指引表

表 9-1 清晰地反映了合同业务中的关键事项，明确列示了这些关键事项的审核审批岗位及相应的权限。

表 9-1　合同业务权限指引表

事项	合同业务归口管理部门		合同业务主办部门		财务部门		单位领导	单位领导班子
	主办人	负责人	主办人	负责人	主办人	负责人		
合同调查与策划	参与		主办	审核	参与			
合同谈判		参与		牵头		参与	主持重大或重要谈判	
合同签订、变更或补充、转让、解除		审核	主办	审核		审核	审批	属于“三重一大”的集体决策
合同结算			主办	审核	复核	审核	审批	
合同纠纷处理	主办	审核		审核		审核	审批	

五、合同业务控制不相容岗位

合同业务控制不相容岗位至少包括：合同拟定与审核或审批、合同结算申请与审核或审批、合同执行与监督检查、合同订立与公章保管。

六、合同业务相关内控制度

合同业务相关的内控制度主要有合同管理办法、合同纠纷处理办法等制度。

第二节
合同业务控制流程与风险控制

本节以 A 局为案例，阐述了交通事业单位合同业务控制在合同前期、签订、履行（含结算与纠纷处理）与验收环节的控制流程及其风险点。

一、合同前期准备与合同签订控制

（一）流程图及流程描述

1. 合同前期准备与合同签订控制流程图（见图 9-1）

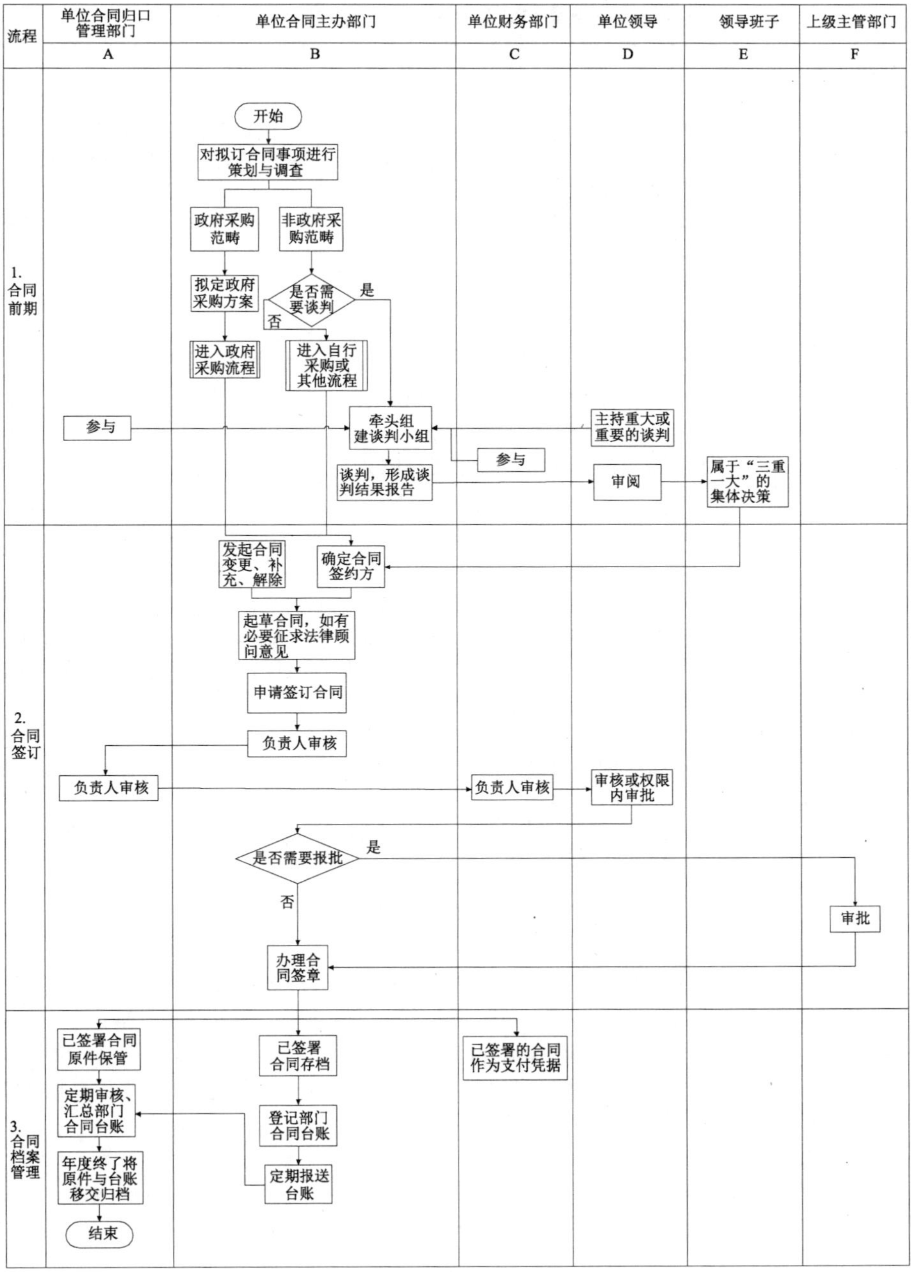

注：每个流程通过后才能进入下一流程，如不通过则返回上一流程或者返回提出申请或发起办理的业务部门，对于通不过的情况不另行绘制。

图 9-1　合同前期准备与合同签订控制流程图

2. 合同前期准备与合同签订控制流程描述（见表 9-2）

表 9-2 合同前期准备与合同签订控制流程描述

流程	节点	流程节点描述
1. 合同前期	B1	单位合同主办部门对拟订合同进行策划和调查，对属于政府采购范畴的，拟订政府采购方案，执行政府采购流程；对不属于政府采购范畴的，按照是否需要谈判，不需要谈判的执行自行采购或其他流程，需要谈判的牵头组建谈判小组谈判，形成谈判成果报告报单位领导
	A1	单位合同归口管理部门参与谈判小组
	C1	单位财务部门参与谈判小组
	D1	单位领导主持重大或重要合同谈判，审阅谈判结果报告
	E1	单位领导班子对“三重一大”合同事项进行集体决策
2. 合同签订	B2	单位合同主办部门在合同签约方确定后，或者发起合同变更、补充或解除时起草合同，如有必要征求法律顾问意见；申请签订合同，负责人审核后交其他部门审核；根据合同是否需要报批，是则报上级主管部门审批后再办理签章，否则直接办理签章
	A2	单位合同归口管理部门负责人审核拟签订的合同
	C2	单位财务部门负责人审核拟签订的合同
	D2	单位领导审核或在权限内审批拟签订的合同
	F2	上级主管部门对单位报送拟签订的合同进行审批
3. 合同档案管理	A3	单位合同归口管理部门保管已签署的合同原件；定期审核、汇总各合同主办部门报送的合同台账；年度终了将合同原件和台账移交归档
	B3	单位合同主办部门对已签署合同存档；登记本部门合同台账；定期向合同归口管理部门报送台账
	C3	单位财务部门将已签署的合同作为支付凭据

（三）主要风险点及风险控制矩阵（见表 9-3）

表 9-3　合同前期准备与合同签订控制主要风险点及风险控制矩阵

控制节点编号	风险点分析		风险等级	风险类别					控制点分析		
	编号	描述		合法合规	资产安全	报告风险	舞弊	效率效果	控制措施	责任部门	控制证据
B1	HT1	策划时可行性和必要性调研不充分，市场调查不全面，调查对象不具有代表性，调查结论不科学合理；谈判小组专业性不足，谈判经验不足，策略不当	中	√		√	√	√	进行充分市场调研，选择调查对象尽可能全面；谈判小组成员由业务骨干组成；谈判前对谈判的目标、策略做充分研判	合同主办部门	调查报告、策划方案
B2	HT2	起草的合同存在重大疏漏或缺陷，不符合法律法规或行业规范，未真实、恰当表达谈判结果	中	√			√	√	采用示范性合同文本，合同文本尽可能标准化；重大或重要合同的起草应咨询法律顾问，严格合同审核审批流程	合同主办部门	示范性合同文本、合同审批单、谈判记录、法律顾问意见书
A2、C2	HT3	审核未发现拟签订合同中存在的违法违规或损害单位权益的内容，未发现合同存在重大疏漏或缺陷	中	√			√	√	设置合同审核岗，明确合同审核岗工作职责，对合同漏洞或缺陷及时进行补充、变更	合同审核相关部门	合同相关内控制度、审批表、核查记录

二、合同履行与验收

(一) 流程图及流程描述

1. 合同履行与验收控制流程图（见图 9-2）

如图 9-2 所示，交通事业单位在合同履行与验收控制流程中，工程类与货物类、服务类的控制流程有一定区别，对于工程类合同的履行与验收在建设项目控制章节中阐述，下文的内容主要适用于货物类、服务类的合同。

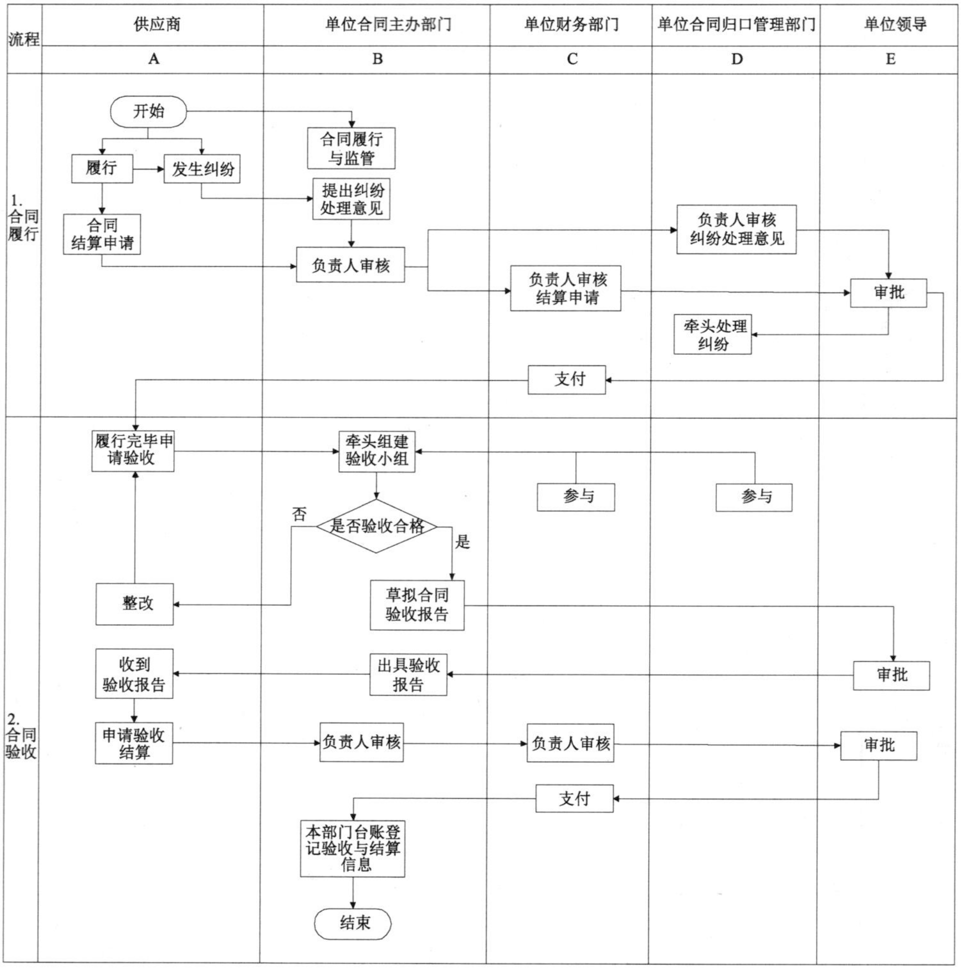

图 9-2　合同履行与验收控制流程图

2. 合同履行与验收控制流程描述（见表 9-4）

表 9-4　合同履行与验收控制流程描述

流程	节点	流程节点描述
1. 合同履行	A1	供应商履行合同，提出合同结算申请，发生纠纷时反馈到单位合同主办部门
	B1	单位合同主办部门履行合同的同时对合同进行监管，对于合同纠纷提出处理意见，负责人审核纠纷处理意见和结算支付申请
	C1	单位财务部门负责人审核合同结算申请，经单位领导批准后支付
	D1	单位合同归口管理部门审核合同纠纷处理意见，待单位领导批准后牵头处理纠纷
	E1	单位领导审批结算申请后转财务部门支付，审批纠纷处理意见后交合同归口管理部门处理
2. 合同验收	A2	供应商履行合同完毕后申请验收，如验收合格则收到验收报告，申请验收结算；不合格则需整改，整改后重新申请验收
	B2	单位合同主办部门牵头组建验收小组，根据验收是否合格，不合格则要求供应商整改；合格则草拟验收报告，经单位领导审批后向供应商出具验收报告；负责人审核验收结算申请；本部门台账登记验收与结算信息
	C2	单位财务部门参与验收小组，负责人审核验收结算，经领导审批后支付
	D2	单位合同归口管理部门参加合同验收小组
	E2	单位领导审批合同验收报告，审批验收结算

（二）主要风险点及风险控制矩阵（见表 9-5）

表 9-5 合同履行与验收控制主要风险点及风险控制矩阵

控制节点编号	风险点分析		风险等级	风险类别					控制点分析		
	编号	描述		合法合规	资产安全	报告风险	舞弊	效率效果	控制措施	责任部门	控制证据
B1	HT4	供应商未满足结算条件就同意其结算；未对供应商履行合同情况进行有效监督；不及时提出纠纷处理意见或提出意见不当	高	√	√		√	√	建立合同履行的监督机制，如出现履行异常，及时反馈并采取措施；严格结算审核，建立合同纠纷处理机制，及时处理纠纷	合同主办部门	合同履行监督机制、纠纷处理相关内部控制制度等
C1	HT5	未严格审核结算申请，结算手续不齐全	中等	√	√		√	√	严格合同结算支付资料审核，明确结算支付流程及相关责任人	财务部门	合同结算相关内部控制制度
D1	HT6	未认真审核纠纷处理意见或提出的审核意见不恰当	中等	√	√		√	√	建立合同纠纷处理机制，聘请法律顾问或技术专家参与处理纠纷	合同归口管理部门	合同纠纷处理咨询意见书，纠纷处理相关内部控制制度
B2	HT7	未满足验收条件的合同就予以验收；验收不合格的，未及时要求供应商整改	中等	√	√		√	√	明确验收的标准、条件和流程，严格审查合同履行情况和相关资料是否符合验收要求，严格执行验收流程，发现问题及时下达整改通知	合同主办部门	合同验收相关内部控制制度、与验收标准和条件有关的规定或规范、整改通知书

第十章

资产业务控制建设

随着交通强国战略的不断推进，交通事业单位资产总体规模也在快速增长，其资产范围除了一般事业单位常见的办公设备、土地、房屋建筑物、工具器具外，还包括交通运输业特有的公共基础设施资产，这些资产是交通事业单位履行社会公共职责、提供交通行业服务，促进交通运输业发展的重要保障。因此，交通事业单位资产内部控制管理的重要性日益凸显。

第一节 资产业务控制概述

一、资产业务的控制范围

（一）资产的定义和分类

《事业单位财务规则》定义的事业单位资产是指“事业单位依法直接支配的各类经济资源”，“事业单位的资产包括流动资产、固定资产、在建工程、无形资产、对外投资、公共基础设施、政府储备物资、文物文化资产、保障性住房等”。2015 年公布的《政府会计准则——基本准则》第二十七条规定了包括事业单位在内的政府会计主体的资产是指其“过去的经济业务或者事项形成的，由其控制，预期能够产生服务潜力或者带来经济利益流入的经济资源”，并将资产按流动性“分为流动资产和非流动资产，其中流动资产是指预计在 1 年内（含 1 年）耗用或者可以变现的资产，包括货币资金、短期投资、应收及预付款项、存货等；非流动资产是指流动资产以外的资产，包括固定资产、在建工程、无形资产、长期投资、公共基础设施、政府储备资产、文物文化资产、保障性住房和自然资源资产等”。同时《政府会计准则——基本准则》还规定了确认资产的三个条件：“一是符合《政府会计准则——基本准则》第二十七条规定；二是与该经济资源相关的服务潜力很可能实现或者经济利益很可能流入政府会计主体；三是该经济资源的成本或者价值能够可靠地计量。”

《行政事业单位内部控制规范（试行）》第四节“资产控制”中重点强调了对货币资金、实物资产、无形资产及对外投资的控制要求。除此之外，作为流动资产重要组成部分的债权也应当是资产控制的重要内容。很多交通事业单位历史久远，在内部控制规范推行前，由于对外借出款决策与管理不规范、徇私舞弊、项目资金支付审批与核销手续不全、会计核算不当且未及时清理，债权管理相关岗位之间职责不清、机构改革账目不清或经办人员变动未办理交接等原因，造成单位债权情况复杂，呆账、烂账、坏账较多甚至规模较大，这极大地影响了国有资产保值、增值，所以从内部控制的角度进行债权管理势在必行。本节主要从上述五个方面进行阐述。

（二）资产业务环节

1. 货币资金

货币资金指事业单位经济活动过程中处于货币形态的资金，包括库存现金、银行存款、其他货币资金。有学者认为，零余额账户用款额度也属于货币资金的范畴，但是随着我国预算管理一体化改革的推进，这个问题的争论已没有意义。预算管理一体化的重要创新之一是优化国库集中支付流程，实行预算指标直接控制资金支付；完善国库集中支付控制机制和集中校验机制，实行全流程电子支付。事业单位通过预算管理一体化系统申请支付资金，通过单位的上级主管部门及财政部门设定的校验规则校验后，系统自动发送代理银行，通过单位零余额账户办理资金支付。同时，财政部门通过系统直接按预算指标控制每笔资金支付，不需要向代理银行下达零余额账户用款额度。

货币资金是事业单位流动性最强、控制风险最高的资产，其内部控制主要环节有：资金支付与核查，银行账户的开立、变更和撤销。货币资金控制的重点在于支付环节，因为大多数贪污、舞弊、挪用公款等行为与货币资金支付有关。不设库存现金的事业单位，经济活动中不允许现钞流入流出，其货币资金控制范围虽然不包括库存现金，但是应避免由于不设库存现金而形成临时性账外收入的情形。银行账户的开立、变更和撤销涉及权力的运行，往往也是内部控制建设重点关注的环节。

【案例 10-1】

A 局取消库存现金后的控制成效

A 局自 2010 年以来取消现钞交易，不设库存现金。无论是对外经济活动取得的现金收入，还是单位内部职工借支备用金、报销费用等，一律要求通过银行账户结算。从实施效果来看，该单位职工从最开始的不习惯到自觉遵守，单位职工外出办事要么采取银行转账，要么使用公务卡结算。此举对办事效率虽有些影响，但是极大降低了错漏和舞弊行为发生的风险，迄今尚未发生过这方面的违纪违规行为。

2. 实物资产

实物资产也称为有形资产，是事业单位所有的能以货币计量并具有物质形态的资产，是事业单位保障正常运转的最基本的物质基础，一般包括存货和固定资产。存货是指事业单位在开展业务活动及其他活动中为耗用或出售而储存的资产，包括材料、燃料、包装物和低值易耗品，以及未达到固定资产标准的用具、装具、动植物等。固定资产是指使用期限超过一年、单位价值在 1000 元以上并在使用过程中基本保持原有物质形态的资产。单位价值虽未达到规定标准，但是耐用时间在一年以上的大批同类物资，作为固定资产管理。固定资产按使用情况分为在用固定资产和闲置固定资产；固定资产按经济用途分为房屋及建筑物、通用设备、专用设备、文物和陈列品、图书、档案、家具用具装具及动植物；固定资产按经营情况分为非经营性固定资产和经营性固定资产；固定资产按形成来源分为购置、建造、接受捐赠和融资租入的固定资产。实物资产内部控制主要环节在于资产取得、使用（领用、维修）、出租出借、处置（报废报损、出售）等。

交通基础设施资产是交通事业单位特有的实物资产。2018 年 1 月 1 日开始施行的《政府会计准则第 5 号——公共基础设施》规范了公共基础设施的确认、计量和相关信息的披露。该准则所称公共基础设施主要包括市政基础设施、交通基础设施（如公路、航道、港口等）、水利基础设施和其他公共基础设施。2021 年财政部、交通运输部联合印发了《公路资产管理暂行办法》（财资〔2021〕83 号），这是国家政府部门出台的首个关于交通基础设施资产管理的规范性制度，对于公路资产形成和维护管理、基础管理、信息化管理，以及公路资产报告都给出了指导性意见，并要求省级财政部门和交通运输主管部门应当根据规定，结合本地区公路资产管理实际情况，制定具体实施办法并报财政部、交通运输部备案。交通基础设施资产的取得环节主要涉及交通基础设施建设项目竣工后移交给交通事业单位管理维护并入账；使用环节主要为维修维护，往往涉及工程项目管理；处置环节需要根据处置的形式，执行专门的规范性文件。

3. 无形资产

无形资产是指不具有实物形态而能为使用者提供某种权利的资产，包括专利权、商标权、著作权、土地使用权、非专利技术及其他财产权利。交通事业单位常见的无形资产有土地使用权、与其他单位或个人合作开发的软件依照合同约定归属本单位的软件著作权。如 A 局与某软件公司合作开发的公路养护管理支付系统，按合同约定开发成果归 A 局所有，所投入的研发费用构成了单位的无形资产。无形资产内部控制的主要环节在于无形资产的取得与处置。

4. 对外投资

对外投资是指事业单位依法利用货币资金、实物、无形资产等方式向其他单位的投资。由于事业单位不得使用财政拨款及其结余进行对外投资，不得从事股票、期货、基金、企业债券等投资，财政全额拨款的公益一类事业单位对外投资的方式仅限于实物资产和无形资产方式，前提条件是有利于单位事业发展和实现国有资产保值、增值。对外投资无论金额大小都属于“三重一大”事项，必须经过领导集体决策，是风险较高的资产业务。对外投资控制的主要环节有立项、实施与管理、评价与监督。

5. 债权管理

从法学角度来看，《中华人民共和国民法典》第一百一十八条规定：“民事主体依法享有债权。债权是因合同、侵权行为、无因管理、不当得利以及法律的其他规定，权利人请求特定义务人为或者不为一定行为的权利。”从财务管理角度来看，债权是指单位在未来可以收到货币性的权益（如货款、租金、服务收入），以及非货币性的权益（如货物、服务、技术）。从会计核算角度来看，债权包括了各类应收或预付款项。按债权所处的状态分为可回收债权、逾期债权、涉诉债权、可报损债权，不同状态下的债权应采取不同的控制方式。事业单位债权管理对于保障单位资金的安全与完整有着十分重要意义。

二、资产业务控制目标

（一）货币资金控制目标

（1）建立货币资金管理内部控制制度，明确相关岗位职责与权限，与不相容岗位相分离。

（2）库存现金和银行账户管理依法依规，杜绝“小金库”现象。

（3）货币资金支付流程规范，授权审批机制有效运行。

（4）有效执行货币资金核查制度，定期进行库存现金盘点和银行账户余额对账，确保账实相符。

（5）制定章钥分控制度，明确保管人员、保管职责、使用权限、使用管理流程等。

（二）实物资产控制目标

（1）建立实物资产的相关内部控制制度，明确相关岗位职责与权限，不相容岗位相分离。

（2）按资产存量、配置标准、绩效目标和财政承受能力，科学、合理进行实物资产的配置，配置经过审核。

（3）实物资产的取得依法依规、验收符合要求；实物资产领用手续完备，能有效防止领用的随意性；实物资产保管遵循“谁用谁管”原则，保管责任落实到人。

（4）及时登记实物资产卡片和资产账，定期进行固定资产盘点，确保账实相符。

（5）固定资产日常维修保养合理、规范，大修合理性和必要性经过论证。

（6）建立健全实物资产内部调剂或共享共用机制，在充分调剂基础上进行资产配置，确保资产使用效率。

（7）资产出租出借按规定履行报批手续。

（8）实物资产处置方式恰当，处置依法依规，属于“三重一大”事项的经过领导集体决策，应报批的办理报批手续。

（9）入账资产权属明晰，需要办理权属登记的资产及时办理。

（10）贵重资产、危险资产、有保密要求的特殊资产专人管理和使用，限制接触。

（三）无形资产控制目标

（1）无形资产的取得方式科学、合理，重大无形资产的取得经过充分论证，并经过领导集体决策。

（2）无形资产的验收符合取得的目的和使用要求。

（3）无形资产处置方式恰当，处置流程依法依规，属于“三重一大”事项的经过领导集体决策，应报批的办理了报批手续。

（4）无形资产入账计价准确、完整，摊销合理。

（四）对外投资控制目标

（1）明确对外投资项目管理和监督的部门与岗位职责。

（2）对外投资立项经过充分调研并进行了可行性和必要性论证，经过单位领导集体决策，履行了报批程序。

（3）执行投资活动严格遵守合同约定的条件、时间、进度、金额，及时跟踪被投资对象的履约情况。

（4）建立管理台账，全面、准确地反映对外投资的状况。

（5）建立对外投资的后评价机制，发现问题及时提出改进措施和建议。

（五）债权管理控制目标

（1）建立债权管理相关内部控制制度，明确相关岗位职责与权限。

（2）债权形成之前履行了必要的审批手续，依法依规。

（3）建立了债权管理台账，定期进行债权清理。

（4）对债权进行了必要的风险管理。

（5）可报损的债权经领导集体决策后报上级主管部门申请核销，未经批准不予核销。

三、资产业务管理机构和职责

资产业务管理机构主要涉及资产业务管理部门、资产使用和保管部门，以及债权管理相关部门。

（一）资产业务管理部门

1. 资产综合管理部门

资产综合管理部门负责资产综合管理工作，有的单位设置独立的资产管理部门，如A局设有专门的国有资产管理科，有的单位将这部分职能并入后勤部门或其他部门。不管如何设置，资产综合管理部门都应包含以下职责：负责制定资产管理相关内部控制制度；监督、指导本单位和所属单位国有资产配置、使用与保管工作；负责权限内的资产出租出借和处置审核上报或审批；负责资产报表、数据统计与资产信息管理系统等相关信息管理工作；组织开展固定资产的定期盘点；定期与财务部门进行资产账务核对，确保账实相符。

2. 货币资金管理部门

财务部门负责货币资金的归口管理工作，具体包括：对于设有库存现金的事业单位，负责库存现金的日常管理；银行账户开立、变更、撤销及日常管理；负责组织库存现金盘点及银行账户余额核对工作，定期与国有资产管理部门核对资产相关信息，确保账实相符；负责资产相关业务的会计核算工作；组织开展债权清理与跟踪管理。

3. 实物资产管理部门

后勤部门负责本单位实物资产的具体管理工作，包括实物资产的配置或调配、购建、日常维护与大中修、出租出借与处置的申请。

4. 对外投资管理部门

对外投资业务在交通事业单位较少见，一般由财务部门或国有资产管理部门作为归口管理部门，职责包括对外投资立项申请、报批、实施、记录与监督管理。

（二）资产使用和保管部门

资产使用部门通常也是资产保管部门，其职责是在使用过程中确保资产的安全与完整，防止丢失或损毁；及时向资产综合管理部门反映保管或使用资产中出现的问题；配合资产综合管理部门做好资产盘点、清查、报废报损等工作。

（三）债权管理相关部门

1. 债权归口管理部门

债权归口管理部门通常是财务部门，其职责主要包括：负责制定债权管理相关内部控制制度，审核债权形成时的相关手续，组织对债权的清理，制定债权清理实施方案并组织实施；负责对无法收回的债权进行报损。

2. 债权相关业务部门

债权相关业务部门职责包括：在债权形成阶段负责相关支付手续的办理与审核；负责建立本部门的债权管理台账，提出债权清理意见；根据审定的债权清理方案落实应由本部门负责的债权清理工作；配合债权归口管理部门搜集债权报损资料。

四、资产业务权限指引表

资产业务权限指引表见表 10-1。

表 10-1　资产业务权限指引表

权限		业务部门		后勤部门		资产综合管理部门		财务部门		单位领导	领导班子
		经办人	负责人	经办人	负责人	经办人	负责人	经办人	负责人		
货币资金	支付	申请	审核					复核	审核	根据权限审批	“三重一大”事项的集体决策
	银行账户开立与变更	申请	审核					复核	审核		集体决策
	银行账户撤销	申请	审核					复核	审核	审批	
	货币资金核查	监督部门参与				参与		主办	审核	审阅	
实物资产	配置与取得	申请	审核	申请	审核	复核	审核	复核	审核	审批	
	使用与保管	申请	审核	复核	审核					审批	
	资产信息管理					主办	审核	复核	审核	审阅	
	会计核算							主办	审核		
	出租出借与处置			申请	审核	复核	审核		审核	权限内审批或同意报批	“三重一大”事项的集体决策
无形资产	版权和不动产产权证取得	主办	审核	主办	审核	复核	审核	复核	审核	审批	
	使用与保管	申请	审核	申请	审核					审批	
	出租出借与处置	申请	审核	申请	审核					权限内审批或同意报批	“三重一大”事项的集体决策

续表

权限		业务部门		后勤部门		资产综合管理部门		财务部门		单位领导	领导班子
		经办人	负责人	经办人	负责人	经办人	负责人	经办人	负责人		
对外投资	立项与收回					申请	审核	申请	审核		集体决策
债权管理	形成	申请	审核					复核	审核	审批	
	处理	提出	审核					汇总整理	审核	权限内审批或同意报批	“三重一大”事项的集体决策

五、资产业务不相容岗位

资产业务不相容岗位至少包括：货币资金支付申请与审核或审批；货币资金支付办理与会计记录；货币资金的保管、稽核与账目登记；货币资金会计核算与监督检查；银行账户开立、变更与撤销的申请与审核或审批；资产取得相关预算的编制与审核或审批；资产配置申请与审核或审批；资产购置执行与验收；资产处置、出租出借的申请与审批；对外投资可行性论证与决策；对外投资决策与执行；对外投资执行与会计记录、评价监督；对外投资处置与审批；债务清理方案的提出与审核或审批；资产实物账记录与会计账记录；资产盘点与保管。

六、资产业务相关内部控制制度

资产业务相关内部控制制度可以就资产控制的主要环节来制定，如资产配置、使用、处置、出租出借、固定资产盘点等管理制度，也可以就某些较重要或敏感内容制定专项管理规定，如单位银行账户开立变更与销户，以及低值易耗品、公务车、公有住房、建设工程项目的资产管理等。

第二节 资产业务控制流程与风险控制

本节以 A 局为案例，阐述了交通事业单位资产业务控制在各环节的控制流程及其主要风险点与控制措施。

一、货币资金控制

（一）货币资金支付

1. 货币资金支付流程

货币资金支付是支出业务控制的终端，分以下两种情况：

（1）使用网上银行账户（包括零余额账户）支付（A1→D1）

A1 会计将支付凭据交出纳→B1 出纳在网银提交支付申请→C1 会计确认→D1 财务负责人批准。

（2）使用库存现金支付（A2→D2）

A2 会计将支付凭据交出纳→B2 出纳支付现金→C2 领款人签字确认→D2 出纳登记现金日记账。

2. 主要风险点及风险控制矩阵表（见表 10-2）

表 10-2　货币资金支付主要风险点及风险控制矩阵

<table>
<tr><th rowspan="2">控制节点编号</th><th colspan="2">风险点分析</th><th rowspan="2">风险等级</th><th colspan="5">风险类别</th><th colspan="3">控制点分析</th></tr>
<tr><th>编号</th><th>描述</th><th>合法合规</th><th>资产安全</th><th>报告风险</th><th>舞弊</th><th>效率效果</th><th>控制措施</th><th>责任部门</th><th>控制证据</th></tr>
<tr><td>A1</td><td>ZC1</td><td>支付凭据手续不全甚至造假</td><td>高</td><td>√</td><td>√</td><td>√</td><td>√</td><td></td><td rowspan="2">建立支付相关内部控制制度，明确出纳与会计在货币资金支付中的岗位职责；定期对货币资金业务进行核查；加强对财务人员的职业道德教育和业务培训</td><td rowspan="2">财务部门</td><td rowspan="2">支付管理内部控制制度、稽核或检查记录、财务人员培训记录</td></tr>
<tr><td>B2</td><td>ZC2</td><td>现金支付有差错或舞弊</td><td>中</td><td>√</td><td>√</td><td>√</td><td>√</td><td></td></tr>
</table>

【案例 10-2】

某公路路政执法大队会计利用零余额账户贪污

2014–2019 年，A 局所属某县公路路政执法大队会计利用零余额账户非实体货币且年底清零的特性贪污，该会计用虚假发票伪造单位领导签字后自行报销，同时篡改银行对账单，把虚假报销业务从对账单上消除。五年时间里，该会计从零余额账户贪污了 20 多万元财政资金，也骗过了上级主管部门的多次检查。2019 年 A 局组织对所属单位财务检查时，要求检查组从国库集中支付系统调取所属单位零余额账户支出数据，逐一与被检查单位支付凭证核对时才发现该会计的贪污行为。

（二）货币资金核查

货币资金核查包括对库存现金的盘点和银行账户对账单核对。

1. 库存现金盘点流程（A1→D1）

A1 财务部门负责人指定一名会计实施盘点→B1 会计将会计凭证记录与现金日记账核对，现金日记账余额与库存现金核对，核对发现出入应查明原因，编制盘点报告并注明出入原因→C1 财务负责人审核→D1 财务分管领导审阅。

2. 银行对账单核对流程（A2→D2）

A2 每月上旬会计收到银行对账单后逐笔与银行存款日记账核对，有出入的查明原因，属于未达账的编制银行存款余额调节表，属于自身差错的要及时更正→B2 会计核对无误签字确认→C2 财务负责人审核→D2 财务分管领导审阅。

3. 主要风险点及风险控制矩阵（见表 10-3）

表 10-3　货币资金核查主要风险点及风险控制矩阵

控制节点编号	风险点分析		风险等级	风险类别					控制点分析		
	编号	描述		合法合规	资产安全	报告风险	舞弊	效率效果	控制措施	责任部门	控制证据
A2	ZC3	会计利用银行对账单造假、舞弊	中	√	√	√	√		内部监督机构定期对支出情况进行检查，加强对财务人员的职业道德教育	财务部门	内部审计检查报告、财务人员培训记录

【案例 10-3】

A 局强化财政支付平台资金支付管理

A 局为强化财政支付平台资金支付管理，采取如下举措：

（1）内部审计与纪检部门联合突击检查，检查本单位和所属单位财务人员是否按规定管理和使用财政支付证书、银行 U 盾和预留银行印鉴章，每年至少两次。

（2）财务部门负责人每月底必须对本单位财政支付平台当月支付业务进行一次全面检查。

（3）不定期地在财政支付平台上对本单位和所属单位资金支付情况进行重点抽查，全年抽查月份不得少于 6 个月，重点抽查范围包括：对个人账户、本单位实体资金账户转款及“三公”两费、福利费等开支；重大问题或疑点开支；平时内部控制薄弱的所属单位。

检查或抽查发现问题后，立刻要求相关单位报送核查材料或进行实地核查，检查或抽查工作情况进行台账记录，每半年通报一次抽查工作情况。

（三）银行账户开立、变更与撤销

事业单位银行账户按管理方式分为审批类账户和备案类账户。审批类账户包括零余额账户、基本存款账户、非税收入汇缴专户和其他账户。备案类账户主要是党费账户、工会经费账户和其他经财政部门明确为备案类的账户。单位同一类别（用途）的银行账户只能开立一个，不允许多头开立，对不同性质或需要单独核算的资金，通过明细账分账核算。事业单位发生机构更名、办公地址迁移需调整开户银行或开户网点、特殊情况需延长账户使用期限、开户银行原因引起单位银行账户信息变更等情形的需要办理账户变更。事业单位发生机构被撤销、合并或重组，事业单位搬迁需在新驻地开立银行账户，银行账户使用期限到期或不再使用，贷款账户贷款合同期满并还清贷款情形的，银行账户应予以撤销。

1. 流程图及流程描述

（1）银行账户开立、变更与撤销控制流程图（见图 10-1）

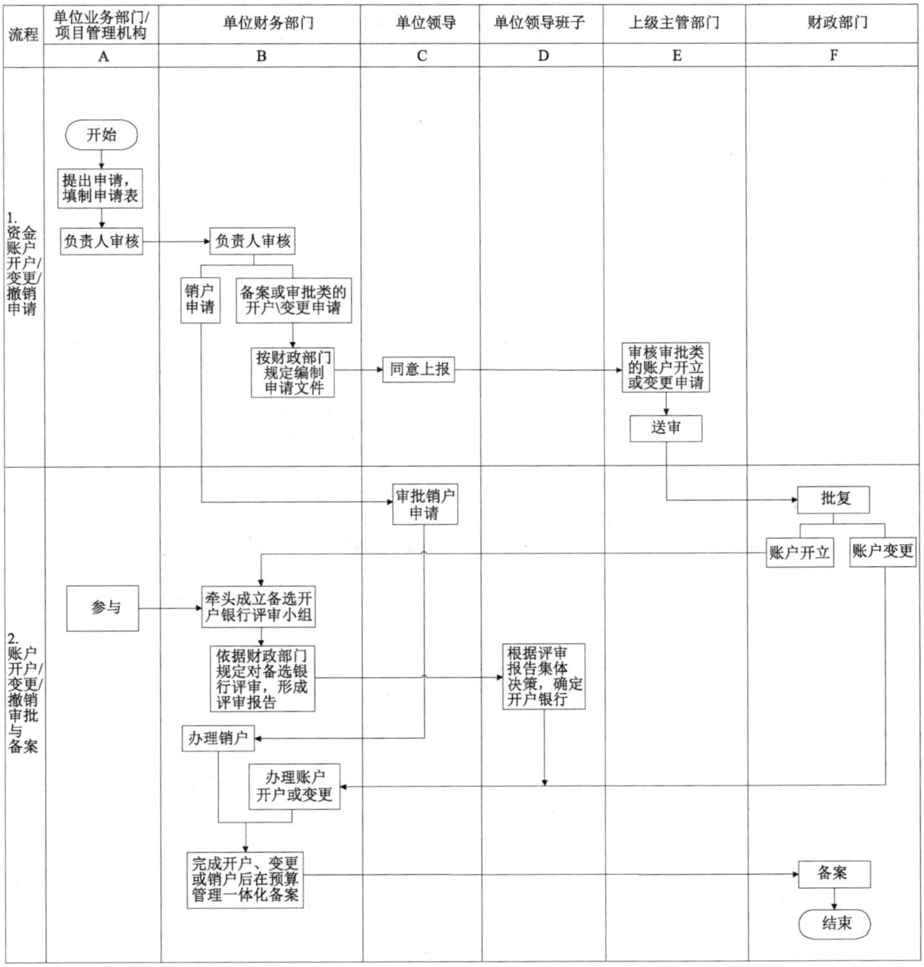

注：每个流程通过后才能进入下一流程，如不通过则返回上一流程或者返回提出申请或发起办理的业务部门，对于不通过的情况不另行绘制。

图 10-1　银行账户开立、变更与撤销控制流程图

（2）银行账户开立、变更与撤销控制流程描述（见表 10-4）

表 10-4 银行账户开立、变更与撤销控制流程描述

流程	节点	流程节点描述
1. 资金账户开立/变更/撤销申请	A1	单位业务部门或项目管理机构提出开立/变更/撤销单位资金账户的申请，填制申请表，部门或机构负责人审核
	B1	单位财务部门负责人审核申请；对于备案或审批类的开户/变更申请按财政部门规定编制申请文件交单位领导；对销户申请审核后转报单位领导
	C1	单位领导同意上报审批类的开户/变更申请文件
	E1	上级主管部门审核审批类账户开户/变更申请后，向财政部门送审
2. 账户开户/变更/撤销审批与备案	F2	财政部门批复审批类账户开立或变更申请；在预算管理一体化平台上对已完成的账户撤销、开户和变更进行备案
	B2	单位财务部门在财政部门批复账户开立申请后牵头成立备选开户银行评审小组；依据财政部门规定对备选银行进行评审，形成评审报告提交领导班子；领导班子集体决策后办理开户手续；在财政部门批复账户变更申请后，办理账户变更；已完成的销户、开户和变更在预算一体化平台上备案
	C2	单位领导审批销户申请
	A2	单位业务部门或项目管理机构参与评审小组工作
	D2	单位领导班子根据评审报告集体决策，确定开户银行

2. 主要风险点及风险控制矩阵（见表 10-5）

表 10-5 银行账户开立、变更与撤销控制主要风险点及风险控制矩阵

控制节点编号	风险点分析		风险等级	风险类别					控制点分析		
	编号	描述		合法合规	资产安全	报告风险	舞弊	效率效果	控制措施	责任部门	控制证据
A1	ZC4	账户开立/变更/撤销理由不充分、材料不齐全	中	√			√	√	建立银行账户开立、变更或撤销内控制度、明确申请的情形和所需材料	业务部门或项目管理机构	开立或变更账户申请表文件、账户管理相关内控制度
B2	ZC5	评审过程不公平、公正	中	√		√	√		明确评审规则，对评审过程进行监督	财务部门	评审报告、监督记录

二、实物资产

交通事业单位的实物资产可以分为生产用实物资产和办公用实物资产。生产用的实物资产主要有生产相关的原材料（如公路养护用的沥青、碎石）、仪器仪表、工具器具、机械设备、生产运输车辆（如公路养护用车），以及生产用房屋建筑物（如公路养护站房）。办公用的实物资产常见有办公用房、办公设备、办公耗材、办公家具器具、公务车、空调等电气设备。办公用的实物资产控制要求比生产用的实物资产控制更为严格、复杂，下面重点对办公用资产控制进行阐述。

（一）实物资产配置

事业单位现有资产无法满足履行职能需要或资产处置后需要更新的可以申请资产配置，资产配置的主要方式有调剂、租用、购置、建设、接受捐赠，等等。资产配置时优先使用调剂的方式。调剂方式优先，确实无法调剂的资产，应当本着控制成本、节约资金、方便使用的原则，对租用、购置、建设等方式进行综合分析和可行性论证，选择最优方式进行配置。

对于生产用的实物资产，事业单位按自身生产需求配置：以购建方式取得的实物资产，编入年度生产性项目预算，在预算年度实施购建；以调拨方式取得的实物资产，按规定办理资产调拨手续。对于办公用的实物资产配置，各省、自治区和直辖市财政部门均出台了针对行政事业单位日常办公场所需资产的配置标准，根据省级编制部门核定的单位内设机构数量和人员编制内实有人数，确定资产配置数量限额。其中规定：办公自动化设备配置价格限额是按照办公自动化要求并参照主流设备市场价格综合确定的；资产更新需要根据资产折旧的相关规定和设备的实际使用年限确定，而且更新时应购买国产、节能、环保产品。总体而言，这些配置标准规范了行政事业单位办公用资产配置的数量、面积、价格的上限及最低使用年限。下面重点阐述事业单位常见的以购置方式配置办公用资产的控制内容。

1. 流程图及流程描述

（1）办公用资产购置控制流程图（见图 10-2）

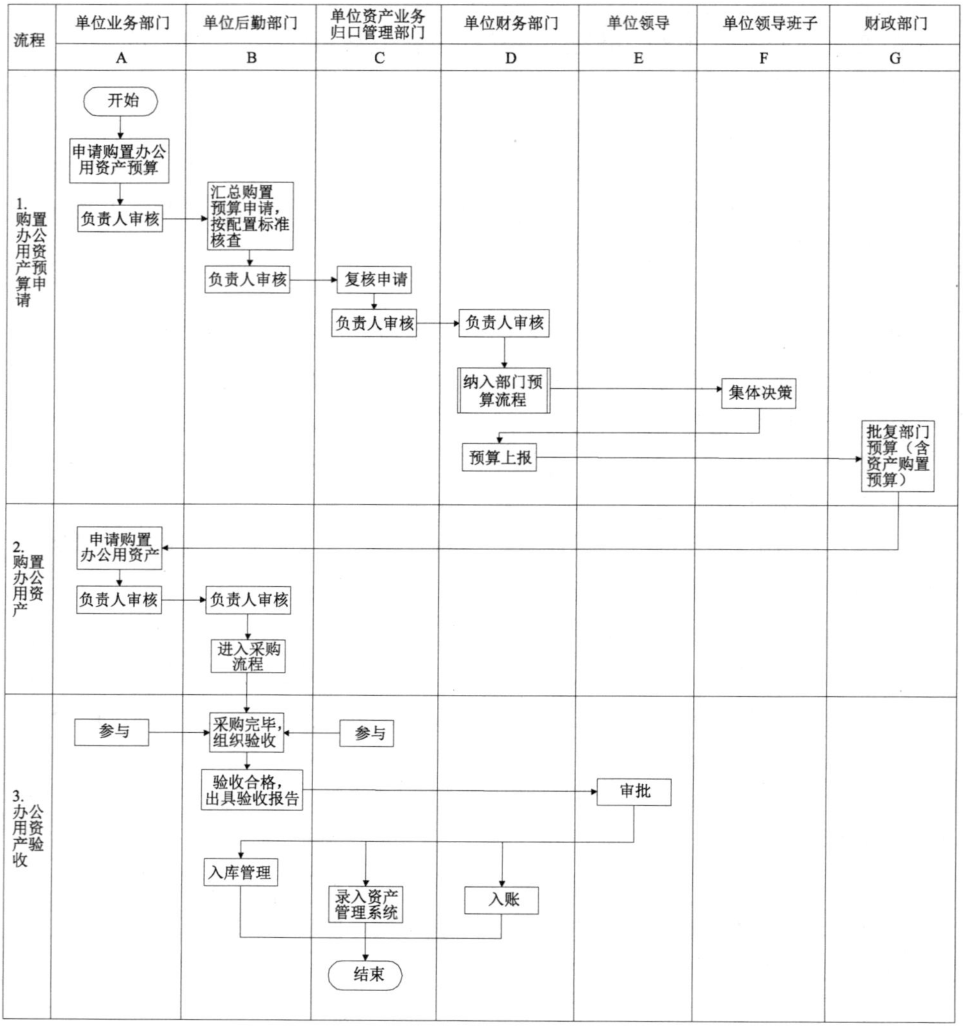

图 10-2　办公用资产购置控制流程图

（2）办公用资产购置控制流程描述（见表 10-6）

表 10-6　办公用资产购置控制流程描述

流程	节点	流程节点描述
1. 购置办公用资产预算申请	A1	单位业务部门申请购置办公用资产预算；负责人审核
	B1	单位后勤部门汇总购置预算申请并按配置标准进行核查，负责人审核
	C1	单位资产业务归口管理部门复核申请，负责人审核
	D1	单位财务部门负责人审核汇总的购置申请，纳入部门预算流程，报领导班子集体决策后上报预算
	F1	领导班子对包含资产购置预算的部门预算进行集体决策
	G1	财政部门批复部门预算（含资产购置预算）
2. 购置办公用资产	A2	单位业务部门申请购置办公用资产，负责人审核
	B2	单位后勤部门负责人审核申请，进入采购流程
3. 办公用资产验收	A3	单位业务部门参与验收
	B3	单位后勤部门购置完毕组织验收，验收合格出具验收报告，报领导审批后入库管理
	C3	单位资产归口管理部门参与验收，将已验收资产信息录入资产管理系统
	D3	单位财务部门将已验收资产入账
	E3	单位领导审批验收报告

2. 主要风险点及风险控制矩阵（见表 10-7）

表 10-7　办公用资产配置控制主要风险点及风险控制矩阵

控制节点编号	风险点分析		风险等级	风险类别					控制点分析		
	编号	描述		合法合规	资产安全	报告风险	舞弊	效率效果	控制措施	责任部门	控制证据
A1	ZC6	超标准申请办公用资产购置，依据和理由不充分，购置方式不符合规定	高	√				√	建立办公用资产购置内部控制制度，明确购置标准、购置方式与要求	业务部门	资产配置相关内部控制制度，配置申请表、资产购置预算批复文件
C1	ZC7	未核查出违规购置办公用资产行为，可以调剂的未采取调剂方式	中	√				√		资产归口管理部门	
C3、D3	ZC8	购置资产入账或录入固定资产管理系统不及时或有差错	中	√	√	√			完善资产验收制度，及时传递验收单据给资产归口管理部门或财务部门，建立资产实物与账务、信息定期稽核机制	资产购置相关业务部门、资产归口管理部门	资产验收相关内控制度，资产账实定期核对或盘点机制

（二）实物资产领用与维修保养

1. 流程图及流程描述

（1）实物资产领用与维修保养控制流程图（见图 10-3）

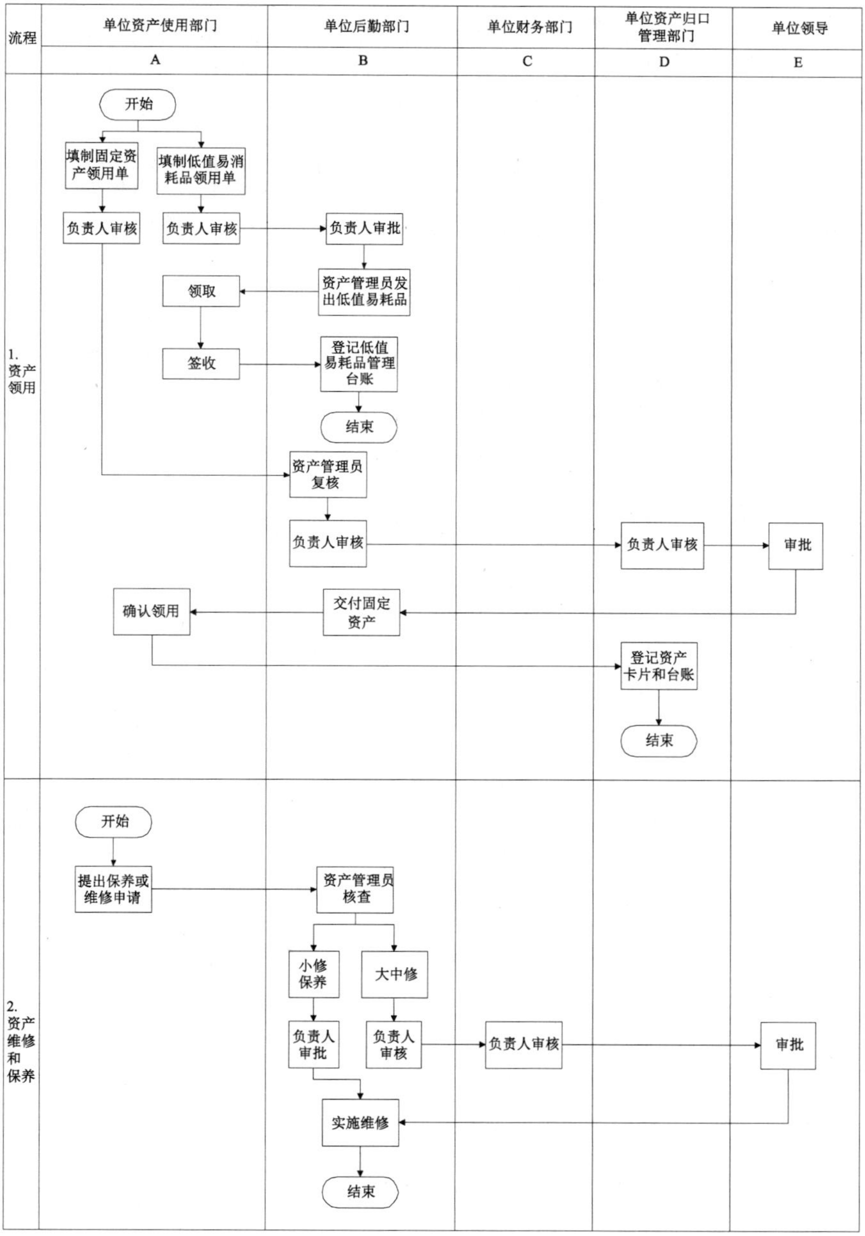

图 10-3　实物资产领用与维修保养控制流程图

（2）实物资产领用与维修保养控制流程描述（见表10-8）

表10-8 实物资产领用与维修保养控制流程描述

流程	节点	流程节点描述
1. 资产领用	A1	单位资产使用部门填制固定资产领用单，负责人审核后转后勤部门，在后勤部门交付固定资产时确认领用；填制低值易耗品领用单，负责人审核后报后勤部门，领取低值易耗品后签收
	B1	单位后勤部门资产管理员复核固定资产领用单，负责人审核后交资产归口管理部门；单位领导审批后向资产使用部门交付固定资产，同时通知资产归口管理部门登记资产卡片和台账；负责人审批低值易耗品领用单后，资产管理员发出低值易耗品，并在使用部门签收后登记低值易耗品管理台账
	D1	单位资产归口管理部门负责人审核固定资产领用单后交单位领导，在固定资产交付给使用部门后登记资产卡片和台账
	E1	单位领导审批固定资产领用单
2. 资产维修和保养	A2	单位资产使用部门提出资产保养或维修申请交后勤部门
	B2	单位后勤部门资产管理员对维修保养申请进行核查，属于小修保养的，负责人审批后实施维修；属于大中修保养的，负责人审核后交财务部门，经单位领导批准后实施维修
	C2	单位财务部门负责人对资产大中修进行审核后，交单位领导
	D2	单位领导审批拟进行的资产大中修

2. 主要风险点及风险控制矩阵

交通事业单位实物资产领用与维修保养风险控制见（表 10-9）。

表 10-9　实物资产领用与维修保养控制主要风险点及风险控制矩阵

控制节点编号	风险点分析		风险等级	风险类别					控制点分析		
	编号	描述		合法合规	资产安全	报告风险	舞弊	效率效果	控制措施	责任部门	控制证据
A1	ZC9	领用资产理由不充分、不合理	中	√	√		√	√	建立资产领用相关内部控制制度，明确领用原则、流程和要求等，严把审核关	资产使用部门	资产领用相关内部控制制度，领用申请审批表等
B1、D1	ZC10	对于不合理或违规的资产领用行为予以审核通过	中	√	√		√	√		后勤、资产归口管理部门	
A2	ZC11	资产使用部门对资产保管不善，操作不当而提出维修申请	中	√			√	√	建立资产日常维护制度，定期检查；现场核查损坏问题，明确责任、追踪问责	资产使用部门	资产日常维护相关内部控制制度、维修记录、维修报批单

（三）实物资产出租出借

1. 流程图及流程描述

（1）实物资产出租出借控制流程图（见图 10-4）

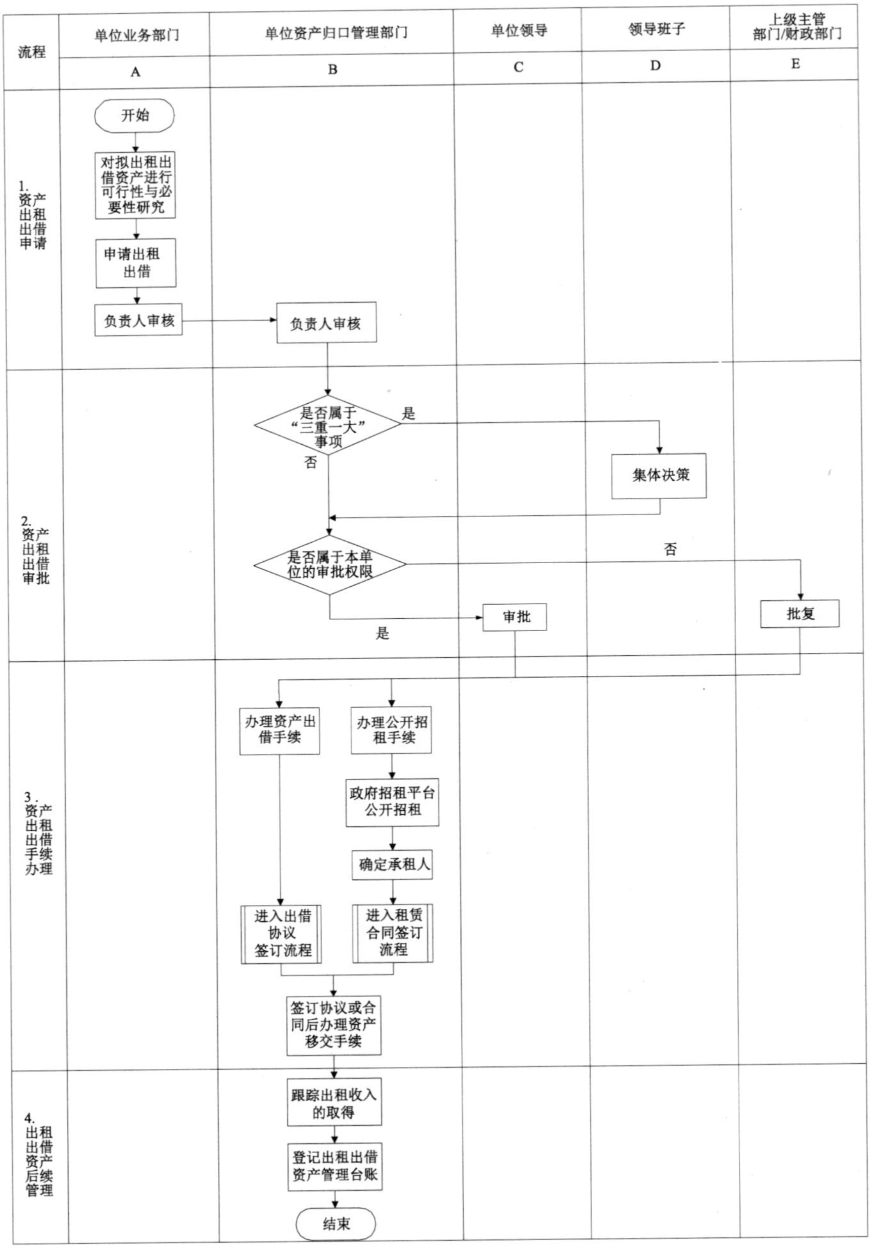

图 10-4　实物资产出租出借控制流程图

（2）实物资产出租出借控制流程描述（见表 10-10）

表 10-10　实物资产出租出借控制流程描述

流程	节点	流程节点描述
1. 资产出租出借申请	A1	单位业务部门对拟出租出借资产进行可行性和必要性研究后申请出租出借实物资产，负责人审核
	B1	单位资产归口管理部门负责人审核出租出借申请
2. 资产出租出借审批	B2	单位资产归口管理部门负责人审核后，出租出借申请是否属于“三重一大”事项，属于“三重一大”事项的交领导班子集体决策；然后按是否属于本单位的审批权限，是则交单位领导审批，否则向上级主管部门/财政部门报批
	C2	单位领导在本单位权限范围内审批出租出借申请
	D2	单位领导班子集体决策属于“三重一大”事项的出租出借申请
	E2	上级主管部门/财政部门审批出租出借申请
3. 资产出租出借手续办理	B3	单位资产归口管理部门在上级主管部门/财政部门审批出租出借申请后，办理资产出借手续，进入出借协议签订流程；办理公开招租手续，在政府招租平台上公开招租确定承租人后，进入租赁合同签订流程；签订协议或合同后办理资产移交手续
4. 出租出借资产后续管理	B4	单位资产归口管理部门跟踪出租收入，登记出租出借资产管理台账

2. 主要风险点及风险控制矩阵（见表 10-11）

表 10-11　实物资产出租出借控制主要风险点及风险控制矩阵

控制节点编号	风险点分析		风险等级	风险类别					控制点分析		
	编号	描述		合法合规	资产安全	报告风险	舞弊	效率效果	控制措施	责任部门	控制证据
A1	ZC12	出租出借事前论证不充分、不合理	中	√	√		√	√	建立健全出租出借相关的内部控制制度，明确事前论证的内容、格式和方法	业务部门	资产出租出借相关内部控制制度、出租出借报批单等
B2	ZC13	出租出借审核把关不严，依据不充分	中	√			√	√	严把审核关，审核论证是否科学合理、资料是否齐全，政策依据是否合规	资产归口管理部门	
B3	ZC14	在政府招租平台上发布的招租信息不规范，发布信息有倾向性	中	√	√		√	√	建立招租信息发布的格式范本，并设置审核岗，对发布信息进行复核	资产归口管理部门	招租信息发布范本

【案例 10-4】

A 局建立出租出借资产台账管理机制

A 局全局（包括本级与所属单位）资产规模巨大，其中房屋建筑物建筑面积近 30 万平方米 。随着城镇一体化的推进，不少闲置的办公用房或养护站房得到了当地政府和生产经营者的关注。2022 年年底，A 局全局出租房屋的面积有 6 万多平方米，年租金收入近千万元。大量的出租业务伴随而来的是一些出租活动不规范甚至出现舞弊行为，以及对租金管理粗放、监管不力等问题。为了加强对出租出借资产的监管，A 局在全局建立了出租出借资产台账管理制度（见表 10-12 和表 10-13），由资产管理归部门口管理并定期核查，财务部门协助，大大降低了国有资产流失的风险。

（四）实物资产处置

交通事业单位实物资产处置有出售、出让、转让、置换、报损、报废、捐赠、无偿调拨（划转），等等。其中常见的有报废、报损、调拨（划转）。调拨一般发生在资产闲置（不需要）、使用频率低、超标准配备或机构改革等情况下。资产处置涉及单位实物资产所有权、占用权、使用权的注销或转移变更，是资产控制中的十分重要的环节。资产处置对于资产对象、内容、审批权限与流程有着严格的制度性和政策性要求，拟定相关的内部控制制度必须在政策许可的范围内。

表 10-12　A 局出租出借资产台账（一）

序号	批准出租出借资产项目					出租/出借	审批单位	批准文件	批准期限	承租/借方名称	合同签订时间	合同有效期限	合同截止时间	是否上报备案	租金		保证金		
	规格、型号	地点	原值（元）	自建/自购/划拨	产权证号										按月（季/年/次）	总金额（元）	金额（元）	到账时间	记账凭证号
1																			
2																			

表 10-13　A 局出租出借资产台账（二）

序号	出租资产项目名称	按月（季/年/次）应收金额（元）	每期应收截止时间	收款			延迟支付催收函是否发出
				金额（元）	到账时间	记账凭证号	
1							
2							
合计							

1. 实物资产报废控制

(1) 流程图及流程描述

交通事业单位实物资产报废控制流程图见图10-5。

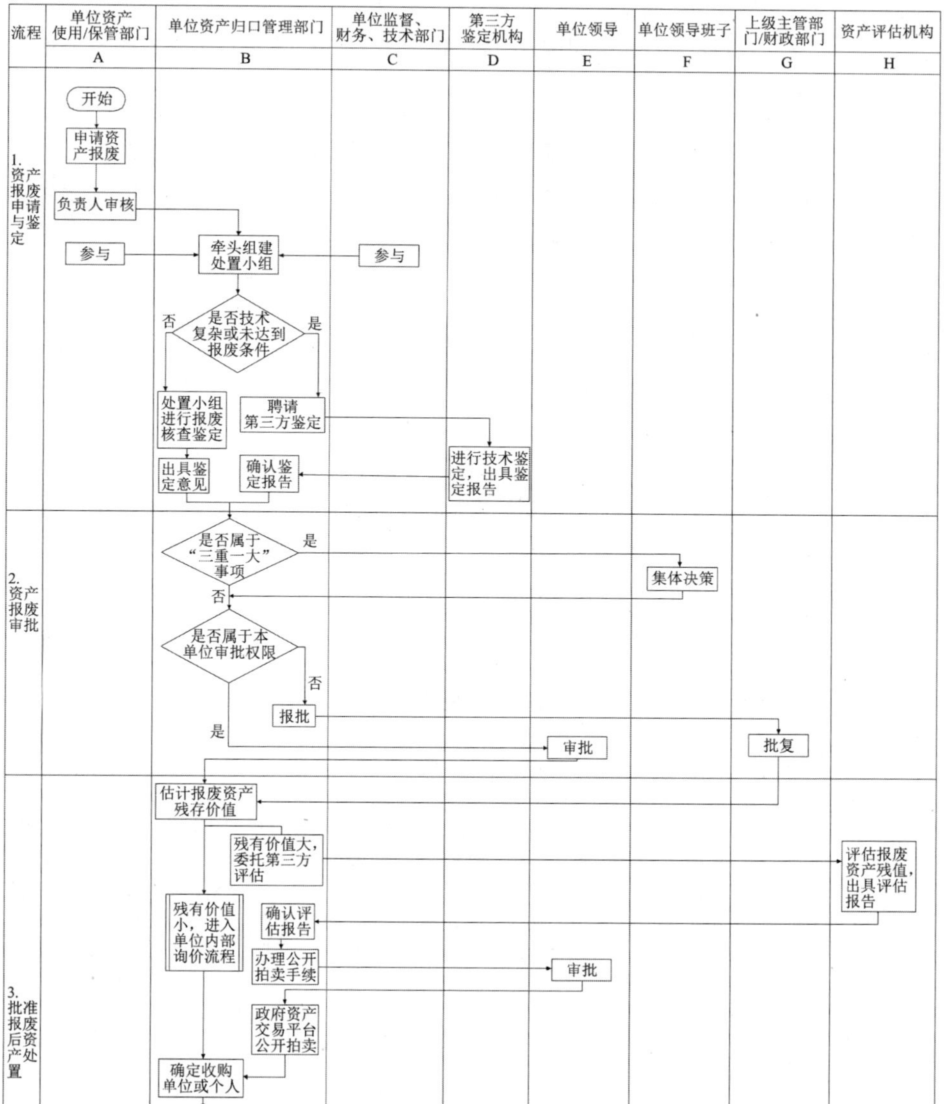

图10-5　实物资产报废控制流程图

交通事业单位实物资产报废控制流程描述见表10-12。

表10-12　实物资产报废控制流程描述

流程	节点	流程节点描述
1. 资产报废申请与鉴定	A1	单位资产使用/保管部门申请资产报废，负责人审核；参与处置小组的工作
	B1	单位资产归口管理部门收到资产报废申请后，牵头组建处置小组；根据申请报废资产是否技术复杂或未达到报废条件，是则聘请第三方鉴定机构鉴定，出具鉴定报告并予以确认鉴定报告；否则由处置小组进行报废核查鉴定，出具鉴定意见
	C1	监督、财务和技术部门参与处置小组工作
	D1	第三方鉴定机构对报废资产进行技术鉴定，出具鉴定报告
2. 资产报废审批	B2	单位资产归口管理部门按资产报废是否属于“三重一大”事项，是则由领导班子集体决策；然后按审批权限是否属于本单位，是则经单位领导审批后处置，否则报批上级主管部门/财政部门批复
	E2	单位领导在权限内审批报废申请
	F2	属于“三重一大”范围的资产报废申请由领导班子集体决策
	G2	上级主管部门/财政部门批复资产报废申请
3. 批准报废后资产处置	B3	报废申请批复后，单位资产归口管理部门估计报废资产残存价值，残存价值小的，进入单位内部询价流程确定收购单位或个人；残存价值较大的委托资产评估机构评估；对评估报告确认后办理公开拍卖手续，报单位领导审批，在政府交易平台公开拍卖确定收购单位或个人。向收购单位或个人交付报废资产后，在资产管理系统核销报废资产
	C3	报废资产处置后财务部门确认收到残值收入；进行相关账务处理
	E3	单位领导审批公开拍卖处置资产
	H3	资产评估机构接受委托评估报废资产残值，出具评估报告

（2）主要风险点及风险控制矩阵（见表 10-13）

表 10-13　实物资产报废控制主要风险点及风险控制矩阵

控制节点编号	风险点分析		风险等级	风险类别					控制点分析		
	编号	描述		合法合规	资产安全	报告风险	舞弊	效率效果	控制措施	责任部门	控制证据
B1	ZC15	报废资产的鉴定意见不恰当，依据不充分；报废资产未满足报废条件	中	√	√	√		√	明确报废资产鉴定所需材料，处置小组成员应有熟悉相关业务的技术骨干参加，鉴定意见经过小组充分讨论	处置小组	资产处置小组成员名单、报废鉴定意见范本及鉴定所需材料清单
B3	ZC16	对于残值较大的报废资产未进行评估或未在政府交易平台上公开拍卖	中	√	√		√	√	建立资产处置相关内部控制制度，明确应进行评估的报废资产范围、类别，明确处置流程；监督部门定期检查资产处置	资产归口管理部门	资产处置相关内部控制制度、监督部门检查报告

2. 实物资产报损控制

资产报损流程与资产报废流程大致相同，主要区别在于报损的审批部门必须是财政部门，单位及单位的行业主管部门均没有审批权限，而且如果资产损失是单位管理不善或职工个人失误等主观原因造成的，报批材料中还应附上对承担损失的单位或个人的责任追究证明。

资产报损主要的风险点在于资产报损不符合政策或制度规定的条件，损失相关证明材料不足，对资产损失负主要责任的个人未追究相应的责任。实物资产报损控制措施主要有：建立资产报损相关的内部控制制度，明确报损的条件、依据及相关证明材料，对于管理失误造成的资产损失应追究相关责任人的责任。

【案例 10-5】

A 局资产在处置内控制度中明确应报上级主管部门审批的处置事项

A 局在制定资产处置相关内控制度时，根据上级主管部门的要求，明确了如下处置事项必须报上级主管部门审批：

① 资产处置单位价值（账面原值，下同）在 5000 万元（含）以上的，或上级认为应该往上报批的重大资产处置事项；

② 土地、房屋建筑物的处置；

③ 货币性资产损失核销及对外投资、担保（抵押）损失处置；

④ 对外捐赠事项；

⑤ 因单位分立、撤销、合并、改制、隶属关系改变等原因发生的资产产权转移；

⑥ 跨本辖区和主管部门、跨级次的国有资产无偿调拨（划转）；

⑦ 按照政府有关标准，未达到规定使用年限或规定行驶里程数的车辆处置；

⑧ 按照政府有关标准，未达到规定使用年限或报废条件，且单位价值在 50 万元（含）以上的构筑物、专用设备处置；

⑨ 按照政府有关标准，未达到规定使用年限或报废条件，且单位价值在 5 万元（含）以上的通用设备、文物和陈列品、图书档案、家具、用具、装具及动植物类等国有资产处置。

3. 实物资产无偿调拨控制

这里的无偿调拨是指行政事业单位之间的无偿调拨。如果行政事业单位向企业划转资产，往往伴随着政府统一部署的行政事业单位所属企业脱钩、改制工作，这类工作政策性、时效性、针对性很强，往往一事一议，所以本书不作探讨。

（1）流程图及流程描述

实物资产无偿调拨控制流程图见图 10-6。

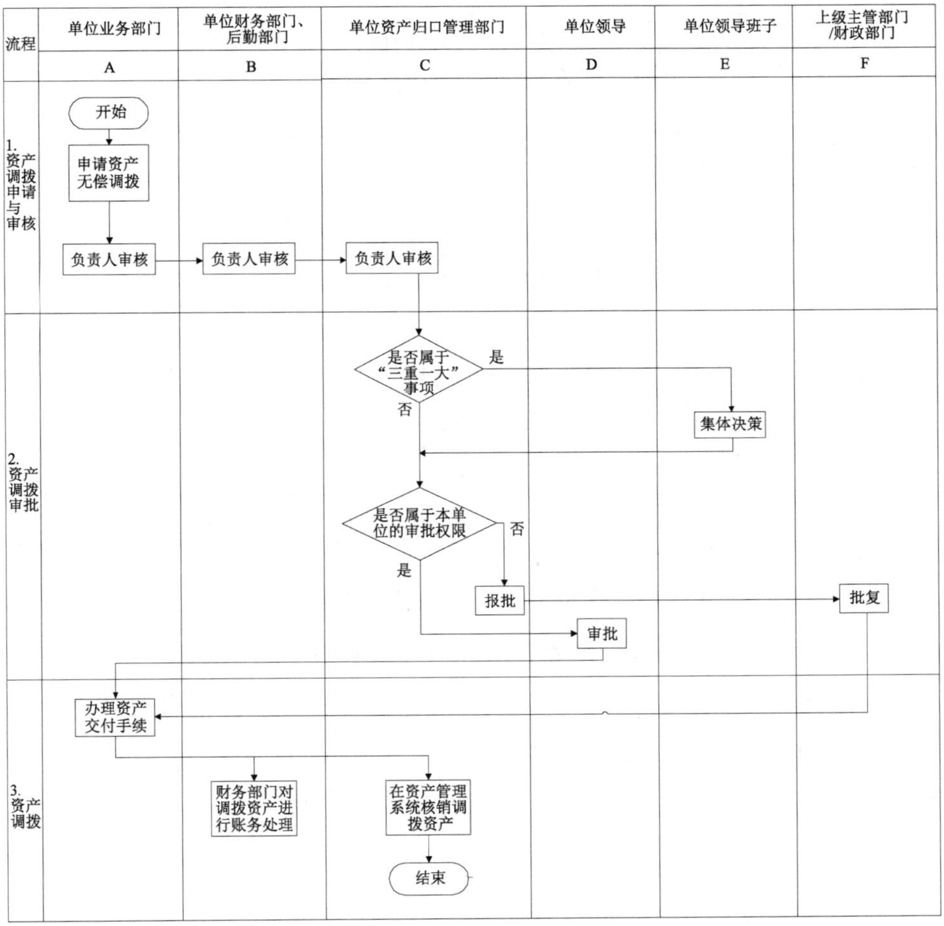

图 10-6　实物资产无偿调拨控制流程图

实物资产无偿调拨控制流程描述见表10-14。

表10-14 实物资产无偿调拨控制流程描述

流程	节点	流程节点描述
1. 资产调拨申请与审核	A1	单位业务部门申请资产无偿调拨，负责人审核
	B1	单位财务部门、后勤部门负责人审核调拨申请
	C1	单位资产归口管理部门负责人审核调拨申请
2. 调拨审批	C2	单位资产归口管理部门按是否属于“三重一大”事项，是则由领导班子集体决策；然后按是否属于本单位审批权限，是则由单位领导审批，否则报批
	D2	单位领导在权限内审批调拨申请
	E2	属于“三重一大”事项的资产调拨由领导班子集体决策
	F2	上级主管部门/财政部门批复资产调拨
3. 调拨	A3	审批或批复后，单位业务部门办理资产交付手续
	B3	单位财务部门对调拨资产进行账务处理
	C3	单位资产归口管理部门在资产管理系统核销调拨资产

（2）主要风险点及风险控制矩阵（见表10-15）

表10-15 实物资产无偿调拨控制主要风险点及风险控制矩阵

控制节点编号	风险点分析		风险等级	风险类别					控制点分析		
	编号	描述		合法合规	资产安全	报告风险	舞弊	效率效果	控制措施	责任部门	控制证据
A1	ZC17	申请资产调拨理由不充分，对于调拨后的不利影响考虑不足	中			√		√	对调拨资产的必要性与可行性进行充足调研，进行利弊分析	业务部门	资产调拨可行性报告
C2	ZC18	应报批的调拨申请未办理报批	中	√				√	建立资产调拨相关内部控制制度，明确应报批的调拨资产范围、类别和调拨流程	资产归口管理部门	资产调拨相关内部控制制度

【案例 10-6】

A 局建立大中型机械设备共享平台，实现资产合理调拨

随着普通国省干线公路养护市场化的逐步推行，A 局所属的县级公路局出现了市场化程度较高甚至全面市场化的单位，原先配置的大中型压路机、装载机、挖掘机、洒油车，以及沥青搅拌站、摊铺机等大中型机械设备出现了闲置现象；部分市场化程度低的县级公路局随着养护任务日益繁重而出现了机械设备不足的问题，向 A 局申请预算购买设备。为此，A 局国有资产管理科利用微信小程序搭建了闲置资产共享平台，要求各县级公路局把闲置的固定资产（不限于机械设备）详细信息在平台上公告，供其他单位选择，然后根据意向双方进行资产调拨。这个举措实行后起到了良好效果，既能较快地解决需求方的资产需求，节约了预算资金，又减少了资产闲置与维护的工作量。

4. 实物资产出售控制

资产出售的流程与资产出租的流程相似，两者都需要中介机构对交易价格进行评估，都需要按审批权限需要报上级主管部门批准的必须报批，最终在政府交易平台上公开交易。主要区别在于资产出售涉及产权转移，而资产出租不涉及产权转移，因此资产出售完成后，财务部门需要进行资产减少的账务处理，资产归口管理部门需要在资产管理系统里注销出售资产信息。资产出售的主要风险点与控制措施与资产出租出借相似。

5. 实物资产置换控制

资产置换多发生于政府征地拆迁过程中单位的房屋被征用，而政府同意另行安排房屋进行安置的情况。这类置换通常需要政府征拆部门向单位提出申请，附上征拆证明材料、与单位草签的置换协议等，经单位领导集体决策后向上级主管部门/财政部门报批，批复后置换协议才正式生效。资产置换完成后，资产归口管理部门需要做资产管理信息调整，财务部门做账务处理。资产置换的主要风险点在于资产置换方案不一定能满足单位需求，不一定合理，因此资产归口管理部门需要审慎地对置换方案提出意见或建议，积极与置换方协调沟通，达成共识。

（五）特殊实物资产的管理

某些实物资产在经济活动中具有特殊性，一般不适用以上控制流程或控制方法，这时候需要结合实际情况制定专门的内部控制制度或流程，比如印章管理、公务车管理、公有住房管理，下面就印章管理和公务车管理为例进行阐述。

1. 印章管理控制

单位印章包括：行政公章、党委公章、纪委公章、法定代表人印鉴、财务相关印章及机关各职能部门印章。印章管理控制包括印章的刻制、保管与使用控制三项内容。印章刻制控制流程为业务部门根据相关文件或工作需要提出并填写印章刻制审批表，报经分管领导、主管领导或上级党委同意，由办公室出具刻章证明，后勤部门负责到公安机关相关部门办理刻制手续。此业务流程主要风险点在于对于印章刻制必要性的审核或审批。

印章的使用流程为：业务部门经办人填制用印审批单，说明需用印的事项、用印时间、用印次数等信息，部门负责人根据权限签批或审核后报单位领导签批，印章保管人凭签批后的用印审批单用印，同时用印人在用印登记簿上登记相关信息，用印人和保管人需要同时签名。印章内部控制主要风险点在于用印审批流程未履行完毕印章保管人就给予用印，一旦业务事项有错弊，可能导致不良后果。

印章内部控制的主要措施有：

（1）建立完善印章管理内部控制制度，明确用印流程，以及各岗位和部门负责人在印章管理中的工作职责。

（2）建立印章保管和使用责任追究机制。

（3）严格印章保管控制。各类印章按照印章用途由相关责任部门分类保管，如行政公章由办公室负责保管、财务相关印章和印鉴由财务科负责保管、各科室印章由各科室部门负责保管；各部门各科室均设专人保管印章，印章存取与使用须由保管人员亲自经手，非保管人未经印章保管人同意不得私自取用印章；印章保管必须安全可靠，加锁保存；严禁将印章独立带离单位，用印人如需携带印章外出办事使用，须经印章保管部门负责人同意，且由印章保管人一同前往。

2. 公务车管理控制

公务车辆是指单位拥有的用于履行公务的机动车辆。公车腐败一直都是领导干部“四风”问题的重灾区，部分领导干部将“公车私用”当作一种福利和政治待遇。要治理公车腐败问题，得从健全和完善公车制度入手，确保公车在制度中安全运行。下面结合 A 局机关公务车管理实践，阐述公务车管理控制流程及控制措施。

（1）车辆归口管理部门及相关岗位职责

后勤部门为单位机关车辆使用管理责任部门，负责机关公务车辆日常调度、维修保养、年检、档案管理、公务车使用登记和公示等工作。后勤部门应设车辆管理员岗，具体负责公务车辆的日常管理事务，包括：对驾驶员的日常管理和安全教育；日常车辆调度使用安排；公务车的年检、购买车辆保险；车辆的维修保养管理；车辆使用涉及的油费、维修费、车辆保险费、停车费、过路费过桥费等费用的审核；公务车使用登记和公示；办理车辆相关的政府采购定点供应商合同签订事宜；处理公务车涉及的安全事故和突发事件。公务车驾驶员配备实行专车专人管理使用，非专职司机不得驾驶公务车。

（2）公务车出行申请及审批流程

公务车派车以厉行节约为原则，同一事项、同一时间段、同一目的地不重复派车。公务车出行由用车业务部门填制《公务用车申请单》（见表 10-15），向后勤部门提出用车申请，车辆管理员负责安排，如需离开单位管理辖区用车，须经后勤部门负责人签字同意后方可派车。节假日或周末临时紧急用车，由用车部门负责人提出申请，报单位领导同意后再予以派车。用车应按审批的内容进行，一般不得随意更改，如确需改变，视情况缓急进行事前请示或事后说明。

表 10-15　公务用车申请单（示例）

<table>
<tr><td>申请用车部门</td><td></td><td>申请科室负责人意见</td><td></td></tr>
<tr><td>事由</td><td colspan="3"></td></tr>
<tr><td>行程</td><td colspan="3"></td></tr>
<tr><td>时间</td><td colspan="3">年　　月　　日至　　　年　　月　　日</td></tr>
<tr><td>车辆安排</td><td colspan="3">车牌号：　　　　　　　　　司机：</td></tr>
<tr><td colspan="2">车辆管理员意见

签字：　　　年　　月　　日</td><td colspan="2">后勤部门负责人意见（辖区外用车）

签字：　　　年　　月　　日</td></tr>
</table>

（3）公务车停放管理

公务车按“一车一位”停放管理，停放在单位停车场的固定车位上，严禁私自将车辆停回家中。节假日、双休日期间，所有公务车辆必须按规定集中停放在单位停车场，驾驶员将车钥匙（值班、维修车辆除外）交由车辆管理员统一保管，并在《节假日、双休日公务车停放及车钥匙保管登记表》（见表 10-16）上签字，履行车钥匙存放、领取登记手续。凡连续放假 3 天（含）以上的节假日，由纪检监察室、后勤部门的相关人员检查车辆集中停放、车钥匙统一保管情况，并在上述登记表上对检查情况签字确认。值班车辆钥匙存放在 24 小时坐班值班室，紧急用车时，值班驾驶员到值班室向值班人员领取车辆钥匙。

表 10-16　节假日、双休日公务车停放及钥匙保管登记表（示例）

序号	车牌号码	车辆停放地点	交钥匙司机签名	交钥匙时间	领钥匙司机签名	领钥匙时间	备注
				年　月　日		年　月　日	
				年　月　日		年　月　日	
	…			…		…	
纪检监察室检查人员签字： （连续放假3天（含）以上的节假日）				后勤部门检查人员签字：			

（4）公务车用油及ETC过路费支付卡管理

如无特殊情况，公务车辆用油应到政府采购定点加油站加油。公务车辆加油卡和车辆ETC过路费支付卡管理均实行“专车专卡”，由车辆管理员统一充值、统一安排和分配数额。公务车驾驶员应使用加油卡进行加油，不得将加油卡借给他人使用。

（5）车辆维修保养与保险管理

公务车辆维修保养由后勤部门统一与政府采购定点维修单位签订协议。车辆需进厂维修、保养时，由驾驶员先到定点维修单位进行故障检查，再根据定点维修单位出具的预算清单填写《公务车维修保养报修单》（见表10-17），经车辆管理员审核同意后方可到定点维修单位进行维修、保养。到驻地外出差发生车辆损坏必须就地维修的，应立即电话请示车辆管理员（随车人员证明），经后勤部门负责人同意后，由车辆管理员与定点维修单位联系，协调处理。公务车辆保险由后勤部门在“政采云”平台上从政府采购定点的保险公司购买。

表 10-17　公务车维修保养报修单（示例）

车牌号	报修驾驶员（签字）
定点维修单位	
维修项目	
维修金额（元）	
车辆管理员审核意见	签字：　　　　年　　月　　日
后勤部门负责人意见	
	签字：　　　　年　　月　　日

（6）公务车购置及报废

后勤部门和国有资产管理部门根据本单位公务车配备更新标准和现状，编制下一年度公务车配备更新计划，报上级有关部门批准。公务车购置之前必须先办理车辆定编证，再进行政府采购计划报备，采购时应执行车辆政府采购的相关规定。达到报废条件的公务车，后勤部门按照国有资产处置流程申请报废，经批准后联系有资质的回收公司处置。

（7）公务车档案管理及使用登记

公务车档案管理实行“一车一档案”。后勤部门负责给机关公务车辆建档与保存，定期记录每辆车行驶里程、通行费、停车费、用油及维修保养费用等信息。每月10号以前将上月每台公务车辆使用情况汇总登记在《公务车月度核算登记表》上，在机关OA办公系统上公示。

三、对外投资

事业单位对外投资有两个主要目的，一是在国有资产保值基础上获得一定的增值，二是充分利用闲置资产实现资产有效利用。根据财政部《关于进一步规范和加强行政事业单位国有资产管理的指导意见》（财资〔2015〕90号），事业单位的对外投资不能使用财政性资金，只能使用非货币性资产（如土地使用权、房屋建筑物）进行对外投资。因此，此项业务一旦失控，通常会造成较大的国有资产损失，甚至会产生舞弊问题或失职渎职、“不作为、慢作为、乱作为”等作风问题。因此，严格对外投资控制是确保国有资产保值增值的一项重要内容。对外投资控制的主要环节有立项、实施与管理、监督与评价。

（一）对外投资立项

1. 确定对外投资意向

对外投资意向的提出有两种情况：一是根据本单位发展战略和管理需要，主动在市场上寻求外部合作；二是投资方了解到单位资产状况如闲置的土地房屋、拥有某些专利或技术等，结合其自身经营管理需要，主动寻求与单位合作。确定对外投资意向时，需要单位主要领导对投资意向的初步认可，对下一步工作进行统一部署，从相关业务部门抽调骨干组建专门工作组。

2. 形成可行性研究与投资方案

确定对外投资意向后，工作组应对单位资产现状、市场、合作方基本情况、相关法律法规、政策文件进行充分调研，形成初步的投资方案，再对投资方案进行技术、经济和风险分析，形成可行性研究报告。如果有必要，工作组可以邀请专家参与投资项目评估与论证。

3. 投资的非货币资产评估

对于拟投资的非货币资产，应委托有资质的社会中介机构进行评估，形成评估报告。事业单位资产归口管理部门会同财务部门对评估报告进行审核，确认评估的方式方法与结论恰当、合理。

4. 领导班子集体决策

对外投资属于“三重一大”事项范畴的，应当由领导班子集体决策，详细记录决策过程，尤其应记录不同意见。

5. 向上级主管部门/财政部门报批

事业单位应整理可行性研究报告、投资方案、领导班子会议纪要等资料，形成请示文件向上级主管部门报批。经行业主管部门审核后，由财政部门审批。未经审批事业单位不得擅自进行投资活动。财政部门下达批复文件后，对外投资项目正式立项。

（二）对外投资实施与管理

1. 投资协议的签订

对外投资立项后，应与投资方草拟投资协议，明确投资内容、进度、金额和方式，以及双方权利义务等，然后进入合同管理流程。在此期间，可以聘请法律顾问或专家为投资协议签订提供咨询服务。

2. 对外投资跟踪管理

事业单位应明确对外投资归口管理部门及相关岗位职责，建立健全对外投资业务内部控制制度，明确对外投资业务流程，对投资项目进行跟踪管理，跟踪项目的经营管理状况、项目效益及投资风险，发现异常情况及时向本单位领导层和上级主管部门报告，采取必要措施。

3. 对外投资收益管理

单位应按投资协议或投资收益方案及时、足额取得投资收益，取得的投资收益按规定应上缴财政部门的必须足额上缴。

4. 对外投资财务管理

对外投资价值及其变动、投资收益、处置的会计核算都应通过投资类会计科目进行全面、及时、准确的记录，所有投资事项都要在财务会计报告和国有资产年度报告中单独披露。投资归口管理部门可以设置对外投资台账，明细登记投资项目的相关信息。投资收益实行“收支两条线”管理，纳入财政预算后才能安排使用。

5. 对外投资处置

对外投资处置方式包括转让、清算与回收等，无论哪种处置方式，都需要经过领导班子集体决策，并报上级主管部门和财政部门审批。其中，采用转让方式时，事先应经过有资质中介机构评估确定评估价，在政府交易平台上以评估价为底价公开挂牌交易。清算方式下的清算方案是内部控制的重点，应全面分析投资项目的经营状况、财务状况和人员安排等信息，对清算方案进行审核决策，按照规定的清算程序及回收交割凭据及时回收投资。

6. 投资的权益证书管理

事业单位应指定投资管理部门的专人保管对外投资的权益证书，明确保管人的职责，完善权益证书的存取和保管手续。

（三）对外投资评价与监督

1. 对外投资评价

对外投资实施或处置完成后，应组织进行投资后评价或总体评价，评价投资社会效益和经济效益并形成评价报告，作为单位工作绩效的考评依据及投资重大失误时的责任追究依据。对外投资评价中还应反映投资内部控制中存在的问题或缺陷，并提出改进意见或建议。

2. 对外投资监督检查

事业单位应建立健全对外投资业务的监督检查机制，明确负责监督检查的部门或人员，定期进行监督检查。监督检查的重点内容有：

（1）立项阶段，检查立项是否经过了领导集体决策；决策过程记录是否完备、资料是否齐全；是否报上级主管部门审批。

（2）实施和管理阶段，是否按照上级主管部门批复意见组织实施；投资权益证书和相关文件资料保管与登记是否规范；投资收益是否及时、足额收取并按时上缴财政部门；会计核算是否准确、及时、恰当，记录依据是否充分。

（3）处置阶段，处置过程是否依法依规，是否经过领导班子集体决策，是否报上级主管部门审批；投资回收是否及时、完整；是否整改、解决了以前发现的问题或隐患。

四、无形资产

无形资产业务相关的控制流程、内容及控制措施与实物资产的基本相似，这里不再重复。值得注意的是无形资产取得方式中的自行研发，研发完毕后研发部门应组织验收，验收通过后方可作为无形资产入账管理，其成本包括自该项目进入开发阶段后至达到预定用途前所发生的支出总额。若研发失败，应作为当期费用。对于购买、置换、支付土地出让金等方式取得的土地使用权，应纳入无形资产范畴，尽快办理产权登记手续，取得土地使用权证，确保土地使用权产权明晰。

无形资产使用过程中应注意保全范围和措施，特别是涉及专利或专有技术、研发成果，可以申请知识产权保护的应申请保护；与他人合作研发，但研发成果归单位所有的应在合同条款中明确，并对合作方规定泄露、擅自转让或出售成果等违约责任。对于重要技术资料和文件，应派专人保管并限制接触，做好接触记录。无形资产的会计核算与实物资产有所区别，应按照《政府会计准则第 4 号——无形资产》执行。

五、债权管理

债权管理控制主要有两项内容：一是新形成债权的管理；二是历史债权的清理。

(一) 新形成债权的管理

新形成债权是在合同执行中或单位职工办理业务过程当中形成的。形成过程主要涉及合同、采购和建设项目业务层面的控制流程，这里不再重复。在债权形成的前期、形成及后期阶段的主要风险点及控制措施如下。

1. 债权形成前期

债权形成前期主要风险点在于对履约方资格和履约能力的把控。如果履约方履约资格和能力不足，将有较大的风险形成不良债权，特别是交通事业单位涉及的工程项目较多，在政府采购环节就应当谨慎地开展招投标活动，确保项目中标人信誉良好且有较好的履约能力。在合同签订阶段，业务、法务、财务等部门应对合同进行联合审核，确保合同条款齐全、内容规范，特别是对合同标的、价款结算的方式及时间、违约责任、质保金、质保期等必须做出明确约定，做到权责对等，公平公正。

2. 债权形成

债权形成阶段的主要风险点是支出的审核审批能否严格执行相应业务层面的内部控制制度。除了要建立健全支出相关的内部控制制度外，还应建立借出款控制机制，明确借出款适用对象、范围、决策或审批权限、责任部门和相关控制措施等并有效执行。严把支出审核审批关口，明确岗位职责，不相容的岗位相分离。

3. 债权形成后期

债权形成后期主要风险点在于能否及时跟踪债权回收情况，对于出现回收风险的债权能否及时采取相应措施。财务部门应每年至少一次对新形成的债权关系进行梳理，如有必要可以对债务人发出确认函以核对债权余额，责任部门应对债权产生原因进行分析，提出下一步处理意见；财务部门汇总整理后形成情况报告，交单位领导审阅；单位领导审阅后认为需要对债权关系做进一步工作布置的，召集相关业务部门布置落实。

(二) 历史债权的清理

历史债权是事业单位在之前年度经济活动中形成、一直在财务账目上挂账至今的债权关系。其特点是形成时间久远、金额较大、情况复杂、清理较困难，形成原因主要有以下几点：一是原领导任职期间形成的，新任职领导不愿意花时间和精力去追索，即所谓“新官不理旧账”；二是岗位调整时，债权关系的成因及后续如何处理等事项未移交给新接手的人员，导致无人负责；三是业务部门档案管理不当，相关资料缺失；四是财务部门对于挂账未及时催收或催办；五是某些工程项目预付或借支工程款给施工方，而施工方因各种原因一直未结算；六是与上级主管部门或本行业内其他单位往来资金未及时核对，挂单边账，导致应销而未销账；七是以前财务管理不规范，账务处理不及时，应转收转支的未结转；八是账务处理错误，财务人员错误处理涉及往来的经济事项且一直未发现；九是政策原因或上级主管部门要求等原因导致挂账。

清理历史债权是一项艰巨的工作，事业单位成立清理小组，由单位领导任组长，财务、内部审计、法务及其他相关业务部门业务骨干作为成员。清理小组应充分调查并详细分析每项债权的成因、评价债权回收或核销的可行性、风险因素及清理难点，提出具有可操作性的意见和建议，形成清理方案，经单位领导班子集体决策后，清算小组组织相关业务部门落实。需要核销的债权，应按照财政部门资产清查规定的账务核销条件和程序，报财政部门批准。清理历史债权的主要风险点在于债权清理方案是否科学、合理、可行，是否能真正得到落实，控制措施如下。

1. 明确责任部门和责任岗位

按照“谁经办，谁负责”的原则，债权业务经办部门是债权管理的责任主体，部门负责人是债权管理的直接负责人，部门内债权业务经办人是债权管理的直接责任人。业务部门内设专人登记债权管理台账，跟踪债权的履约状况并及时将不正常的债权情况向负责人汇报。财务部门应设置专人负责债权清理，对债权明细进行账龄分析，厘清债权形成的原因及其责任部门，提出清理意见和建议，提醒责任部门履行职责。

2. 建立债权管理台账

建立债权管理台账，录入债权相关信息，如挂账时间、挂账金额、形成原因、责任部门、债权清收情况、存在的主要问题、下一步清收措施等，定期形成报告，提交相关业务部门和单位领导。

3. 规范债权会计核算

严格按照政府会计准则核算，加强对债权形成原始单据真实、完整和有效性的审核。执行年末对账确认制度，在年终联系债务人核对债权金额。对于重要债务人，还应去函进行书面签认，发现不一致的地方，逐项核对直至查明原因。

4. 采取个性化的清收措施

针对不同的债权情况，明确每笔债权清收措施和目标，压实清收责任。对于逾期时间不长的债权，通过发放催收通知、致电协调等方式督促债务人还款；对于愿意分期还款的债务人，应要求对方提供偿债计划及偿债担保；对于金额较大，债务人长期拖欠又拒绝偿还的，应通过法律诉讼途径解决；对涉诉债权，要根据法院、仲裁机构生效法律文书确定的债权积极主动地向债务人清收，密切关注债权回收情况，一旦发现债务人意图拖延、逃避偿还欠款，立即申请强制执行。对于内部职工拖延不处理所经办挂账的，可以采取提醒谈话、内部公示、暂缓发放奖励等方式促使内部职工尽快处理。

5. 建立考核机制，落实责任追究制

定期通报债权清收完成进度，对于债权清收组织有力、措施得当的部门和个人，予以表扬或奖励。对于不作为、慢作为等清收不力的部门和人员，督促整改。属于新增债权风险的，应查明原因，对构成损失的债权开展责任分析，需要分清责任主体，严肃追责。

第十一章

内部控制风险评估

对经济活动风险进行防范和管控是事业单位内部控制建设的主要任务之一。事业单位的风险评估机制能否有效发挥作用，直接影响到内部控制管理水平高低。通过风险评估，发现权力集中领域（如财政资金分配与使用、国有资产利用、工程项目建设、大额采购等）在业务流程中存在的薄弱环节或问题，有助于单位建立起事先、事中和事后的纠错和防控机制，确保单位事业目标的顺利实现。

第一节 风险及风险评估概述

一、风险的定义和分类

风险是未来的不确定性对单位发展目标的影响，这种不确定性影响既有正面的，也有负面的，本书讨论的是负面影响。按照不同的标准，风险有不同的分类，其中与内部控制相关的主要有以下几种。

按风险程度，分为轻度风险、中度风险和高度风险。轻度风险的风险程度较低，一般不会对单位发展目标产生明显影响；中度风险的风险程度比轻度风险高，但尚未达到较高或极高的程度，对单位发展目标有一定的影响；高度风险的风险程度为较高或极高，对单位的发展目标产生较大或重大影响，需要一段时间才能恢复正常的工作秩序。

按风险是否可控，分为可控风险和不可控风险。可控风险是指单位通过采取一定措施，将风险控制在可接受的范围内。不可控风险主要指由自然、客观等因素构成的风险，单位对这种风险的形成和条件认识不清或无法改变，没有控制力。

按风险是否可承受，分为可接受风险和不可接受风险。通过分析风险对单位自身经济条件、经济管理活动和目标实现等方面的负面影响，确定风险是否在最大容忍限度内，如果在限度内则为可接受风险，超出限度为不可接受风险。

按风险的来源，分为外部风险和内部风险。外部风险来源于单位的外部环境，为外部环境变化对单位内部控制目标的影响，如法律法规风险、地理和自然环境风险、灾害风险等。内部风险来源于单位内部经济管理活动，涉及各个业务部门和业务流程。

按行政事业单位内部控制建设要求，分为单位层面风险和业务层面风险。单位层面风险主要有内部控制建设组织架构控制风险、工作机制控制风险、关键岗位控制风险、关键人员控制风险、会计控制系统风险、内部控制信息化系统控制风险。业务层面风险主要包括预算管理风险、收支管理风险、采购管理风险、国有资产管理风险、合同管理风险、建设项目管理风险。

二、内部控制风险评估定义及内容

单位内部控制风险评估是通过甄别和系统分析某个事物或事件对单位内部控制目标相关的风险，并确定风险应对策略，以降低风险可能带来的负面影响的过程。它从单位层面和业务层面角度，对重点业务领域和重要事项发生偏离控制目标的不确定性及其影响程度进行评估，着力防范较大的不利风险。按照内部控制建设规范要求，风险评估分为单位层面风险评估和业务层面风险评估：单位层面风险评估主要包括内部控制工作组织情况、内部控制机制建设情况、内部控制制度完善情况、关键岗位与人员管理情况、财务信息编报情况等内容；业务层面风险评估主要涉及预算管理、收支管理、资产管理、采购管理、建设项目管理、合同管理等内容。

内部控制风险评估工作主要涉及设定控制目标、风险识别、风险分析和风险应对四个环节。

（一）设定控制目标

设定控制目标是事业单位风险评估的前提，旨在明确各项经济活动内部控制所要达成的成效，控制目标应与单位或部门的职责和目标任务相结合，并且与单位的风险承受能力保持一致。

（二）风险识别

风险识别是在确立了控制目标的基础上，辨认与经济活动相关的风险，运用各类方法对风险进行系统归类，对风险事件及其形成因素和后果实施全面的定性识别。目的在于确认风险产生的缘由、种类、负面影响的可能性，为下一步风险分析和风险应对确定主要风险控制点和重点防控领域。风险识别是否全面、恰当直接影响着风险评估的效率和效果。

（三）风险分析

单位识别内部控制风险后，运用一定的分析方法，对风险产生的原因、可能导致的负面影响、风险管理的难易程度及与其他风险之间的关系进行分析，确定风险等级排序，为风险应对奠定基础。

（四）风险应对

单位根据内部控制风险分析结果，结合自身条件、外部环境、对各类风险可承受程度及风险的可控性，权衡控制成本与效益，确定不同的应对策略和解决方案。

三、风险评估工作的控制目标

风险评估工作的控制目标主要有：识别影响单位内部控制建设目标实现的

风险；记录、描述风险，查找风险根源，建立风险清单，对风险发生的可能性及后果的严重程度进行分析、排序，明确需优先考虑并重点管理的风险；根据风险评估结果，提出风险应对策略和管理建议。

四、风险评估的管理机构和职责

风险评估涉及的管理机构和职责如下。

（一）内部控制建设领导小组

内部控制建设领导小组在风险评估工作中的主要职责如下：

（1）审议、批准风险评估工作方案。

（2）决定风险管理中的重大事项。

（3）根据评估结果，批准风险应对或整改方案。

（4）统一部署、协调各业务部门开展评估工作。

（二）风险评估工作组

内部控制风险评估工作组组长由单位领导担任，成员为主要业务部门的负责人或业务骨干，职责如下：

（1）收集、整理风险评估相关信息和资料并进行分析。

（2）拟订风险评估工作方案，报内部控制建设领导小组批准。

（3）具体组织开展风险评估工作，指导、监督各业务部门的评估工作。

（4）归纳、总结风险评估结果，拟订风险评估报告并报内部控制建设领导小组审议。

（三）业务部门

单位各业务部门在风险评估工作中的主要职责如下：

（1）按评估工作方案要求开展本部门的风险评估工作。

（2）收集、整理本部门风险管理相关的资料或信息，报风险评估工作组。

（3）负责落实风险评估报告提出的风险应对方案或整改意见。

五、风险评估工作的风险点分析

风险评估工作的风险点分析主要为以下四个方面：

（1）风险评估依据的信息和资料不充分、不完整，可能影响评估结果的准确性。

（2）参与风险评估人员业务能力不足，对风险评估工作不熟悉、不了解，影响评估的效率和效果。

（3）单位领导的风险偏好或判断不恰当地影响了风险应对策略，导致应对策略失效。

（4）风险评估工作未能全面、系统和客观地开展，最终影响评估报告的全面性与客观性。

第二节 风险评估工作流程

事业单位开展风险评估工作应当遵循一定的工作流程和工作方法，以确保评估成效。

一、风险评估工作组适时组织开展工作

这里的“适时”来源于《行政事业单位内部控制规范（试行）》第八条，其中规定：“单位应当建立经济活动风险定期评估机制”，“经济活动风险评估至少每年进行一次；外部环境、经济活动或管理要求等发生重大变化的，应及时对经济活动风险进行重估”。目前，事业单位内部控制风险评估的定期评估机制已经基本形成，因为每年财政部门部署内部控制评价工作时，基础性评价的构成内容就包含是否开展了内部控制风险评估，以此督促事业单位必须将此项工作列入内部控制建设的常规性内容。但是当内外部环境发生重大变化时，比如事业单位进行管理体制改革，单位能否及时进行风险重估就不一定了。若未及时进行风险评估，可能会造成内部控制新的薄弱环节出现而未能识别和应对。

风险评估开展的方式有两种，一种是自行组织实施，另一种是聘请外部专家或专业机构实施。自行组织实施节省开支，在自评条件适宜的情况下，能够及时识别内部控制流程中重要的风险节点及潜在的风险隐患并提出建设性的意见或建议，这种方式要求单位评估人员具有较丰富的评估经验或相关的业务知识，以及较高的业务水平和较强的责任心。单位采取自评方式，身兼“运动员”和“裁判员”两种角色，评估结果难免会出现偏颇。聘请外部专家或专业机构，其专业性强、经验丰富，开展评估工作效率高，但是所需费用较大，若其对本单位的经济活动不够熟悉，在较短的评估时间内出具的评估结果未必能客观、全面地反映单位的管理风险。具体采取哪种方式，需要单位结合自身的具体情况综合考虑。

二、确定风险评估目标

风险评估的总体目标应与单位内部控制建设目标一致，在单位层面与业务层面的评估目标也应与单位层面和业务层面的内部控制建设目标一致，有关控制目标的阐述已经在前面章节阐述，这里不再赘述。

三、明确风险评估的要点

风险评估的要点应从单位层面和业务层面两个角度分析。

（一）单位层面的风险评估要点

1. 内部控制组织架构情况

组织架构设置是否科学；是否设置了内部控制职能部门或牵头部门；部门之间职责界定是否明晰；是否存在机构重叠、职能交叉、重叠或缺失情况；是否存在部门越权、失职、推诿扯皮情况；业务部门之间在职责分工等方面是否拥有制衡机制进而拥有监督机制；组织架构的设计与运行能否适应信息沟通的要求；是否建立各业务部门在内部控制中的沟通协调和联动机制；等等。

2. 内部控制工作机制情况

经济活动的决策、执行、监督是否实现有效分离；权责是否对等、权责分配是否合理；办理经济业务和事项之前是否经过适当的授权审批；是否存在“一言堂”“一支笔”等现象；议事决策事项范围划分是否明确；“三重一大”事项的界定是否清晰；决策审批权限设置是否恰当；议事决策过程是否得到客观记录；是否建立经济活动决策问责机制；是否建立健全岗位责任制、内部监督；等等。

3. 内部控制制度的完善情况

内部控制制度是否健全；执行是否有效，是否设计与执行“两张皮”；是否定期梳理、完善或修订内部控制制度；内部控制制度是否具有协调性、适应性、合法合规性；等等。

4. 关键岗位管理情况

是否明确划分关键岗位及其职责；是否建立关键岗位的培训、考核、轮岗、奖惩等制度。

5. 关键人员管理情况

关键岗位人员的任职资格是否合格；关键岗位人员的入职教育、后续教育、培训方式、培训内容是否到位；关键岗位人员绩效考核制度是否合理；绩效评定过程是否公平、依法依规；关键岗位人员的奖励能否及时兑现；是否为关键岗位人员制定相应的约束标准和要求；等等。

6. 会计系统管理情况

是否按照国家统一的会计制度对经济业务事项进行账务处理，编制财务会计报告；会计部门的地位是否独立；会计人员的业务素质是否合格；会计信息质量是否得到保障；财务部门与其他部门的沟通是否顺畅；会计档案保管制度是否健全；等等。

7. 内部控制信息系统的建设情况

信息系统开发规划是否合理；是否将信息化与单位实际业务需求结合；信息系统开发过程中的需求调研是否充分，描述是否准确；信息系统的验收工作是否到位；是否建立信息系统日常运行管理规范；是否执行例行检查；信息系统数据是否定期备份；业务部门是否具备信息安全意识，对信息安全有无监管手段；是否建立针对系统程序的缺陷或漏洞的安全防护措施；等等。

8. 内部控制的评价与监督建设情况

是否建立内部监督制度；是否定期或不定期检查内部控制制度的建立与执行情况；是否明确内部监督的方法、范围和频率；是否对内部控制的有效性进行评价。

（二）业务层面的风险评估要点

1. 预算管理情况

是否建立、健全预算管理内部控制制度；是否设置预算管理岗位；是否实现预算项目归口管理并明确相关责任；预算编制过程中各业务部门间沟通协调是否充分；预算编制与业务活动能否相结合、相适应；是否按照批复的额度和开支范围执行预算；预算支出进度是否合理，是否存在无预算、超预算支出等问题；预算调整是否符合规定；决算编报是否真实、完整、准确、及时；是否建立预算绩效管理制度；预算绩效评价是否按规定执行。

2. 收入管理情况

是否建立、健全收入管理内部控制制度；是否设置收入管理岗位；是否实现收入归口管理并明确相关责任；是否按照规定及时解缴收入、应缴尽缴；收入相关凭据是否及时递交财务部门；是否按照规定保管和使用印章和票据；等等。

3. 支出管理情况

是否建立、健全支出管理内部控制制度；是否设置支出管理岗位；是否实现支出归口管理并明确相关责任；支出事项时是否履行了必要的审核与审批手续，支出相关的凭据是否真实、合法；是否存在使用虚假票据套取资金的情形；是否按规定使用公务卡结算。

4. 采购业务管理情况

是否建立、健全采购业务管理内部控制制度；是否设置采购业务管理岗位；是否实现采购归口管理并明确相关责任；是否科学编制了采购预算，及时上报采购计划；是否按照采购预算和采购计划组织采购活动；采购过程是否执行了政府采购或自行采购相关的制度、规定；是否按照规定组织验收；是否保存采购相关档案。

5. 资产管理情况

是否建立、健全资产管理内部控制制度；是否设置资产管理岗位；是否实现资产归口管理并明确相关责任；资产入账是否及时，核销手续是否合法合规；是否定期对资产进行清查盘点，对账实不符的情况及时进行处理；是否按照规定使用和处置资产。

6. 建设项目管理情况

是否建立、健全建设项目管理内部控制制度；是否设置建设项目管理岗位；是否实现建设项目归口管理并明确责任；是否建立有效的招投标控制机制；是否按照批复的概预算控制项目开支；是否严格履行项目变更的审核与审批、报批程序；是否存在截留、挤占、挪用、套取建设项目资金的情形；是否按规定及时办理项目竣（交）工；是否按照规定保存了建设项目相关档案；项目竣工后，是否及时办理资产和档案移交手续。

7. 合同管理情况

是否建立、健全合同管理内部控制制度；是否设置合同管理岗位；是否实现合同归口管理并明确相关责任；是否明确了应签订合同的经济活动范围和条件；是否明确了合同签订的流程；是否有效监控合同履行情况；是否建立了合同纠纷协调机制；是否建立了合同的档案管理机制。

四、进行风险识别

（一）风险识别应当重点关注不同的风险因素

识别外部风险应关注的主要因素有：法律法规、行业规范和各种约束性、强制性规章制度等政治或法治因素；经济形势、产业政策、原材料市场供需等经济因素；社会稳定、文化传统、信用体系等社会因素；新科技、新工艺、新方式等技术因素；洪水、地震、环境保护等自然环境因素。

识别内部风险应关注的主要因素有：单位领导班子及中层业务部门负责人的工作能力、普通职工的素质等人力资源因素；组织架构、管理方式、业务流程等管理因素；信息技术研发与运用等创新因素；安全生产、职工健康等安全因素；财务状况、现金流量等财务因素。

上述风险往往不是独立因素产生影响的，一个因素有可能影响其他多个因素，彼此之间相互影响，因此风险识别过程中应当充分掌握各类风险因素，了解彼此关系，只有这样才能确保识别的风险具有一定的系统性和全面性。

（二）风险识别的方法

事业单位的风险识别有别于企业的风险识别，有的企业的风险分析方法（如财务报表分析法）不一定适用于事业单位。结合事业单位的特点，常用的方法有以下几种。

1. 现场调查法

现场调查法是指评估人员通过实地观察单位的资产运行和管理人员操作，

了解单位经济活动中存在的风险隐患的识别方法。调查分三个步骤进行：首先确定调查的时间、地点、对象、内容等；其次开展现场调查，重点关注引发较大风险事件的环境和工作方式，最后形成调查报告。该方法的优点是评估人员可以直接获取第一手资料，资料获取率高，实用性强；缺点是耗费人力、物力和时间较多，应用范围窄，易受被调查人员的主观影响，调查结果的记录与整理难度较大。

2. 风险清单分析法

风险清单分析法是评估人员将单位因风险事件而面临的直接或间接损失、潜在损失、责任损失分类，按一定的顺序列出清单。这种方法又可以分为两大类：一类是运用外部单位提供的风险分析表格来识别自身风险，仅限于一般性风险的识别；另一类是单位针对自身状况自行设计风险清单。风险清单分析法是识别风险的重要方法，清单中往往全面列出了单位在经济活动中可能面临的各种风险，帮助评估人员识别风险。使用者对照清单上的每一项都要回答："单位存在这样的风险吗?"在回答这个问题的过程中，评估人员逐渐构建出单位的风险框架。因此，风险清单越详细，越具有可操作性。运用清单识别能够降低风险管理成本，而且可以不断改进完善风险管理。例如，在预算编制活动中可以列出如下风险清单：

（1）对上级布置的预算编制任务没有及时部署；

（2）各预算项目编制没有明确的主责部门和配合部门，各责任部门没有设专人负责预算编制；

（3）主责部门与协助部门之间没有有效、快捷的沟通和联络机制；

（4）分管领导对于所分管的预算编制内容不审核或审核不严谨；

（5）重大或重要项目事先不向单位主要领导请示、汇报；

（6）各预算项目编制没有设置审核岗，编制完成后直接报送；

（7）预算编制草案没有经过预算管理领导小组的充分讨论，没有经过领导班子集体决策。

3. 流程图分析法

流程图是使用一些标准符号代表某些类型的动作，直观地描述一个活动过程具体步骤的图示。在风险识别过程中，运用流程图绘制经济业务流程，对流程的每一阶段、每一环节、每一节点进行分析，从中发现潜在风险因素或风险事件，找出导致风险发生的因素及风险影响的关键点，分析风险产生后可能造成的损失或不利影响。本书第四章至第十章描述单位层面和业务层面风险点时运用的方法就是流程图分析法。该方法的优点是可以将复杂的工作流程以形象、简洁的形式展现出来，便于发现风险点；缺点是风险识别的准确性受制于流程图绘制的准确性。

4. 因果分析图法

因果分析图法是以结果作为特性，以原因为因素，以图解的方式表达原因和结果之间的关系。这种方法可分析某个系统在关键事件以后可能出现的多种路径。假如进行量化，可估算出某个关键事件过后多种不一样结果发生概率。因为图形制作和使用比较复杂，所以只有故障潜在结果相当严重，必须投入很大精力时，才会使用图形。一旦因果分析图制作出来，评估人员就应该对之进行解释说明，通过数据统计分析、测试、收集有关风险来确认基本原因，确认了基本原因之后，评估人员才可以制定解决方案予以改进。

（三）风险评估问卷调查

风险评估问卷调查是评估小组根据财政部门内部控制风险评估的相关要求，基于单位现有经济活动状况设计调查问卷，供单位领导层及各业务部门填写并发表意见；然后评估小组收集、分析问卷反馈信息，对风险事件发生的可能性频率、概率和影响程度进行评分，结合其他识别风险的方法，判定风险事件。

（四）建立风险事件库

评估人员运用识别方法，结合风险评估问卷调查的结果，识别出单位层面经济管理活动和业务层面业务流程主要风险点对应的风险事件，按照内部控制建设五大控制目标，即经济活动合法合规、资产安全与使用有效、财务信息真实完整、舞弊防范、公共服务效率效果提高，对风险事件的类别、成因、影响控制目标和对应的责任部门等进行描述，形成风险事件库，参见第四章至第十章的风险控制矩阵。

五、风险分析

在风险分析阶段，事业单位对风险事件库中的风险事件发生的可能性（频率、概率）和影响程度，运用恰当的风险分析技术，根据单位经济活动控制的具体需求进行分析，分清哪些是主要风险，哪些是次要风险，确定风险管理的优先顺序，为下一步风险应对奠定基础。

（一）风险发生可能性分析

风险发生可能性分析是指如果不采取任何控制措施影响经济活动，风险事件发生的概率就可以采用定性和定量的分析方法。定性分析法通过收集日常经济活动的相关资料，依据评估人员的专业判断来完成，是事业单位内部控制风险分析常用的方法；定量分析法是对历史风险事件使用统计模型进行分析，如使用正态分布、标准差、置信区间、二项分布等进行定量分析，测算得出一定时期内数值化的可能性。

风险发生可能性可以划分为五个级别，即极低、低、中等、高、极高，分别对应 1~5 分，具体划分如表 11-1 所示。其中，定性方法还可以从日常经济活动和重大灾难或事故两个适用范围进行分析。

表 11-1　评估标准——风险发生可能性

评分		1-极低	2-低	3-中等	4-高	5-极高
定性方法	适用于判断在日常经济活动中风险发生的频率	在单位现有的管理水平、人员结构、素质水平和管控手段条件下，风险事件一般不发生，仅在少数情况下可能发生	在单位现有的管理水平、人员结构、素质水平和管控手段条件下，风险事件发生的可能性较低	在单位现有的管理水平、人员结构、素质水平和管控手段条件下，风险事件在某些情况下发生	在单位现有的管理水平、人员结构、素质水平和管控手段条件下，风险事件有可能发生	在单位现有的管理水平、人员结构、素质水平和管控手段条件下，风险事件发生的可能性完全可预料
	适用于重大灾难或事故	今后 10 年内发生的可能少于 1 次	今后 5~10 年内可能发生 1 次	今后 2~5 年内可能发生 1 次	今后 2 年内可能发生 1 次	今后 1 年内至少发生 1 次
定量方法	适用于可利用历史数据和统计模型计算一定时期内发生概率的风险	发生概率 5% 以下	发生概率为 5%~30%	发生概率为 31%~65%	发生概率为 66%~95%	发生概率为 96%及以上

注：只要适用于任意一条，即可对风险发生的可能性进行判断，如同时从多个维度进行评估，则采用最高可能性作为最终结果。定量方法中的概率参考了统计学上常用的置信区间。

（二）风险影响程度分析

风险影响程度分析主要指风险事件发生后对控制目标的负面影响程度分析，可以划分为五个级别，即极轻微、轻微、中等、高、极高，分别对应 1~5 分，具体划分如表 11-2 所示。负面影响程度可以从财务损失金额、日常管理和依法依规三个方面内容进行分析。对于财务损失金额，按照损失金额大小采取定量方法确定影响程度级别；对于日常管理和合法合规性，采用定性方法确定影响程度级别。

表 11-2　评估标准——风险影响程度

评分		1-极轻微	2-轻微	3-中等	4-高	5-极高
定量方法	财务损失金额	微小的财务损失（≤1 万元）	较低的财务损失（>1 万元，≤5 万元）	中等的财务损失（>5 万元，≤10 万元）	重大的财务损失（>10 万元，≤100 万元）	极大的财务损失（>100 万元）

续表

评分		1-极轻微	2-轻微	3-中等	4-高	5-极高
定性方法	日常管理	对单位日常管理有微小影响，采取措施后立刻得到控制	对单位日常管理有轻度影响，采取措施后可以较快得到控制	对单位日常管理有一定影响，需要付出较多的代价或努力才得以控制	对单位日常管理有重大影响，情况有些失控，需要外部支持才能得到控制	严重干扰了单位的日常管理，情况失控，需要较多的外部支持来控制局面
	合法合规性	存在个别违规行为	存在少数违法违规行为，可能伴随着少量的监管部门批评、罚款或诉讼的损失	存在一些违法违规行为，导致监管部门的调查，可能伴随着一定的批评、罚款或诉讼的损失	存在重大违法违规，导致监管部门调查，可能伴随着较严重的批评、较大额的罚款或诉讼的损失	非常严重的违法违规，导致监管部门重点调查，可能伴随着重大的行政处分、经济处罚及诉讼损失

注：只要适用于任意一条即可对风险发生的可能性进行判断，如同时从多个维度进行评估，则采用最高可能性作为最终判断结果。

（三）综合风险评分及其排序

综合风险评分=风险发生可能性分值×风险影响程度分值，因此，最大风险值=5×5=25，最小风险值为0。综合风险评分值的主要意义在于不需借助风险矩阵坐标图就能够初步判断某项业务活动是否处于中等以上风险等级，对这类业务应予以关注并进一步分析。由于风险影响程度和风险发生可能性中等风险值都是3，所以当某项业务综合风险评分值在9分以上时，可以初步判断其风险等级在中等以上。此外，将综合风险评分值从高到低排序，分值越高风险最大；管理层的重视程度及处理效率也应有所区别，排序越靠前的，越应当重视而且尽快采取整改措施。

评分不仅应将单位层面和六大业务层面作为一级层面进行评分，还应将单位层面和六大业务层面的具体控制内容作为二级层面进行评分。

1. 单位层面的二级层面评分

主要内容有：组织架构风险、工作机制风险、内部控制制度风险、关键岗位风险、关键人员风险、会计系统风险、信息系统风险、内部控制评价与监督风险。

2. 六大业务层面的风险评分

（1）预算业务

预算业务组织管理体系风险、预算编制风险、预算立项风险、预算执行风险、预算调整风险、预算绩效管理风险、决算编制风险。

（2）收支管理

收入业务组织管理体系风险、收缴管理风险、收费公示风险、非税收入管理风险、收入核算风险、票据管理风险、收入分析风险；支出业务组织管理体系风险、支出管理风险、支出核算风险、公务卡支出结算风险、债务业务风险、支出分析风险。

（3）资产管理

资产管理组织体系风险、货币资金业务风险、实物资产业务风险、无形资产业务风险。

（4）采购业务

采购业务组织管理体系风险、采购预算与计划风险、自行采购业务管理风险、采购招投标风险、采购实施风险、采购合同风险、采购验收风险、采购资金结算风险、采购信息管理风险。

（5）合同管理

合同业务组织管理体系风险、合同前期准备风险、合同订立风险、合同执行风险、合同后续管理风险。

（6）建设项目

建设项目业务管理组织体系风险、项目立项风险、工程设计与概预算风险、工程招投标管理风险、工程变更风险、项目资金结算风险、竣（交）工验收风险、竣工决算风险。

（四）绘制风险矩阵坐标图

1. 风险矩阵

风险矩阵是风险管理中常用的一种可视化工具，主要用于风险评估，它把风险发生的可能性与影响程度结合起来综合评估风险大小，根据管理者对风险等级的定义，以二维表格形式表现。前文已经对风险发生可能性和影响程度进行了定义，在此基础上形成了如表 11-3 所示的风险矩阵。本书对风险等级的定义如下：风险处于 8 以内区间的为低或极低风险；风险处于 8 至 15 以内区间的为中等风险；风险处于 15 以上区间的为高或极高风险。

表 11-3　风险矩阵

可能性	影响程度	极轻微	轻微	中等	高	极高
		1	2	3	4	5
极高	5	5	10	15	20	25
高	4	4	8	12	16	20
中等	3	3	6	9	12	15

续表

可能性	影响程度	极轻微	轻微	中等	高	极高
		1	2	3	4	5
低	2	2	4	6	8	10
极低	1	1	2	3	4	5

2. 绘制风险矩阵坐标图

在风险矩阵的基础上把风险发生可能性（Y 轴）和影响程度（X 轴）作为两个维度绘制成直角坐标系并划分为极低、低、中、高、极高五个区域，把风险事件评估得到的这两个维度的分值标注在坐标图上，从而直观地比较多项风险事件的风险等级及风险管理优先次序。下面举例说明。

【案例 11-1】

A 局某年度内部控制风险评估分级

A 局机关风险评估工作组对本单位某年度内部控制进行风险评估，经过采取若干评估方法，得出风险评分情况并将分值从高到低进行了排序，如表 11-4 和表 11-5 所示。

表 11-4　一级层面风险评分表

风险排序	风险名称	风险影响程度（X）	风险发生可能性（Y）	风险综合评分（$X\times Y$）
①	单位（整体）层面风险	3. 16	2. 72	8. 60
②	合同管理风险	2. 89	2. 89	8. 35
③	建设项目风险	3. 11	2. 5	7. 78
④	政府采购风险	2. 72	2. 65	7. 21
⑤	预算管理风险	2. 5	2. 5	6. 25
⑥	支出管理风险	2. 19	2. 25	4. 93
⑦	资产管理风险	3	1. 5	4. 50
⑧	收入管理风险	2. 2	1. 76	3. 87

表 11-5　二级层面（部分）风险评分表

风险排序	风险名称	风险影响程度（X）	风险发生可能性（Y）	风险综合评分（X×Y）
①	自行采购管理	4. 5	3. 8	17. 10
②	采购招投标	4. 1	4	16. 40
③	合同执行	4	4	16. 00
④	建设项目竣工验收	3. 8	4	15. 20
⑤	工程变更	3. 9	3. 7	14. 43
⑥	合同后续管理	3. 5	3. 8	13. 30
⑦	收缴管理	3. 72	3. 6	13. 39
⑧	建设项目组织管理体系	2. 98	4	11. 90
⑨	实物资产业务	3. 56	3. 4	12. 10
⑩	采购业务组织管理体系	3. 39	3. 2	10. 85
⑪	预算调整	3. 2	3. 3	10. 56
⑫	合同业务组织管理体系	2. 84	3. 6	10. 22
⑬	支出业务组织管理体系	3. 62	2. 65	9. 59
⑭	预算业务组织管理体系	2. 81	3. 2	8. 99
⑮	预算编制	2. 9	3. 1	8. 99

根据上述两张评分表绘制风险矩阵坐标图，如图 11-1 和图 11-2 所示。

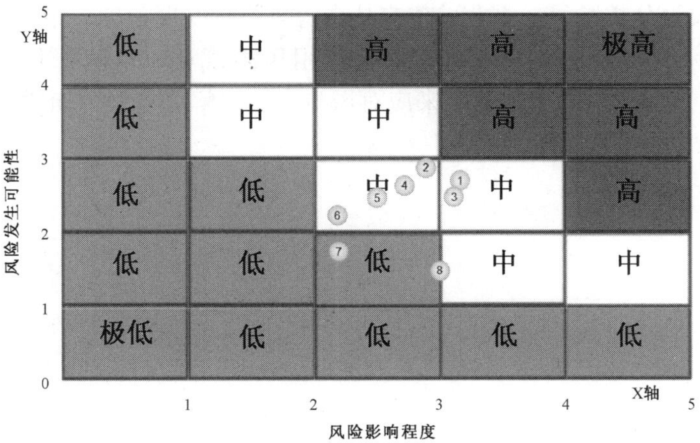

图 11-1　一级层面风险矩阵坐标图

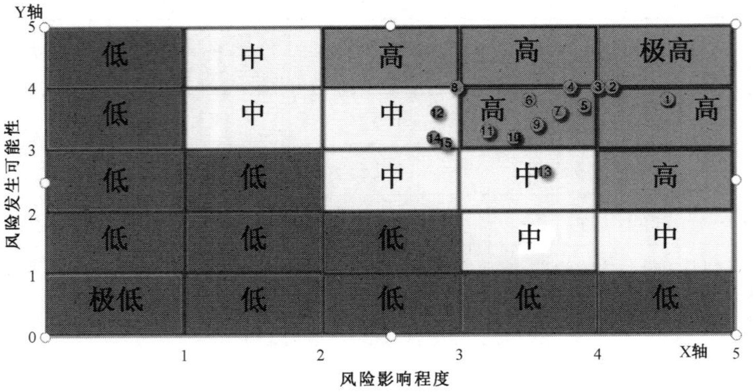

图 11-2　二级层面（部分）风险矩阵坐标图

以上图表表明：在现有环境和管控措施下，A 局一级层面风险处于中等或低等水平，但是某些二级业务层面仍然居于高风险水平。一级层面从风险发生可能性来看，合同管理风险发生的可能性最大；从风险影响程度来看，单位整体层面风险最大。二级层面从风险发生的可能性来看，处于高风险水平的主要有采购招投标、合同执行、建设项目竣工验收、建设项目组织管理体系等环节；从风险影响程度来看，处于高风险水平的主要有自行采购、采购招投标、合同执行等环节。这些环节风险需要管理层予以足够重视，及时完善有关的管控措施，将风险控制在更低的可接受水平。

六、确定风险应对策略

根据风险分析结果，事业单位应从自身风险承受度角度，结合事业单位经济活动目标，权衡成本与效益，综合运用风险规避、风险降低、风险转移（风险分担）和风险承担等策略来应对风险，制定解决方案，如图 11-3 所示。

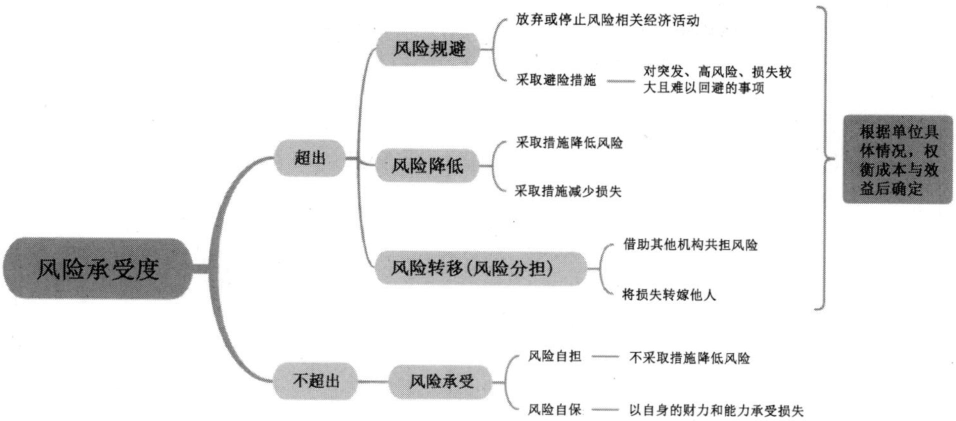

图 11-3　风险应对策略图

【案例 11-2】

A 局对委托社会采购代理机构业务采取的风险规避策略

A 局为了减少社会采购代理机构在代理公路工程项目采购过程中出现的与投标单位串通围标等违规操作，降低社会采购代理机构业务不熟练、责任心不强、沟通交流不畅等采购效率低下的风险，在选择社会代理机构上不仅选择实力强、口碑和信誉好的机构，还建立了对社会采购代理机构的信用评价机制，从多角度对其服务过程、效率效果进行评价，优先选择信用等级高的代理机构，而不选择信用评价等级为“一般”及以下的机构。

七、提交风险评估报告

评估工作组开展风险评估工作后，将最终成果形成评估报告，向单位领导班子提交，作为下一步加强内部控制建设的依据。风险评估报告一方面便于单位领导了解单位经济活动面临的重大风险和内部控制建设中的薄弱环节，在今后工作方向上予以应有的重视；另一方面有助于单位管理层根据评估报告中提出的风险防范意见或建议，研究确定具体的落实措施，比如完善修订相应的内部控制制度，改善业务活动流程，调整关键岗位和关键人员，等等。下面为内部控制风险评估报告基本框架参考格式。

内部控制风险评估报告参考格式

一、单位基本情况

主要包括单位组织架构、职责职能、年度工作目标或任务、内部控制建设情况、内部控制目标等。

二、风险评估工作组织情况

主要包括工作开展的背景或缘由、政策文件依据、评估工作的组织管理部门或机构、开展评估的时间、过程安排等。

三、风险评估工作目标与范围

风险评估工作目标是识别与分析和单位控制目标相关的风险，根据风险可控且控制在可接受的水平。评估范围根据单位层面和业务层面控制建设的具体内容确定。

四、风险评估方法和风险评估数据来源

主要说明采取了哪些评估方法，如何实施。其中采用问卷调查法的应附调查问卷式样，采用访谈法的应附访谈提纲。对于所采用评估方法的数据来源应予以解释和说明。

五、风险评价标准

对风险发生可能性和风险影响程度的评价标准进行定义。

六、风险评估过程

按照风险评价标准，在风险评估数据来源基础上进行风险识别及风险分析。在单位层面和六大业务层面各自的风险范围内分别进行综合评分，形成一级综合风险评分值和二级综合风险评分值，并分别从高到低排序，形成一级风险坐标图和二级风险坐标图。

七、重点关注的风险根源

对于风险排序为高的风险范围进行重点分析，从外部内部环境、组织架构、工作机制、制度建设、流程控制等多角度分析风险产生的根源。

八、风险应对策略及管理建议

对于高、中风险提出应对策略和管理建议。

第十二章

内部控制自我评价

事业单位需要对每一时期内部控制建设的进展和成效进行系统地回顾与总结，即自我评价，目的在于总结内部控制建设过程中的经验教训，厘清下一阶段建设过程中的主要任务、工作重心及工作思路。

第一节 内部控制自我评价概述

一、内部控制自我评价的定义及分类

（一）内部控制自我评价的定义

内部控制自我评价是事业单位自行组织开展的，对内部控制设计与运行的有效性进行评价并形成评价报告的过程。事业单位通过内部控制系统评价，可以发现内部控制缺陷，有针对性地采取措施弥补、修正、改善，从而实现内部控制系统的不断优化，它与内部控制建设、实施构成了内部控制系统的动态循环。

（二）内部控制自我评价分类

（1）按内部控制建设的阶段性分为基础性评价和全面评价

基础性评价是行政事业单位依据财政部《关于开展行政事业单位内部控制基础性评价工作的通知》（财会〔2016〕11 号）文件，在开展内部控制建设之前或在内部控制建设的初期阶段，对单位内部控制基础情况进行的“摸底”评价。内部控制自我评价的目的是使事业单位在内部控制建设启动阶段抓住内部控制的基本要求和工作重点，围绕关键内容和关键环节推动内部控制体系建设，同时发现单位内部控制基础建设中不足之处和薄弱环节，“以评促建”，有针对性地完善、健全内部控制体系。

本书认为，全面评价是在单位完成内部控制基本工作任务后，将内部控制建设推行到不限于六大业务层面的所有经济活动和业务流程阶段而开展的综合性内部控制评价。全面评价应当是内部控制评价的最终发展方向，实施全面评价需要一个不断探索、不断完善的过程，还要结合事业单位业务特点，有的行业适用的评价模板并不一定适用其他行业。

（2）按评价的时间节点分为专项评价和年度评价

专项评价是单位因特定需求在特定时点、特定范围进行的内部控制评价，这类评价运用的情况相对少见。年度评价是按照财政部每年至少一次内部控制评价要求，对年度内部控制建设与实施的有效性进行的评价。年度评价是事业单位每年必须完成的工作任务，本章所阐述的评价内容均以年度评价为出发点。

二、内部控制自我评价的组织

（一）内部控制自我评价的组织实施方式

内部控制自我评价的组织实施方式有以下两种。

1. 自行组织实施

自行组织实施是指事业单位指定某业务部门组织其他业务部门或人员按照评价实施方案进行评价。这种方式对于参与评价人员对于内部控制建设的熟悉程度、专业水平和职业素养的要求较高，几乎没有额外的成本费用，但不能保证自评结果的客观、公正，也容易被外部监督部门质疑自评结果的有效性。参评人员应当回避对本部门的评价。

2. 委托外部专业机构实施

委托外部专业机构实施内部控制自我评价对于事业单位而言省时省力，在一定程度上可以保障评价结果的公平与公正，但是需要承担额外的费用开支，所以应当选择经验丰富、信誉良好的专业机构实施。为事业单位提供内部控制审计服务的外部专业机构不得同时为该单位提供内部控制自我评价服务。需要特别注意的是应由发出委托的事业单位而不是聘请的专业机构对自我评价报告的有效性负责。

（二）内部控制自我评价的管理、组织与实施机构

1. 内部控制自我评价的管理机构

内部控制自我评价的管理机构是内部控制建设领导小组，承担如下职责：指定自我评价工作的牵头或主责部门；协调解决评价过程中出现的重大问题和困难；审议自我评价方案；听取自我评价工作相关的汇报及评价结果报告；审定评价报告中提出的内部控制缺陷并督促落实整改。

2. 内部控制自我评价的组织机构

内部控制自我评价的组织机构可以是事业单位内部专门设立的内部控制管理业务部门，也可以指定其他业务部门。内部控制自我评价的组织机构应具备三个特征：一是相对独立性，不能与内部控制建设的牵头部门或主责部门为同一部门；二是一定的权威性，能够行使一定的内部监督权利；三是较强的专业性，内部控制评价专业性较强，其组织机构的负责人及业务骨干应当具有与此项工作匹配的专业能力和职业素养。实践中，受事业单位“三定”方案限制，能够设立独立的内部控制专门部门的情形几乎不存在，而大中型事业单位内设机构中符合上述三个特征的一般为内部审计机构或纪检监察机构，其中内部审计机构的业务范围和工作内容与内部控制建设密切相关，所以通常成为内部控制自我评价的组织机构。

组织机构职责如下：拟订评价工作方案，报内部控制建设领导小组批准后

组织实施；牵头成立评价工作组或通过采购程序确定拟委托的外部专业机构；指导、督促各业务部门开展内部控制自我评价，配合外部专业机构开展评价工作；及时向内部控制建设领导小组汇报评价工作进度，反映存在的重大问题或困难；审核评价工作组或外部专业机构编写的内部控制自我评价报告草稿后提交领导小组审议；对于评价认定的内部控制缺陷，提出整改方案报领导小组研究讨论，并负责监督落实整改。

3. 内部控制自我评价的实施机构

事业单位采取自行组织实施方式情况下，自我评价组织机构从各业务部门中选取骨干人员组建工作组。工作组负责具体实施评价工作，工作组组长负责对评价工作进行任务分工、进度安排及组织撰写评价报告。同时，各业务部门也要在本部门内就相关内部控制业务开展自我评价，并将评价情况报工作组复核、汇总，对认定的内部控制缺陷提出整改意见或建议。

若采取委托外部专业机构实施方式，可以不另外组建工作组，由组织机构指导、监督外部专业机构实施评价。

三、内部控制自我评价的内容与范围

（一）内部控制自我评价的内容

内部控制自我评价的对象是内部控制的有效性。内部控制有效性指事业单位建立与实施内部控制对控制目标实现的有效性和内部控制运行的有效性。受多种因素影响（如决策和落实上出现重大偏差、员工联合舞弊、玩忽职守或业务能力不足、不符合成本收益原则等），内部控制活动只能对控制目标进行合理保证而不能绝对保证。所以对内部控制的评价也应当是评价控制活动对于控制目标实现的契合度及实现的效率。内部控制的有效性是在内部控制设计有效的前提下，控制活动能够按照设计的流程有效执行。如果控制设计存在缺陷，即使控制活动按照设计的流程执行，也不能认为该控制有效。因此，内部控制自我评价内容应当包括设计有效性与运行有效性两个方面内容。

1. 评价内部控制设计有效性

主要从以下几方面评价内部控制设计有效性：

（1）是否设计了防止、发现并纠正财务报告重大错报相应的控制；

（2）是否设计了保证国有资产安全与完整，防止国有资产流失的相应的控制；

（3）设计是否遵循了相关的法律法规、行业规章制度或标准规范；

（4）设计是否有助于提高经济活动效率和效果，实现单位目标任务；

（5）设计是否覆盖了单位经济活动的主要业务流程和所有关键控制点；

（6）设计是否符合单位自身行业管理特点、业务复杂程度及风险管理的要求；

（7）设计是否随着外部环境与内部环境的变化而适时进行调整。

2. 评价内部控制运行有效性

评价内部控制运行有效性主要从以下几方面进行：

（1）控制活动是否按设计的程序和规范执行，实际执行与设计之间是否存在较大差异；

（2）是否按控制流程自始至终一贯执行内部控制，经济活动中的重大、重要问题或风险是否得到有效控制；

（3）控制岗位和人员是否具备必要的执行权限和能力；

（4）控制活动的运行方式是否恰当，比如是人工控制还是自动控制，属于事前控制、事中控制还是事后控制；

（5）运行能否随着设计的调整而适时调整。

（二）内部控制自我评价的范围

内部控制自我评价的范围应当覆盖事业单位各层级，贯穿单位层面和业务层面各项经济活动，特别关注重大业务流程和重大风险领域、关键岗位和关键人员。单位层面评价是业务层面评价的基础，本质上就是评价单位内部控制建设的基础环境，评价分值权重一般为60%，评价范围包括但不限于内部控制建设组织架构、制度建设、单位负责人的作用、“三权”分离、权力运行监督、不相容岗位分离等与内部控制环境相关的关键要素。由于不同事业单位的具体业务内容不同，情况多样、形式不一，评价的具体内容和重点也不一样，业务层面的评价包括但不限于预算、收支、政府采购、资产、建设项目、合同六大业务领域，评价分值权重一般为40%。

四、内部控制自我评价基本原则

内部控制自我评价主要有以下的四个基本原则。

（一）独立性原则

评价从组织评价机构到具体实施评价应保持相对独立性，以确保评价结果公平、公正。

（二）风险导向原则

评价应当根据风险事件发生的可能性及其对控制目标的影响程度，确定需要重点评价的业务领域、流程和风险点。

（三）客观性原则

评价应以事业单位所处的内外部环境、发展目标、业务特点等实际情况为基础，准确地揭示经济活动的风险状况。以事实为依据，如实反映内部控制设计与运行的有效性，确保有充足、适当的证据支持评价结果。

（四）成本效益原则

事业单位在选择评价方式方法时，应当考虑人财物力和时间损耗，选择恰当、可行、高效的方式方法。

五、内部控制自我评价的时间要求

开展内部控制自我评价的时间可以定期，也可以不定期。每年一季度行政事业单位都需按财政部门的统一部署编制上一年度内部控制报告，报告中有一项内容就是上一年度单位内部控制评价情况。因此，事业单位的内部控制自我评价工作每年至少应当开展一次，形成的评价报告应作为内部控制报告的组成部分。此外，当事业单位自身的实际情况发生重大变化，或是针对特定事项、业务单位认为有必要时，均可以临时开展内部控制评价工作，也就是不定期的自我评价。

第二节 内部控制自我评价常见方法

内部控制自我评价工作需要综合运用一定的评价方法，收集事业单位内部控制体系设计和运行有效程度的相关证据，填写评价工作底稿，确认内部控制缺陷，给评价指标评分。事业单位常见的评价方法有以下几种。

一、穿行测试

穿行测试是在内部控制业务流程中随机选择一笔业务或多笔业务，通过了解和追踪该业务从起点直至最终反映在财务报表或其他内部管理报告的全过程轨迹文件，确认有关风险点的控制符合内部控制制度规定并得到了有效执行。其目的在于评价业务流程的内部控制设计能够预防或发现控制过程中可能存在的中等及以上风险，同时评价关于该业务流程执行的有效性。测试选取的样本必须贯穿整个过程，对于大量重复的业务，穿行测试可以选择部分样本，但对于重要或重大的业务，应当全面测试，而不能选择部分作为样本。

二、访谈法

访谈法是基于评价需求，对单位职工进行访问谈话，以获取关于事业单位内部控制建设的相关信息。访谈对象主要有单位领导、部门负责人、业务骨干、关键岗位工作人员。访谈前应根据访谈对象身份、访谈目的和要求拟定访谈提纲，提前发给访谈对象阅读并知晓。访谈结束后及时将谈话内容整理形成访谈记录。访谈通常先从单位领导班子开始，根据领导班子的访谈结果，及时调整对其他职工的访谈内容。

【案例 12-1】

A 局内部控制建设评价访谈提纲（受访人：单位领导）

问题 1：您如何看待本单位内部控制体系建设的必要性和重要性？

问题 2：请谈谈您在本单位分管或主管的主要职责。

问题 3：您认为您分管的业务部门在机构设置及职能配置方面是否合理？单位是否存在工作决策、执行、监督职能由同一部门执行的现象？是否存在部门间相互推诿或扯皮现象？如果有，您认为原因是什么？

问题 4：您认为您分管的业务部门中各岗位权责配置是否合理？有无存在权责不一致、不相容岗位兼职、因人设岗的现象？

问题 5：单位是否建立或者明确负责内部控制建设的职能部门或者牵头部门？内部控制建设工作推进是否做到了统一领导和统筹规划？

问题 6：您认为本单位领导班子、业务部门负责人和业务骨干的风险防范意识和能力处于什么状态和水平？单位是否定期开展风险评估活动？若没有开展过单位风险评估，您认为原因是什么？

问题 7：您认为单位议事决策机构的职责权限、决策范围、决策程序、责任追究等机制是否明确？决策审批权限设置是否恰当？

问题 8：单位是否对“三重一大”事项工作建立了集体决策机制？单位“三重一大”事项决策是否结合专家论证和技术咨询机制？

问题 9：本单位现有制度制订的程序如何？您认为目前的制度体系在哪些方面还需建立或完善？制度执行效果如何？

问题 10：本单位是否明确关键岗位？关键岗位职责权限和责任是否清晰？关键岗位人员配置资质、综合素质是否有明确要求？关键岗位是否每年考核？评价是否客观？关键岗位是否建立轮岗制度？

问题 11：关键人员是否具备岗位专业胜任能力？关键岗位人员的培训有无专门经费保障和机制保障？是否定期或不定期对关键岗位人员开展职业道德、法律法规或专业岗位培训？近三年来的培训内容和形式有哪些？效果如何？您认为对关键人员是否应建立专门的奖惩制度？

问题 12：您认为财务部门在单位中的重要性如何？本单位的会计人员数量和专业素养能胜任工作吗？会计信息是否能满足单位决策的需要？财务部门与其他业务部门的合作是否融洽、沟通是否顺畅？

问题 13：您认为单位目前最需要建设哪些管理信息系统？

问题 14：目前单位日常会议有哪些？您觉得单位各部门间的合作和沟通顺畅高效吗？

问题 15：本单位建立了哪些监督机构与监督机制？您对监督的效果满意吗？存在哪些问题？

问题 16：您认为本单位经济活动风险主要集中在哪些业务领域和管理环节？

问题 17：本单位如何发现自身管理中存在的问题？近三年来发现的主要问题有哪些？对于发现的问题如何进行整改？

问题 18：您认为单位内部控制上存在的最大问题是什么？未来应在哪些方面加强管理？

三、问卷调查法

问卷调查法是评价人员利用问卷让受访人员就所设置的问题进行回答，从而得出内部控制的相关情况。设计问卷有两种方式：封闭式和开放式。封闭式问卷需要先对问题答案加以限制，只允许在问卷所限制的范围内选择。开放式问卷的问题由受访人员自由作答，无固定答案。开放式问卷通常用于以下情况：一是希望挖掘内部控制建设较深层次的问题；二是对单位内部控制有关情况较模糊，采用开放式问卷能够帮助评价人员设计更有针对性的封闭式问卷。

问卷调查多用于对内部控制评价指标进行定性分析，因此在调查问卷设计时应注意相关问题的针对性、恰当性及反馈的区间范围，以便根据受访人员的回答进行赋值。

四、实地调查法

实地调查法是评价人员使用标准化的业务表单对比单位实际业务表单进行核对的测试方法，如固定资产盘点，通过查验盘点结果评估单位资产管理内部控制记录的充分性、正确性。

五、比较分析法

比较分析法是通过数据分析识别主要风险点的方法。对比的数据可以是单位量化的目标任务、以前年度数据、标准数据、其他先进单位数据，对比分析能够清晰地显示数据变化的程度、影响因素，揭示下一步控制的重点和方向。

【案例 12-2】

A 局运用比较分析法对预算进度进行监控

定期或不定期地进行预算进度分析是 A 局预算执行进度的内部控制措施之一，A 局预算执行进度分析表如表 12-1 所示。该表反映了 A 局本级与所属预算单位截至某时间节点，单位总预算下各明细预算项目实际执行与下达的预算指标对比分析情况，并列出了各明细预算项目的责任部门。

表 12-1　A 局预算执行进度分析表

单位：万元

预算单位名称	预算项目名称	预算总指标			截至×月×日累计已支付	指标结余	截至×月×日执行率	主责科室
		年初批复	新增	核减或收回				

六、专题讨论法

专题讨论法是评价工作组集合专业人士、高层管理人员就内部控制建设的有关问题、现象进行分析、研究的方法。通过专题讨论，综合各方人员和各部门意见共同确定内部控制的评价结果，认定内部控制缺陷及缺陷等级，提出改进的措施和方法。

七、抽样法

抽样法是从内部控制流程中抽取一定数量的样本进行检验和测试，根据样本结果来推断内部控制总体执行的一种常见的评价方法。抽样法适用于业务量大、标准化程度较高的经济活动，比如合同业务控制、费用报销流程，但不适用于业务量少、金额较大或较重要的经济活动，比如对外投资项目、重大项目管理。抽样时应当注意样本总体的范围和抽取方法，确保样本范围全面、完整，抽取的样本具有代表性。

八、审阅法

审阅法是内部控制评价中使用最广泛、最基本的技术方法。通过审查会计资料、各类经济信息及管理资料等内部控制相关的书面材料，获取内部控制设计和执行效率与效果的书面证据。

九、实地观察法

实地观察法就是对事业单位内部控制活动进行实地察看，充分了解内部控制的实际执行状况，查明缺陷产生的原因，以便得出科学的、合理的评价结论。

第三节 内部控制评价模式

内部控制评价模式是指构建评价指标体系的思路，以及所确定的指标评分方法。目前，常见的模式是固定分值评价法，即在确定的评价指标体系中赋予每项评价指标一个固定分值，依据一定的评分规则对该固定分值进行扣减以确定该指标得分，最后汇总各指标得分而得出总评价得分。该模式的评价指标通常只设一级，简便易行，适用范围广。其局限性在于：评价指标的固定分值直接体现了其在整个指标体系中的重要程度，分值设定是否科学、合理及评价规则是否全面、恰当，决定了总评价得分是否客观、公正。

财政部《关于开展行政事业单位内部控制基础性评价工作的通知》（财会〔2016〕11 号）给出了基础性评价评分表模板（以下简称“2016 版”）。本书认为，此模板适用于单位内部控制建设起步或初期阶段，当时行政事业单位内部控制工作刚刚起步，内部控制评价内容、过程和方法尚处于摸索阶段，简化版有助于事业单位启动和开展内部控制评价工作。随着各事业单位内部控制建设的不断完善且日趋成熟，基础性评价也应当在 2016 版的基础上进一步改进、细化和完善，如此才能对事业单位的内部控制工作进行全面、系统和客观的评价。本书参考了 A 局实践经验，在 2016 版评价评分表基础上对评分要点和规则进行了细化、补充与完善，但不改变 2016 版的评价指标及其分值，如表 12-2 和表 12-3 所示。

表 12-2　单位内部控制基础性评价指标评分表一（单位层面）

评价指标	评分要点	分值	评价得分	证明材料
1. 内部控制建设启动情况	1.1 成立内部控制领导小组，制定、启动相关的工作机制	4		内部控制组织架构相关设立文件、联席会议通知、会议纪要
	1.1.1 启动内部控制建设，成立领导小组	1		
	1.1.2 单位主要负责人担任领导小组组长	1		
	1.1.3 建立内部控制联席工作机制并开展工作	1		
	1.1.4 明确内部控制牵头部门（或岗位）	1		
	1.2 开展内部控制专题培训	3		培训通知、培训材料
	1.2.1 培训内容包括了内部控制相关政策、规章制度或理论知识	1		
	1.2.2 培训对象包括了单位领导、部门负责人和业务骨干	1		
	1.2.3 每年至少一次内部控制专题培训	1		
	1.3 开展内部控制风险评估	3		内部控制风险评估报告、风险评估工作方案
	1.3.1 定期开展内部控制风险评估	1.5		
	1.3.2 建立内部控制风险评估机制	1.5		
	1.4 开展组织及业务流程再造	4		内部控制建设前后相关职能部门或岗位的变化调整情况；新建或修订的内部控制制度与流程图
	1.4.1 根据“三定”方案，进行组织架构梳理与再造	1		
	1.4.2 进行业务流程梳理与再造	2		
	1.4.3 流程图编制	1		
	满分分值	14		

续表

评价指标	评分要点	分值	评价得分	证明材料
2. 单位主要负责人承担内部控制建立与实施责任情况	2.1 单位主要负责人主持召开会议讨论内部控制建立与实施相关的议题（以下二选一）	2		有关会议通知、会议纪要
	2.1.1 单位主要负责人主持召开会议，内部控制为其中一项议题	1		
	2.1.2 单位主要负责人主持召开内部控制工作专题会	1		
	2.2 单位主要负责人主持制定内部控制工作方案，健全工作机制	2		内部控制工作方案，相关会议纪要
	2.2.1 单位主要负责人主持内部控制工作方案制定、修改与审批	1		
	2.2.2 单位主要负责人主持建立健全内部控制工作机制	1		
	2.3 单位主要负责人主持开展内部控制工作分工及人员配备等工作	2		内部控制工作方案，相关会议纪要
	2.3.1 单位主要负责人主持开展内部控制工作分工	1		
	2.3.2 单位主要负责人主持开展内部控制人员配备	1		
	满分分值	6		
3. 对权力运行的制约情况	3.1 权力运行机制的构建	4		领导分工与职责划分相关文件，单位内设机构及职责文件，“三重一大”事项决策制度及督察、巡察等监督制度，纪检监察部门定期向党委或领导班子的情况报告权力清单，内部审计报告，有关问责制度
	3.1.1 单位经济活动的决策、执行与监督权力和职责是否分离	1		
	3.1.2 明确主要领导和分管领导各自的职责、权限，建立了集体领导、民主决策的工作机制	1		
	3.1.3 主要领导对本单位人事、预算、行政审批、工程建设项目和专项资金等五项重点权力负总责，不直接分管“五项权力”事项	1		
	3.1.4 建立问责机制	1		
	3.2 对权力运行的监督	4		
	3.2.1 建立与内部审计、纪检监察等监督部门或监督岗位联动的监督机制	1		
	3.2.2 纪检监察部门定期督查决策权和执行权等权力行使情况并向单位党委或领导班子报告	1		
	3.2.3 建立廉政风险清单或权力清单	1		
	3.2.4 内部审计定期检查经济活动	1		
	满分分值	8		

续表

评价指标	评分要点	分值	评价得分	证明材料
4. 内部控制制度完备情况	4.1 建立预算管理制度	2		本单位预算管理制度
	4.1.1 预算管理制度涵盖预算管理组织架构	0.25		
	4.1.2 预算管理制度涵盖预算编制	0.25		
	4.1.3 预算管理制度涵盖预算分解与下达	0.25		
	4.1.4 预算管理制度涵盖预算执行	0.25		
	4.1.5 预算管理制度涵盖调整与追加	0.25		
	4.1.6 预算管理制度涵盖年度决算	0.25		
	4.1.7 预算管理制度涵盖绩效评价	0.25		
	4.1.8 预算管理制度涵盖预算、决算公开	0.25		
	4.2 建立收入管理制度	2		本单位收入管理制度
	4.2.1 收入管理制度涵盖价格管理	0.5		
	4.2.2 收入管理制度涵盖票据管理	0.5		
	4.2.3 收入管理制度涵盖收缴管理	0.5		
	4.2.4 收入管理制度涵盖收入核算	0.5		
	4.3 建立支出管理制度	2		本单位支出管理制度
	4.3.1 支出管理制度涵盖预算用款计划和指标使用	0.5		
	4.3.2 支出管理制度涵盖支出范围与标准确定	0.5		
	4.3.3 支出管理制度涵盖审批权限与审批流程	0.5		
	4.3.4 支出管理制度涵盖支出核算	0.5		
	4.4 建立政府采购管理制度	2		本单位有关政府采购管理制度
	4.4.1 政府采购管理制度涵盖采购预算和采购计划	0.5		
	4.4.2 政府采购管理制度涵盖采购需求管理	0.5		
	4.4.3 政府采购管理制度涵盖采购过程管理	0.5		
	4.4.4 政府采购管理制度涵盖验收与入库	0.5		

续表

评价指标	评分要点	分值	评价得分	证明材料
4. 内部控制制度完备情况	4.5 建立资产管理制度	2		本单位资产管理制度
	4.5.1 资产管理制度涵盖资产配置预算或计划	0.25		
	4.5.2 资产管理制度涵盖资产配置实施与验收	0.25		
	4.5.3 资产管理制度涵盖资产保管	0.25		
	4.5.4 资产管理制度涵盖资产使用	0.25		
	4.5.5 资产管理制度涵盖资产维修维护	0.25		
	4.5.6 资产管理制度涵盖资产处置	0.25		
	4.5.7 资产管理制度涵盖资产出租出借	0.25		
	4.5.8 资产管理制度涵盖资产核算	0.25		
	4.6 建立建设项目管理制度	2		本单位建设项目管理制度
	4.6.1 建设项目管理制度涵盖项目立项	0.25		
	4.6.2 建设项目管理制度涵盖项目概预算	0.25		
	4.6.3 建设项目管理制度涵盖项目招标投标	0.25		
	4.6.4 建设项目管理制度涵盖项目工程变更	0.25		
	4.6.5 建设项目管理制度涵盖项目资金控制	0.25		
	4.6.6 建设项目管理制度涵盖项目决算	0.25		
	4.6.7 建设项目管理制度涵盖项目交工或竣工验收	0.25		
	4.6.8 建设项目管理制度涵盖项目档案管理与移交	0.25		
	4.7 建立合同管理制度	2		单位合同管理制度
	4.7.1 合同管理制度涵盖合同订立	0.5		
	4.7.2 合同管理制度涵盖合同履行、变更或终止	0.5		
	4.7.3 合同管理制度涵盖合同归档	0.5		
	4.7.4 合同管理制度涵盖合同纠纷处理	0.5		

续表

评价指标	评分要点	分值	评价得分	证明材料
4. 内部控制制度完备情况	4.8 建立决策机制	2		本单位“三重一大”事项制度及其他与决策机制相关的制度
	4.8.1 决策机制涵盖了“三重一大”事项集体决策	1		
	4.8.2 决策机制涵盖了分级授权	1		
	满分分值	16		
5. 不相容岗位与职责分离控制情况	5.1 对不相容岗位与职责进行了有效设计	3		本单位不相容岗位相关规章制度及岗位职责说明书
	5.1.1 申请与审核或审批不相容	0.5		
	5.1.2 审批与执行不相容	0.5		
	5.1.3 执行与会计信息记录不相容	0.5		
	5.1.4 审批与监督不相容	0.5		
	5.1.5 执行与监督不相容	0.5		
	5.1.6 会计记录与财产保管不相容	0.5		
	5.2 不相容岗位与职责得到有效的分离	3		按类别随机抽查相关单据确认
	满分分值	6		
6. 内部控制管理信息系统功能覆盖情况	6.1 建立内部控制管理信息系统，功能覆盖主要业务控制及流程	6		系统功能说明书、实际操作系统，比对系统与内部控制制度确认
	覆盖预算、收支、政府采购、资产、建设项目及合同管理六个方面，每缺一个扣1分			
	6.2 系统设置不相容岗位账户并体现其职权	4		系统功能说明书、实际操作系统，比对系统用户账户与内部控制制度确认
	不相容岗位在系统中分别设有独立账户、密码及明确的操作权限等级，每违反一起扣1分			
	满分分值	10		
单位层面评分值合计		60		

表 12-3　行政事业单位内部控制基础性评价指标评分表二（业务层面）

评价指标	评分要点	分值	评价得分	证明材料
7. 预算管理控制情况	7.1 预算编制程序规范、项目细化、数据准确	0.7		预算批复文件、预算会议纪要、预算分解下达通知文件
	7.2 涉及财政投资评审等前置条件的预算项目已满足前置条件要求	0.7		
	7.3 预算草案经过预算领导小组的充分讨论，并经领导集体决策	0.7		
	7.4 及时将上级主管部门批复的预算进行内部分解并下达各业务部门及所属单位	0.7		
	7.5 按批复的预算额度、标准和范围执行预算	0.7		预算指标完成进度表、预算执行会议纪要和情况通报、预算支出相关审批单、预算调整申请与批复文件
	7.6 预算执行与预算调整按规定的审批权限和程序进行	0.7		
	7.7 预算执行进度符合进度考核要求	0.7		
	7.7.1 年终预算进度满足考核要求	0.25		
	7.7.2 一季度、二季度、三季度末进度满足考核要求的，每个 0.15 分	0.45		
	7.8 近 3 年年度预算执行差异率平均值（以下两项选择其中一项）	0~0.7		预算批复文件、单位决算报告
	7.8.1 差异率平均值≤5%或差异原因与内部控制无关	0.7		
	7.8.2 差异率平均值>5%且与内部控制有关	0~0.4		
	差异率平均值为 5%~10%（含）	0.4		
	差异率平均值为 10%~15%（含）	0.3		
	差异率平均值超过 15%	0		
	年度预算执行差异率=年度决算支出额-年初预算支出额/年初预算支出额×100%			
	7.9 按要求及时完成决算，决算数据真实、准确、完整	0.7		
	7.10 按要求及时完成绩效评价，评价结果得到运用	0.7		单位整体或项目绩效评价报告
	满分分值	7		

续表

评价指标	评分要点	分值	评价得分	证明材料
8. 收支业务管理控制情况	8.1 收入实行归口管理和票据控制，做到应收尽收	2		收入管理制度、票据管理制度、账户开立或变更制度；财务部门职责、票管员岗位职责；票据台账、非税收入管理台账
	8.1.1 按照收费许可规定的项目和标准收费	0.25		
	8.1.2 各项收入由财务部门归口管理并进行会计核算	0.25		
	8.1.3 定期检查实际收入金额与合同约定是否相符	0.25		
	8.1.4 非税收入执行收支两条线管理，应收尽收、应缴尽缴	0.25		
	8.1.5 银行账户开立与变更流程符合制度规定	0.25		
	8.1.6 设置票管员，设立票据台账进行管理	0.25		
	8.1.7 票据领用、核销和销毁按制度规范管理	0.25		
	8.1.8 票据印章的保管和使用执行规定程序	0.25		
	8.2 支出事项实行归口管理和分类控制	2		领导集体决策制度、相关支出管理制度；支付审批单、“三公”经费统计表；内部审计或财务检查报告
	8.2.1 明确各类支出业务的归口管理部门和职责，对支出业务事项进行归口管理	0.25		
	8.2.2 支出事项分类管理，不同类别支出事项实行不同审批程序和审批权限	0.25		
	8.2.3 涉及“三重一大”支出事项经过单位领导集体决策	0.25		
	8.2.4 支出依据的外部原始凭据合法合规，满足制度要求	0.25		
	8.2.5 应使用公务卡结算的使用了公务卡结算（以下三项选择其中一项）	0~0.25		
	公务卡结算率 100%	0.25		
	公务卡结算率为 90%（含）~100%	0.15		
	公务卡结算率<90%	0		
	公务卡结算率=（应使用公务卡开支的支出-未使用公务卡开支的支出）/应使用公务卡开支的支出			
	8.2.6“三公”经费支出是否控制在预算额度内	0.25		
	8.2.7 资金支付手续完备，账务处理及时、规范	0.25		
	8.2.8 对各类支出事项进行分析控制，发现问题及时采取有效控制措施	0.25		

续表

评价指标	评分要点	分值	评价得分	证明材料
8. 收支业务管理控制情况	8.3 举债事项实行集体决策，定期对账	2		债务管理制度、举债集体决策会议纪要、举债报批及批复文件、债务余额询证函、债务合同
	8.3.1 实行举债事前论证和领导集体决策	0.4		
	8.3.2 应报批的履行了报批手续	0.4		
	8.3.3 定期与债权人核对债务余额	0.4		
	8.3.4 债务规模控制在规定的或可控的范围之内	0.4		
	8.3.5 不存在不得举债情形	0.4		
	满分分值	6		
9. 政府采购业务管理控制情况	9.1 明确采购业务的归口管理部门和职责	0.5		采购内部控制制度文件
	9.2 对采购业务事项进行归口管理，明确采购业务审批流程和权限	0.5		
	9.3 政府采购预算编制符合政策规定、应编尽编	1		批复的政府采购预算和单位预算
	每漏编、错编一项扣 0.2 分			
	9.4 按时报送政府采购计划，按计划实施采购	0.5		政府采购招标文件、政府采购事项办理流程，采购报批和批复文件
	9.5 实施政府采购过程符合相关政策或内部控制制度要求	1.5		
	每一项违反政府采购目录和标准规定的采购事项扣 0.5 分；每一项不遵守采购控制流程的采购行为扣 0.5 分；供应商质疑或投诉成立的每一项扣 0.2 分；采用非公开招标方式采购公开招标数额标准以上货物或服务以及政府采购进口产品应按规定报批但未报批的，每存在一项违反的事项扣 0.5 分			
	9.6 落实政府采购政策	1		
	每一项未落实节能环保、小微企业、监狱企业等政府采购政策的采购事项扣 0.5 分			
	9.7 政府采购执行率	1		单位决算分析、政府采购统计报表
	政府采购执行率 100% 得 1 分，每低于一个百分点扣 0.1 分			
	政府采购执行率 =（实际政府采购金额/批复的政府采购预算数）×100%，			
	9.8 政府采购验收手续完备	1		政府采购验收相关表单、资料及验收报告
	未履行验收的每项扣 0.5 分，手续不完备的每项扣 0.2 分			
	满分分值	7		

续表

评价指标	评分要点	分值	评价得分	证明材料
10. 资产管理控制情况	10.1 明确资产业务归口管理部门及职责	0.5		相关资产管理制度；资产配置、处置、出租出借相关审批流程和批准文件
	10.2 按批复的资产配置预算进行资产配置	1		
	10.3 按照规定的程序、标准和权限配置、使用和处置资产	1.5		
	违规配置、使用或处置资产的，每发生一项扣0.5分			
	10.4 对资产定期核查盘点、跟踪管理	1		资产盘点制度、资产盘点表、询证函、对外投资或出租出借资产管理台账
	10.4.1 定期对各类资产进行核查盘点，账实相符	0.5		
	10.4.2 对债权和对外投资进行跟踪管理	0.5		
	每存在一类资产未定期核查盘点或债权跟踪管理的扣0.25分			
	10.5 建立资产出租出借、对外投资或其他资产使用管理台账	0.5		资产相关会计账簿、资产盘点报告、资产盘盈盘亏分析表
	10.6 账实不相符率	1		
	账实不相符率每1%扣0.1分			
	账实不相符率=账实不相符的笔数/固定资产登记总笔数×100%			
	10.7 真实、准确、完整地填报资产管理信息	0.5		年度行政事业性国有资产报告、资产管理信息系统相关数据
	满分分值	6		

续表

评价指标	评分要点	分值	评价得分	证明材料
11. 建设项目管理控制情况	11.1 明确建设项目归口管理部门及职责	0.5		建设项目管理相关内部控制制度
	11.2 建设项目的前期工作已经按规定程序和要求完成	0.5		项目前期工作成果文件
	11.3 建设项目招投标管理	1		项目招投标管理办法
	11.3.1 没有将项目肢解规避公开招标	0.4		
	11.3.2 招标过程合法合规	0.6		
	招投标管理中每发生一项违法违规行为扣0.3分			
	11.4 项目资金专款专用，建立了资金支付审批流程	1		项目资金支付内部控制度
	11.5 建设项目变更履行了审批程序	1		项目变更相关内部控制度、项目变更审核审批流程、变更申请与批复文件
	变更未按规定履行报批程序的，每个扣0.5			
	11.6 项目概预算调整办理了报批手续	1		概预算调整报批及批复文件
	11.7 及时办理竣工验收和交付使用资产	1		项目竣工验收相关内控制度，竣工决算审计报告；竣工资产交付清单
	11.7.1 项目竣工后及时办理竣工决算	0.5		
	11.7.2 项目竣工验收合格后及时办理资产交付手续	0.5		
	每1个项目不及时竣工决算或竣工验收合格后不及时办理资产交付手续的扣0.5分			
	11.8 已完工建设项目超概算情况（以下两项选择其中一项）	1		概预算批复文件、竣工决算文件、概预算调整申请与批复文件
	11.8.1 已完工项目未超概预算或超概算与内部控制无关			
	11.8.2 已完工项目超概预算且与内部控制有关，每一个项目扣0.5分，概预算经过批准调整的以调整后的为准			
	11.9 按规定完成项目档案管理与移交工作	1		档案管理目录与移交清单
	满分分值	8		

续表

评价指标	评分要点	分值	评价得分	证明材料
12. 合同管理控制情况	12. 1 明确合同归口管理部门及其职责	0. 5		合同管理制度、合同事项相关论证报告、决策记录、采购过程文件
	12. 2 合同事前控制	0. 5		
	合同签订之前经过了必要的论证、决策与采购流程			
	12. 3 合同签订控制	2		合同审批单、法定代表人书面授权书
	12. 3. 1 合同签订履行了审批流程，相关业务部门对合同文本进行了联合审核	1		
	12. 3. 2 合同签署人经过了法定代表人的书面授权	1		
	每存在 1 个合同签订不合规的扣 1 分			
	12. 4 合同履行控制	2		
	12. 4. 1 合同责任部门认真履行合同，并对合同履行情况进行跟踪管理	1		合同管理台账、合同履行情况报告
	12. 4. 2 发现合同无法履行，及时采取应对措施	0. 5		督促合同履行的通知文件、律师函或催办函等
	12. 4. 3 合同履行完毕，及时组织验收	0. 5		合同验收证明文件
	12. 5 合同档案控制	1		
	12. 5. 1 建立了合同管理台账，完整、准确登记合同相关信息	0. 5		合同管理台账
	12. 5. 2 合同归口管理部门对已签订的合同进行统一分类和连续编号，并按规定进行档案管理	0. 5		合同档案管理相关规定
	满分分值	6		
业务层面评分值合计		40		

“2016 版”允许单位根据自身需要自行补充评价指标纳入内部控制基础性评价范围，但需要在基础性评价报告中具体描述补充指标的所属类别、名称、评价要点及评价结果等内容。值得注意的是，补充的指标在设定分值后必然引发其他原有评价指标分值的调整，而这一点虽然“2016 版”没有明确要求，但应当在基础性评价报告中一并表述。例如，如果拟新增“单位层面的关键岗位”评价指标，并设定其分值为 5 分，同时减少“内部控制管理信息系统功能覆盖情况”评价指标分值，由 10 分减少为 5 分，那么在评价报告中应明

确表述："新增单位层面关键岗位指标，评分值××分，评价要点为……调整内部控制管理信息系统功能覆盖情况指标评分值为××分，评分要点为……

内部控制评价另一种模式为定性和定量相结合的层次分析模式。该模式把内部控制评价作为一个系统总目标，逐层分解成一级、二级甚至三级层次的评价指标，通过对各层次指标的重要性进行对比分析，运用美国运筹学家托马斯·塞蒂提出的层次分析法构造判断矩阵，利用定性指标模糊量化方法计算各层次指标权数和总排序，以此为基础进行评分并计算分值。

层次分析模式在指标重要性判定方面比固定分值评价法更具有科学性、合理性，其局限性在于：构建的多层次明细指标是否全面、恰当，直接影响总评价得分是否客观、公正；对于评价团队熟练运用数据分析软件或信息系统分析功能的专业水平要求较高，如果没有相应的数据分析软件或信息系统，采用该模式将带来较大的工作量，因而该模式适用范围小。此外，不同的评价团队建立的指标重要性权重必然不同，容易被质疑评价结果的权威性。下面根据部分学者的论述简要归纳总结这类评价模式的实施要点。

1. 建立多层次评价指标体系

将评价指标体系分为单位层面和业务层面两项一级指标，其中：单位层面按组织架构、工作机制、关键岗位、关键人员、风险评估、会计系统、信息系统等内容设二级评价指标；业务层面按预算业务、收支业务、采购业务、资产业务、建设项目业务、合同业务六项内容设二级评价指标。每个二级评价指标下又细分为若干三级评价要素指标。关于如何设置二级和三级指标，尚无统一标准，比如工作机制的三级指标一般包括权力分离机制、议事决策机制、风险评估机制，也可以把问责机制、沟通机制列入工作机制的工作指标。

2. 运用数学模型对指标赋权量化

采用层次分析法结合模糊综合分析法给每个层次指标赋予权重。首先得成立对被评价的事业单位内部控制建设现状比较了解且具有一定内部控制理论水平的评价专家组，设计关于指标重要性比较的调查问卷，将专家组对调查问卷的答复结果进行加权平均后，构建判断矩阵，运用相关的数学模型计算出权重，再通过一致性检验以确保专家组各成员判断的科学合理性。例如：单位层面一级指标占单位总评价分值的权重为60%，假设采用分层分析法得出其中的工作机制二级指标占单位层面一级指标分值的权重为20%，工作机制中的三权分离三级指标占工作机制分值的权重为40%，那么，三权分离指标分值占总评价分值的权重为60%×20%×40%＝4.8%。

3. 评分值的计算

从最明细指标开始计算，假定共设有三级指标，某三级指标内部控制评价分值＝该指标百分制分值×该指标权重。例如，假定三权分离指标的百分制评分值为 90 分，那么其最终评分值为 90×4.8% = 4.32。然后，逐级汇总就可得到各层次指标评分值，最后加总单位层面和业务层面的评分值即为单位内部控制评价综合评分值。

第四节 内部控制缺陷及其认定

事业单位内部控制评价工作的主要内容就是要对内部控制缺陷进行认定并制定针对性的整改方案。能否有效认定内部控制缺陷，某种程度上决定了评价工作是否有意义。内部控制缺陷认定对评价人员的职业素养和职业判断都有较高的要求。

一、内部控制缺陷的定义及分类

内部控制缺陷是指单位内部控制的设计或运行无法合理保证内部控制目标的实现，从不同的角度分类如下。

（一）按缺陷产生的原因分为设计缺陷和运行缺陷

设计缺陷是指缺少为实现控制目标所必需的控制设计，或现有的控制设计不适当，即使正常运行也难以实现预期的控制目标。当事业单位内部控制系统存在设计缺陷时，必然影响控制目标的实现，至于影响程度有多大，是否会危及控制整体的有效性，尚需进一步识别判断。

运行缺陷是指控制设计虽然恰当、合理，但是实际并没有按设计意图运行，无法有效地实施内部控制，例如执行人员没有获得必要授权或缺乏胜任能力。

（二）按缺陷的严重程度分为重大缺陷、重要缺陷和一般缺陷

重大缺陷也称实质性漏洞，是指一个或多个控制缺陷的组合，可能严重影响内部整体控制的有效性，进而导致单位无法及时防范、发现严重偏离整体控制目标的情形；重要缺陷指一个或多个控制缺陷的组合，其严重程度低于重大缺陷，高于一般缺陷，仍需引起管理层关注；一般缺陷是内部控制中存在的，除重大、重要缺陷之外的控制缺陷。

一般情况下，若认定单位的内部控制存在重大缺陷，则不能确认其内部控制的整体有效性。

二、内部控制缺陷认定方法

事业单位内部控制缺陷认定目前尚没有统一的标准，通常应根据单位经济活动特点、行业管理现状和目标任务，结合内部控制风险评估结果认定内部控

制缺陷。认定的方法可以采取定性或定量的方法。

（一）定性方法

定性方法是根据缺陷涉及问题性质的严重程度，以及所造成的直接或间接负面影响大小认定缺陷的程度。当事业单位内部控制出现以下迹象，表明内部控制存在重大缺陷，主要包括：主要领导“一言堂”，未实行领导集体决策；一人兼任不相容岗位；领导层或关键岗位发生舞弊；发生重大决策失误或重大违纪违规行为；财务报表存在重大错报，而内部控制在运行过程中未能发现该错报；重要业务未建立必要的控制流程或虽有制度但实际未执行；内部监督机构对内部控制的监督失效。

使用定性方法时，缺陷造成的负面影响量化值并不是认定缺陷程度的最重要因素。即使该量化值（无论是绝对值还是相对值）很低，比如事业单位出现“小金库”，虽然涉及金额小，依然会被认定为内部控制出现重大缺陷。

（二）定量方法

定量方法是根据缺陷造成的负面影响，如损失或需纠正、整改的数值，对缺陷的程度进行认定。数值度量标准有两个维度：一是绝对值金额，即缺陷造成的损失或需纠正、整改的具体金额，如固定资产管理内部控制缺陷导致的账外资产价值；二是相对值比率，即缺陷造成的损失或需纠正、整改的具体金额占单位某项业务总额的比率，如预算执行内部控制缺陷造成被财政部门核减的年度预算额度占当年年初批复预算的比率。

第五节 内部控制自我评价流程

事业单位内部控制自我评价不仅是内部控制建设的重要组成部分，其自身应当有相对独立的运行流程。按规范的流程进行自我评价，是评价工作得以高效、有序开展的前提，也是形成科学、客观评价报告的基础。内部控制自我评价流程一般包括评价前准备、评价实施、评价结果运用三个阶段。

一、评价前准备阶段

（一）明确自我评价组织机构

事业单位应明确自我评价的组织机构或牵头部门。在自行组织实施方式下，应当成立由单位负责人作为组长的自我评价工作组，自我评价工作组由主要业务部门业务骨干组成，具体开展评价工作。

（二）制定自我评价工作方案

自我评价工作组负责制订自我评价工作方案；如果委托外部专业机构评

价，由该机构负责制订评价工作方案。方案拟定后报内部控制建设领导小组审议通过实施。自我评价工作方案应当包括以下内容。

1. 评价工作目标

内部控制的目标是合理保证单位经济管理活动合法合规，资产安全完整，财务信息真实可靠，有效防范舞弊和预防腐败，提供公共服务有效率和效果。内部控制的评价目标就是以评促建，通过对事业单位内部控制体系评价，促使事业单位强化内部控制意识，建立健全内部控制体系并认真执行，严格落实各项控制措施，确保内部控制体系有效运行并持续改进，最终实现内部控制目标。

2. 评价范围

评价范围为单位层面和六大业务层面的控制要素，重点关注主要经济活动涉及的重大风险领域、重要业务事项与流程。

3. 评价原则

评价原则除了基本的独立性、风险导向、客观性、成本效益原则外，还可以强调其他一些原则，如适应性、制衡性、重要性原则。

4. 评价方法

自我评价工作组需共同研究讨论，确定采取哪些评价方法，如审阅法、访谈法、调查问卷、专题讨论会、抽样、数据分析、穿行测试、对业务流程实地观察或检查等。有的方法需要事先讨论确定内容，如访谈问题提纲、问卷样板。

5. 工作组人员分工

明确工作组人员具体分工及各自的职责。

6. 评价进度计划

评价流程各步骤完成时间节点及提交内部控制评价报告的最终时间。

7. 评价过程

评价过程包括整个评价的步骤，所涉及的评价工作底稿、缺陷认定表、各部门自评情况报告、评价评分表等文档格式、填报要求。

8. 报告的编制与上报

报告编制样式、内容要求，以及报告正式上报时间安排。

（三）学习培训

评价组织机构应当对工作组成员及各业务部门中负责内部控制自评的业务骨干组织专题培训，强调开展自评的重要意义；讲解内部控制自我评价相关的法规、规范及上级部署工作的相关文件；告知自评工作安排、步骤、时间节点及需要配合完成的其他事项，确保参评人员掌握评价流程、重点领域、评价方法、工作底稿的编制、缺陷认定标准、评价人员职责与纪律等相关技术或管理要求。

二、评价实施阶段

事业单位在评价实施阶段委托外部专业机构进行的，由业务部门配合专业机构完成。自行组织实施的，需要根据工作方案按如下步骤逐步开展，如实记录和反映评价过程。

(一) 自我评价工作组对业务部门经济活动流程进行测试和检查

自我评价工作组需要在业务部门协助下按照工作方案确定的评价方法，对各业务部门控制活动有效性进行测试和检查，获取充分、可靠的证据并形成工作底稿，为下一步进行缺陷认定和指标评价奠定基础。下面是用抽样法形成的内部控制评价抽样统计表、样本评价表等工作底稿示例，见表 12-4 和表 12-5。

表 12-4　内部控制评价抽样统计表——××流程

<table>
<tr><td>表号</td><td></td><td>流程内容</td><td></td><td>主责部门</td><td></td><td>编制时间</td><td></td></tr>
<tr><td>事项频率及样本量</td><td colspan="7">□每年 3 次以下——样本全选或至少一个　□每年 4~12 次—— 2~6 个样本
□每季度 12 次以上—— 10~20 个样本　□平均每月 10 次以上——20~60 个样本</td></tr>
<tr><td>抽样方法</td><td colspan="4">□按金额及重要性　□随机　□按经验
□其他</td><td>抽样数量（个）</td><td colspan="2"></td></tr>
<tr><td>抽样序号</td><td>样本名称</td><td colspan="2">样本简述</td><td colspan="4">测试和检查内容</td></tr>
<tr><td></td><td></td><td colspan="2"></td><td colspan="4"></td></tr>
<tr><td></td><td></td><td colspan="2"></td><td colspan="4"></td></tr>
<tr><td></td><td></td><td colspan="2"></td><td colspan="4"></td></tr>
</table>

工作组制表：　　　　　　工作组复核：　　　　　　业务部门负责人：

表 12-5　抽样样本内部控制有效性评价表

<table>
<tr><td rowspan="2">样本序号</td><td colspan="5">控制设计有效性</td><td colspan="5">控制执行有效性</td><td rowspan="2">问题描述</td></tr>
<tr><td>控制活动是否在制度中体现</td><td>业务流程是否清晰、合理</td><td>控制是否覆盖主要风险点</td><td>控制措施是否存在缺陷和漏洞</td><td>不相容岗位是否分离</td><td>流程各岗位职责是否明确</td><td>控制活动是否按设计执行</td><td>未执行的控制是否有替代或补充措施</td><td>实际执行的流程与制度文件规定是否存在差异</td><td>实际执行能否有效控制风险</td></tr>
<tr><td></td><td></td><td></td><td></td><td></td><td></td><td></td><td></td><td></td><td></td><td></td><td></td></tr>
<tr><td></td><td></td><td></td><td></td><td></td><td></td><td></td><td></td><td></td><td></td><td></td><td></td></tr>
<tr><td>结论</td><td colspan="5"></td><td colspan="5"></td><td></td></tr>
</table>

工作组制表：　　　　　　工作组复核：　　　　　　业务部门负责人：

（二）内部控制缺陷认定

测试完成后，自我评价工作组根据控制活动测试和检查工作底稿，对内部控制存在缺陷的相关情况进行分析，形成缺陷认定汇总表，报内部控制建设领导小组审定，如表 12-6 所示。

表 12-6 内部控制缺陷认定表

流程编号	流程名称	是否存在缺陷	缺陷严重程度	缺陷特征	缺陷成因分析	主责部门

（三）内部控制评价指标评分

自我评价工作组汇总、整理各业务部门控制活动评价工作底稿，结合问卷调查、访谈等评价方式得到的结果，以及内部控制缺陷汇总认定表，分析内部控制环境情况、主要业务风险点及关键环节管控措施，按照既定的评价模式对评价指标进行评分。

（四）编制自我评价报告

自我评价工作组将实施过程中形成的记录、工作底稿、缺陷认定表、指标评分表及其他评价相关资料进行汇总、整理，综合判断单位内部控制的有效性，提出改进或完善的意见或建议，编制自我评价报告草稿，经评价组织机构或牵头部门复核后，提交内部控制建设领导小组审议，审议通过后正式报送。

受托的外部专业机构完成评价实施阶段工作后，编制评价报告征求意见稿，由评价组织机构或牵头部门布置相关业务部门审阅并反馈意见。专业机构根据反馈意见进一步完善、修订后形成定稿，将评价报告征求意见稿交内部控制建设领导小组审议，审议通过后正式出具报告。

内部控制自我评价报告主要内容如下：

1. 管理层声明

事业单位管理层保证报告内容不存在虚假记载、误导性陈述或重大遗漏，对报告的真实、准确与完整性负责。单位负责人对本单位内部控制的建立健全和有效实施负责。

2. 内部控制自我评价工作的组织情况

评价工作的组织架构、职责、任务及采取的组织实施方式。

3. 内部控制自我评价范围

纳入评价范围的单位层面和业务层面包含的内容，所涉及的业务部门或内设机构。

4. 内部控制自我评价的程序和方法

内部控制自我评价工作方案的实施情况，所采用的评价方法及其相关的工作底稿汇总和分析情况。

5. 内部控制指标体系评分情况

说明所采用的内部控制评价模式及指标体系、评分规则及评分结果。

6. 内部控制缺陷认定

确定事业单位对内部控制缺陷程度的认定标准并确认是否与之前的认定标准保持一致，如认定标准不一致，说明调整的原因。根据该认定标准，确认不同程度缺陷的数量及特征，其中包含上一期未整改的缺陷情况。

7. 内部控制有效性结论

从内部控制设计与执行两方面分别得出是否具有有效性的结论。

8. 意见和建议

对于本次报告披露的内部控制缺陷，提出改进和完善的意见和建议。

三、评价结果运用

（一）以评促建，提高单位综合管理水平

事业单位应根据内部控制自我评价结果确定的内部控制有效性状况，采取不同的应对措施，有针对性地对内部控制缺陷涉及的内部控制要素进行改进、完善，以评促建，从而提高单位综合管理水平，不同内部控制评价结果的应对措施，如表 12-7 所示。此外，对于下属单位的内部控制建设，依据其评价披露的缺陷和问题，从业务审批流程中加强监管，督促其整改，充分发挥主管部门的职能作用，为所属单位内部控制规范化提供有力的支持。

表 12-7　不同内部控制评价结果的应对措施

内部控制指标评分结果（不含内部控制信息系统评分）	内部控制有效性总体评价	基本特征	改进或完善内部控制建设的措施
55 分以下	薄弱甚至失效	存在大量一般缺陷、重要缺陷甚至存在重大缺陷，单位经济活动风险较高甚至很高	单位党政主要领导必须高度重视所发现的缺陷，把内部控制建设作为管理工作的首要任务抓紧落实，从单位层面和业务层面全面梳理控制活动，加强内部控制制度建设及贯彻执行。特别是应加紧加快解决重大缺陷，先易后难逐步解决重点缺陷和一般缺陷、从根本上降低单位面临的重大风险。上级主管部门加大对这类单位的监督和检查力度，强化对重大风险领域、重点业务部门和关键岗位业务活动流程的规范管理。

续表

内部控制指标评分结果（不含内部控制信息系统评分）	内部控制有效性总体评价	基本特征	改进或完善内部控制建设的措施
55~69 分	一般	存在较多数量的一般缺陷、重要缺陷，单位经济活动风险中等	重点抓好重要缺陷的整改，逐步推进一般缺陷的整改。特别关注对关键环节和关键风险点的整改工作
70~79 分	良	存在若干一般缺陷、少数重要缺陷，单位经济活动风险低	有针对性采取措施完成少数重要缺陷的整改或采取其他替代性的控制措施予以弥补
80 分及以上	较好至好	存在少量一般缺陷，个别重要缺陷，单位经济活动风险极低	有针对性采取措施完成个别重要缺陷的整改或采取其他替代性的控制措施予以弥补

注：本表剔除了信息系统评分影响，因为内部控制信息系统购建费用较高，在事业单位全额财政拨款的情况下，能否运用内部控制信息系统一般不取决于单位自身决策，而是取决于上级主管部门是否同意预算安排，客观因素影响较大。

【案例 12-3】

A 局推进所属单位内部控制建设的创新举措

A 局所属十几个县级公路局内部控制建设从初期的比较薄弱，发展到现在处于一般~良的水平，总体取得了较大的进步。但当前的内部控制建设普遍遇到了瓶颈，即便 A 局本级尽力地督导也难以继续提升，特别是在制度设计方面：制度欠缺或过时；制度内容不完整、不适用、照搬照抄、错漏百出等问题较多。问题产生的主要原因有：基层单位管理人员业务理论水平较低且相关业务能力不足、内部控制建设经验欠缺、领导不够重视等。

2022 年，A 局决定创新基层单位内部控制建设新思路，实行内部控制制度统一规范化，具体做法是：A 局本级财务科作为牵头部门，组织各业务部门提出在业务范围内基层单位应具备的基本内部控制制度清单，共同讨论分配基层单位各自应承担制定的内部控制制度任务。同时，将每四个县级公路局划分为一个小组，组内成员单位共同研讨所承担的制度任务草稿。在整个过程中，每个制度归口管理的 A 局本级业务部门予以密切指导并提出修改和完善的意见或建议，最终形成一整套县级公路局都参照执行的，既满足国家政策法规、行业规章制度要求，又适应基层实际情况的内部控制制度体系范本。

上述工作思路不仅充分发挥了各县级公路局的主观能动性，夯实其在内部控制建设方面的主体责任，集思广益，在较大程度上解决了其内部控制制度建设能力不足的问题；而且有助于包括A局本级在内的上级主管部门对其内部控制建设统一监管、统一评价，促进全局上下内部控制建设整体水平有了质的飞跃。

（二）作为单位绩效考评的重要参考依据

内部控制建设是单位规范经济活动、防范舞弊和重大风险的重要举措。内部控制评价不仅是财政部门对预算单位使用财政性资金安全性的一个控制手段，还是行业主管部门每年考量单位绩效情况的一个参考指标。单位领导层和各业务部门对所涉及的控制活动都承担相应的职责，他们能否有效执行内部控制将直接影响到单位年度目标任务的实现，所以内部控制评价结果不仅是外部监管机构，还是单位内部业务部门年度绩效考核、落实奖惩机制的重要参考指标。

（三）为外部和内部监督提供关注点和监督方向

事业单位经济活动的监督不仅来源于自身，还广泛来源于外部，如不同层级的行业主管部门、财政主管部门、审计主管部门，以及其他相关业务主管部门、地方政府和党委巡视监察机构等。单位经常需要面对形式多样、侧重点不同的督查检查、审计、调查、巡视巡察。虽然不同的监督主体实施监督的程序和要求不同，但是他们对于事业单位内部控制建设与实施的关注是共同的。内部控制评价结果无疑给各种监督力量开展业务提供了更明确的工作方向和工作重点，有助于提高监督效率和效果，充分发挥监督职能。

第六节
内部控制报告管理

为了加强对行政事业单位内部控制建设与实施的监督与检查，促进内部控制信息公开，财政部提出了编制和报送内部控制报告的要求，并将之纳入单位内部控制常态化管理的范畴。

一、内部控制报告定义和编制原则

内部控制报告是行政事业单位按财政部门的统一部署和统一格式要求，自行编制的反映本单位年度内部控制建设与实施综合情况的总结性报告。编制原则有四项：一是全面性，即内部控制报告应包括单位内部控制建设与实施，覆盖单位层面和六大业务层面经济活动，综合反映单位内部控制总体情况；二是重要性原则，报告应关注重点业务领域和关键环节、关键岗位、关键人员，反映单位围绕重点业务和关键环节采取的控制措施；三是客观性原则，报告应立足于单位实际情况，真实、完整地反映内部控制建设与实施情况；四是规范性原则，报告必须按照财政部统一格式和信息要求编报。

二、内部控制报告管理工作

内部控制报告的管理工作包括报告的编制、审批、报送与使用。每年度事业单位将当年内部控制建设与实施的具体情况及取得的成就、存在的问题和薄弱环节，以与事业单位内部控制建设相关的真实材料为佐证依据，按照财政部统一部署、统一格式在规定的时间内编制完成，经审批后向上级主管部门报送。

事业单位应当加强报告的使用管理，召开内部控制专题会议研究分析报告中反馈的信息，以问题和需求为导向，以报促建、以评促改，深入挖掘内部控制报告应用价值，认真查找内部控制薄弱环节和不足之处，建立健全内部控制制度，改进、完善内部控制系统，确保其得到有效执行。同时，还要将对下属单位内部控制建设的核查结果和整改建议反馈到所属单位，指导、监督所属单位对内部控制有关问题认真对照检查，查缺补漏并整改落实，推动所属单位进一步完善内部控制体系建设。

三、内部控制报告的编制机构

内部控制报告编制工作通常由内部控制领导小组办公室或牵头部门（如财务科），组织各相关业务部门共同完成，经领导小组办公室或牵头部门负责人审核，单位行政负责人审批后上报。

四、内部控制报告的主要内容

从结构和内容来看，2021 年内部控制报告相较于往年有一定调整，要求更具体、更详细，突出反映内部控制问题及整改情况、报告审核情况等。内部控制报告具体分为正文和附表两个部分，正文侧重于以文字的形式展示单位内部控制工作组织实施、经验做法、整改落实等情况，附表侧重于以报表的形式展示单位内部控制机构运行、制度建设与执行等情况。

（一）正文

1. 单位内部控制工作的基本情况

（1）内部控制机构设置与运行情况；

（2）内部控制工作的组织实施情况；

（3）内部控制制度建设与执行情况；

（4）内部控制评价与监督情况。

2. 单位存在的内部控制问题及其整改情况

（1）本年度单位内部控制评价发现问题及其整改情况；

（2）本年度巡视巡察、纪检监察、审计等工作发现的与内部控制相关问题及其整改情况。

3. 单位内部控制报告审核情况

（1）报告材料的规范性；

（2）上下年度对比数据变动的合理性；

（3）业务数据的准确性；

（4）数值型指标的合理性。

4. 单位内部控制工作的经验做法和取得的成效

（1）单位在推动内部控制工作中总结出的经验做法；

（2）单位建立与实施内部控制后取得的成效。

单位建立与实施内部控制后在提升单位内部控制意识及管理水平方面成效；预算业务、收支业务、政府采购业务、资产管理、建设项目管理及合同管理六大业务领域方面的控制成效；在内部控制评价与监督方面成效；内部控制报告的应用及其成效。

【案例 12-4】

A 局 2021 年度内部控制报告中对报告的审核情况的说明

A 局在 2021 年度内部控制报告中从以下几方面对审核情况进行了专项说明。

1. 报告材料完整性

报告材料完整，数据填列齐全。报告封面指标填列完整，正式行文报送时经部门主要负责人签字盖章，并加盖单位行政公章。

2. 报告内容规范性

报告的隶属关系与实际预算管理级次一致。根据实际情况及相关规定，修订、完善了内部控制制度，单位内部控制的规范性得到很大提升。

3. 数据的一致性

上下年度内部控制报告报送数据衔接一致，年末总资产账面金额变化合理，不存在差异过大情况。

4. 数据的准确性

（1）报告公式审核无误，勾稽关系准确。

（2）业务数据准确，同口径数据一致。

年末在职人数、应上缴非税收入金额、实际上缴非税收入金额、本年支出预算金额、本年实际支出总额、上年“三公”经费决算数、本年“三公”经费决算数、本年实际采购金额，均与决算报表一致。年末总资产账面金额、固定资产本期减少额与2021年国有资产报表一致。

（3）数值型指标不存在不合理的异常值

“内部控制机构运行情况”异常值排查核对了本年单位内部控制领导小组会议次数、本年单位开展内部控制相关培训次数、内部控制相关问题数量、通过内部控制体系进行整改的问题数量，不存在不合理的异常值。“内部控制制度执行情况”异常值排查核对项目数量、合同订立数、经合法审查的合同数没有误填，不存在不合理的异常值。

（二）附表内容

1. 单位基本情况

填报关于单位性质、人员、预算级次、各类信息代码等基础信息，内容见表12-8。

表12-8 单位基本情况表

组织机构代码		基本性质	
预算级次		预算管理级次	
支出功能分类		年末在职人数	
所在地区		隶属关系	
财政预算代码			

2. 单位层面内部控制情况

（1）内部控制机构组成情况

填报本单位设立的内部控制机构具体组成情况，包括牵头部门、监督部门、机构负责人等信息，内容见表12-9。佐证材料主要有：关于内部控制机构设立的正式文件。

表12-9 内部控制机构组成情况表

单位是否成立内部控制领导小组		单位是否成立内部控制工作小组	
单位内部控制领导小组负责人			
内部控制建设牵头部门			
内部控制评价与监督部门			

（2）内部控制机构运行情况

填报本单位内部控制机构年度内开展的工作，包括召开内部控制专题会议包括内部控制议题的工作会议、内部控制专题培训或包含内部控制内容的培训、是否开展了内部控制风险评估及评价工作等信息，内容见表 12-10。佐证材料主要有：① 召开内部控制领导小组会议通知、参会人员签到表及会议纪要；② 单位开展内部控制培训通知文件及参培人员签到表、培训纪要；③ 内部控制评价报告、内部控制风险评估报告；④ 内部控制评价报告专题会议通知及会议纪要。

表 12-10　内部控制机构运行情况表

本年单位召开内部控制领导小组会议一次		本年单位开展内部控制相关培训一次	
本年单位层面内部控制风险评估覆盖情况			
本年单位是否开展内部控制评价	是/否	本年单位内部控制评价结果应用领域	

（3）规范权力运行情况

填报本单位经济活动和业务活动的决策、执行、监督机制，相关岗位设置及职责，授权与行权的范围、对象、责任等基本情况，内容见表 12-11。佐证材料主要有：① 单位有关职能部门设置及职责范围的文件；② 各职能部门的岗位设置及岗位说明书、关键岗位说明书；③ 涉及业务办理权限的制度文件和“三重一大”事项集体议事决策制度文件；④ 单位干部交流或轮岗的制度或计划安排及执行通知文件；⑤ 单位内部业务专项审计报告。

表 12-11　规范权力运行情况表

单位是否建立健全分事行权、分岗设权、分级授权机制	是/否	单位是否针对关键岗位开展干部交流或定期轮岗	是/否
单位对不具备轮岗条件的业务或岗位是否开展专项审计	是/否	单位是否针对“三重一大”事项建立集体议事决策机制	是/否

（4）内部控制相关问题整改情况

填报本年度单位内部控制评价及内部监督机构发现内部控制存在问题的整改情况，内容见表 12-12。佐证材料主要有：① 单位巡视巡察、督查、审计报告与内部控制评价报告；② 与内部控制相关问题的整改报告。

表 12-12　内部控制相关问题整改情况表

本年单位内部控制评价发现问题整改情况	问题总数：　已完成整改问题数量： 正在进行整改问题数量：　未整改问题数量：
本年单位巡视发现与内部控制相关问题整改情况	问题总数：　已完成整改问题数量： 正在进行整改问题数量：　未整改问题数量：
本年单位纪检监察发现与内部控制相关问题整改情况	问题总数：　已完成整改问题数量： 正在进行整改问题数量：　未整改问题数量：
本年单位审计发现与内部控制相关问题整改情况	问题总数：　已完成整改问题数量： 正在进行整改问题数量：　未整改问题数量：

（5）政府会计改革

填报本年单位按照政府会计准则制度要求开展预算会计核算和财务会计核算的基本情况，内容见表 12-13。佐证材料主要有：单位年度财务报告、决算报表、国有资产报表，以及其他各类财务数据报表与编报说明。

表 12-13　政府会计改革情况表

单位是否执行政府会计准则制度	是/否	本年单位是否按照政府会计准则要求开展预算会计核算和财务会计核算	是/否
本年单位是否对固定资产和无形资产计提折旧或摊销	是/否	本年编制政府部门财务报告时，部门及所属单位之间发生的经济业务或事项是否在抵销前进行确认	是/否
单位是否将基本建设投资、公共基础设施、保障性住房、政府储备物资、国有文物文化资产等纳入统一账簿进行会计核算	适用或不适用		
单位是否开展财务报告数据的分析与应用	是/否		

3. 业务层面内部控制情况

（1）内部控制适用的经济业务领域

填报本单位内部控制是否适用预算、收支、政府采购、资产、建设项目及合同管理六大经济业务领域，如在其他业务领域应用了内部控制也予以说明。

（2）职责分离情况

填报本单位六大经济业务岗位职责及主要的不相容岗位分离情况，内容如下。佐证材料主要有：业务部门岗位设置及岗位职责说明书、六大经济业务事项相关内控制度。

① 预算业务

a. 是否制定岗位职责说明书；b. 是否预算编制与审核分离；c. 是否预算审批与执行分离；d. 是否预算执行与分析分离；e. 是否决算编制与审核分离。

② 收支业务

a. 是否制定岗位职责说明书；b. 是否收款与会计核算分离；c. 是否支出申请与审批分离；d. 是否支出审批与付款分离；e. 是否业务经办与会计核算分离。

③ 政府采购业务

a. 是否制定岗位职责说明书；b. 是否采购需求提出与审核分离；c. 是否采购方式确定与审核分离；d. 是否采购执行与验收分离；e. 是否采购验收与登记分离

④ 资产管理

a. 是否制定岗位职责说明书；b. 是否货币资金保管、稽核与账目登记分离；c. 是否资产财务账与实物账分离；d. 是否资产保管与清查分离；e. 是否对外投资立项申报与审核分离。

⑤ 建设项目管理

a. 是否制定岗位职责说明书；b. 是否项目立项申请与审核分离；c. 是否概预算编制与审核分离；d. 是否项目实施与价款支付分离；e. 是否竣工决算与审计分离。

⑥ 合同管理

a. 是否制定岗位职责说明书；b. 是否合同拟订与审核分离；c. 是否合同文本订立与合同章管理分离；d. 是否合同订立与登记台账分离；e. 是否合同执行与监督分离。

（3）关键岗位轮岗情况

按照相关制度规定，对六大经济业务关键岗位在轮岗周期内已轮岗、未轮岗但已开展专项审计、未进行轮岗且未开展专项审计三种情况中选择其中一种进行填报。佐证材料为定期轮岗（或专项审计）相关制度、轮岗记录、专项审计报告等文件。

（4）本年业务层面风险评估覆盖情况

填报本单位是否对六大经济业务层面组织开展了风险评估工作。佐证材料主要有风险评估报告及其他相关报告。

（5）建立健全内部控制制度情况

填报本单位已建立或更新六大经济业务相关内部控制制度和流程图的基本情况，内容见表 12-14。主要佐证材料：首次建立或更新的经济业务内部控制制度和流程图。

表 12-14　内部控制制度建设情况表

业务类型	环节（类别）	是否已建立制度和流程图	本年是否更新	内部控制制度覆盖关键管控点情况
预算业务	预算编制与审核	是/否建立制度 是/否建立流程图	是/否	单位预算项目库入库标准与动态管理；单位预算编制主体、程序及标准；单位预算分解及下达；预决算公开
	预算执行与调整	是/否建立制度 是/否建立流程图		单位预算执行分析次数、内容及结果应用；单位预算调整主体、程序及标准
	决算管理	是/否建立制度 是/否建立流程图		单位决算编制主体、程序及标准；单位决算分析报告内容与应用机制
	绩效管理	是/否建立制度 是/否建立流程图		单位新增重大预算项目事前评估程序；整体绩效目标设定与审核；项目绩效目标设定与审核；项目绩效运行监控；单位整体绩效评价主体、程序及结果应用
收支业务	收入管理	是/否建立制度 是/否建立流程图	是/否	单位财政收入种类与收缴管理；单位非财政收入种类与收缴管理
	票据管理	是/否建立制度 是/否建立流程图		单位财政票据申领、使用保管及核销；单位发票申领、使用保管及核销
	支出管理	是/否建立制度 是/否建立流程图		单位支出范围与标准；单位各类支出审批权限
	公务卡管理	是/否建立制度 是/否建立流程图		单位公务卡结算范围及报销程序；单位公务卡办卡及销卡管理
政府采购业务	采购需求管理	是/否建立制度 是/否建立流程图	是/否	采购需求的内容、合规性、合理性；采购需求调查的主体、范围、内容、形式、存档；采购实施计划的内容、存档；采购需求审查的范围、内容、形式、存档
	变更采购方式	是/否建立制度 是/否建立流程图		申请变更采购方式的主体、程序
	采购进口产品	是/否建立制度 是/否建立流程图		申请采购进口产品的主体、程序
	履约验收	是/否建立制度 是/否建立流程图		履约验收的主体、时间、方式、程序、内容、验收标准等
	信息公开	是/否建立制度 是/否建立流程图		信息公开的主体、范围、时间、内容、程序

续表

业务类型	环节（类别）	是否已建立制度和流程图	本年是否更新	内部控制制度覆盖关键管控点情况
资产管理	货币资金管理	是/否建立制度 是/否建立流程图	是/否	单位银行账户类型，开立、变更、撤销程序及年检；单位财务印章、银行密钥管理
	固定资产管理	是/否建立制度 是/否建立流程图		单位固定资产类别与配置标准；单位固定资产清查范围及程序；单位资产处置标准与审批权限
	无形资产管理	是/否建立制度 是/否建立流程图		单位无形资产类别、登记确认、价值评估及处置
	对外投资管理	是/否建立制度 是/否建立流程图		单位关于对外投资的具体管理办法；对外投资范围、立项及审批权限和程序；对外投资价值评估与收益管理
建设项目管理	项目立项、设计与概预算	是/否建立制度 是/否建立流程图	是/否	单位项目投资评审、立项依据与审批程序
	项目采购管理	是/否建立制度 是/否建立流程图		单位项目采购范围、方式及程序
	项目施工、变更与资金支付	是/否建立制度 是/否建立流程图		单位项目分包控制；项目变更审批权限及程序
	项目验收管理与绩效评价	是/否建立制度 是/否建立流程图		单位项目验收主体、内容及程序；项目绩效评价形式与内容
合同管理	合同拟订与审批	是/否建立制度 是/否建立流程图	是/否	单位合同审核主体、内容及程序；法务或外聘法律顾问介入条件与环节；合同印章种类、使用权限及使用范围
	合同履行与监督	是/否建立制度 是/否建立流程图		单位合同台账设置及管理要求；合同执行监督机制；合同变更、转让或解除机制
	合同档案与纠纷管理	是/否建立制度 是/否建立流程图		单位合同执行归档制度；单位合同纠纷处理程序

（6）内部控制制度执行情况

填报反映本单位年度内执行内部控制制度取得效果的考核指标，内容和主要佐证材料见表 12-15。

表 12-15　内部控制制度制度执行情况表

执行情况内容	相关指标	佐证材料
事前绩效评估执行情况	本年新增重大项目数量： 本年已开展事前绩效评估的新增重大项目数量：	新增重大预算项目或事前绩效评估清单、批文及信息系统数据

续表

执行情况内容	相关指标	佐证材料
项目支出绩效目标管理情况	本年项目总数： 本年已开展绩效目标管理的项目数量：	项目支出绩效目标管理清单、信息系统数据
预算绩效运行监控执行情况	本年项目总数： 本年已开展预算绩效运行监控的项目数量：	预算绩效运行监控的项目清单、信息系统数据
预算绩效自评执行情况	本年项目总数： 本年已开展预算绩效自评的项目数量：	预算绩效自评的项目清单、信息系统数据
非税收入管控情况	本年应上缴非税收入金额： 本年实际上缴非税收入金额：	决算报表中《非税收入征缴情况表》、相关会计账目
支出预决算对比情况	本年支出预算金额： 本年实际支出总额：	决算报表中《收入支出决算总表》
“三公”经费支出上下年对比情况	上年“三公”经费决算数： 本年“三公”经费决算数：	决算报表中《机构运行信息表》
政府采购预算完成情况	本年计划采购金额： 本年实际采购金额：	决算报表中《机构运行信息表》
资产账实相符程度	年末总资产账面金额： 年末资产清查总额：	国有资产报表中《资产负债表》、年度资产清查报告或盘点表
固定资产处置规范程度	本年固定资产减少额： 本年固定资产处置审批金额：	国有资产报表中《资产处置情况表》、资产登记表、审核后的资产处置审批单（至少5份）
项目投资计划完成情况	本年年度投资计划总额： 本年年度实际投资总额：	决算报表《项目收入支出决算表》、投资计划表或项目概预算表（至少5个项目）
合同订立规范情况	本年合同订立数： 本年经合法性审查的合同数：	审核后的合同申请审批单（至少5份合同）、合同台账、合同文本

4. 内部控制信息化情况

填报本单位运用信息化手段将内部控制关键点嵌入业务系统中，进行内部控制信息化建设情况，内容和主要佐证材料见表12-16。

表 12-16　内部控制信息化情况表

信息化情况内容	相关指标	佐证材料
单位内部控制信息化覆盖情况	在预算业务管理、收支业务管理、政府采购业务管理、国有资产业务管理、建设项目业务管理、合同业务管理、其他及未覆盖中选择	内部控制信息系统设计文档及系统截图
单位内部控制信息化模块联通情况	内部控制信息化实现互联互通模块的个数	不同业务的系统模块设计文档及联通截图
是否联通政府会计核算模块	是/否	联通政府会计核算模块截图

第十三章

内部控制监督

第一节
内部控制监督概述

一、内部控制监督的含义

由于内部控制制度设计与执行固有的局限性，以及控制环境的变化，内部控制活动难免存在缺陷。内部控制监督是事业单位对内部控制建立与实施情况进行跟踪、监控，评价内部控制有效性，发现其缺陷并采取措施予以纠正、完善。下面从四个方面解析内部控制监督的含义。

（一）内部控制监督首先是对“一把手”权力的监督

内部控制建设是“一把手”工程，“一把手”是单位党政的主要负责人，被赋予非常重要的权力，容易滋生特权思想，发生特权行为，导致腐败问题发生。内部控制监督缺失是所有高级官员腐败案例的共性问题，因此必须突出对“一把手”的监督，将党政主要负责人作为日常监督、专项督查的重点，让其时刻感受到用权得规范、用权受监督。通过建立党政主要负责人权力清单和负面清单，围绕决策权、执行权、监督权三方面厘清权力明细，划定权力红线，明确其职责边界，防止权力“脱缰”。下面为事业单位行政负责人廉政风险清单。

1. 在处理重大原则问题上不与党中央保持一致，落实党中央和上级主管部门决策部署时搞变通、打折扣。

2. 放松政治学习，理想信念动摇，没有树立正确的“三观”；思想道德标准低、贪图享乐，受拜金主义思想侵蚀。

3. 不注重调查研究、重大决策失误；不贯彻党的群众路线、工作脱离实际。

4. 违反廉洁自律规定，利用婚丧嫁娶、节日收受礼品礼金或参加可能影响公务执行的宴请及娱乐活动；违反公务接待、公费出国、公车使用等规定，公款吃喝、铺张浪费、公车私用。

5. 个人凌驾于组织之上，独断专行，不执行“三重一大”事项议事规则，擅自改变集体研究决定。在班子研究讨论问题时，抢先发言定调或作倾向性发言，搞“一言堂”甚至“家长制”。

6. 利用职权、职务便利或通过实际影响力滥用职权、以权谋私，不履行“一岗双责”制度。

7. 违反规定程序选拔任用干部；在干部选拔任用中任人唯亲，营私舞弊；个人决定干部任免或者个人改变党组会议集体作出的干部任免决定；在机构变动或工作调动时突击提拔、“带病提拔”调整干部。

8. 违规干预和插手资金管理、资产处置、资本运作、工程招标等敏感事项，谋取私利或进行关联交易、利益输送；利用职权或职务影响，违反工作程序，直接插手和干预财务正常运行；个人擅自决定预算支出和新增财力的支出安排，以及大额度资金支出；直接决定或从事大宗物资采购事宜。

9. 对主管的业务部门和下属单位失察、监督无力，造成较严重后果。

10. 工作推诿、敷衍、扯皮，随意放松职责要求和降低工作标准。

11. 有生活作风问题，违反社会公德。

（二）内部控制监督与控制环境相互作用，相互促进

单位管理层营造认真、严谨的工作氛围，向各业务部门和岗位人员传递科学的价值观及先进的管理理念，这种内部控制环境对于内部控制监督的效果无疑是很有帮助的。监督的有效性反过来进一步优化内部控制环境，形成良性的互动。技术规范和标准变化、管理体制变革、上级下达目标任务的变化等外部因素也可能影响单位的风险管理，从而降低单位内部控制水平，甚至使其失效，内部控制监督必须能够适时预防、发现外部因素带来的风险。因此，内部控制监督是一个随着环境变化而不断调整、适应的动态过程。

【案例 13-1】

公路小修养护费资金的大幅增长凸显了管理制度的不足

自 2021 年开始，财政部和交通运输部共同加强了地方政府使用中央车购税、燃油税转移支付资金投入普通国省干线公路养护的监管力度。2022 年，A 局所在地区的公路养护事业单位系统获得了比近三年财政平均投入增长近翻倍的预算资金。猛增的资金量使得县级公路养护单位常年吃紧的公路养护资金得到了极大缓解，但在养护资金管理配套制度建设方面未及时跟上，使得少数单位有了可乘之机。A 局在纪检部门牵头组织的巡察中，发现少数单位安排不必要的出差，有的业务部门每个月全部工作日几乎都在出差，平时不怎么需要出差的后勤部门也以各种理由出差，然后在公路小修养护费中报销差旅费（伙食费补助）。有的单位用小修养护费弥补机关办公楼水电费、维修费。巡察报告反馈了这些问题，建议制定专门的公路小修养护费资金管理办法，规范开支内容，明确公路小修养护费只能用于公路及其设施设备的维护维修等生产性支出。

（三）内部控制监督与控制活动、风险评估形成“三位一体”的有机循环体系

单位组织风险识别和风险分析，得出的风险评估结果为监督部门进行监督检查提供了目标和方向：对于一般性风险，通过日常监督及时采取有效措施及

风险应对策略进行防范；对于重要或重大风险，采取专项监督减少控制活动发生风险的可能性。监督部门对风险评估的恰当性和控制活动的有效性进行检查、评价，提出改进和优化的意见或建议，形成了不断循环、螺旋上升的内部控制体系。

（四）内部控制监督需要单位全员的共同参与

内部控制监督不是某个部门、某个岗位或某个领导的事情，而是单位全员共同参与的一项控制活动。单位各层级人员按规定向监督部门反馈业务流程和节点上相关控制活动的信息，监督部门整合各项信息后，对内部控制建设和实施情况进行分析和评价，及时发现存在的问题或缺陷，领导层根据监督部门的报告情况进行决策，制定新规则和新程序，进一步规范内部控制活动。

二、内部控制监督组织架构

（一）指定的监督机构

为保障内部控制监督的客观与公正，事业单位应指定独立于内部控制建立和实施机构的监督机构。通常没有设立独立的内部控制管理机构的事业单位会授权内部审计部门或纪检监察部门作为内部控制的监督机构。

1. 内部审计部门

内部审计部门负责对内部控制活动进行独立、客观的监督和评价，通过审查和评价控制活动的适当性、合法性和有效性促进单位目标任务的实现。内部审计部门应当配备为履行监督职责所必需的人员，配备必要的工作条件，审计部门主管领导不得兼任财务部门的主管领导，内部审计部门也不应与负责内部控制建立和实施的责任部门合署办公。内部审计部门根据授权开展内部控制监督活动，发现重大或重要缺陷，可以直接向单位领导层报告。

2. 纪检监察部门

内部审计部门侧重于对控制活动涉及的“事”的监督，由于控制活动是由岗位和岗位上的人员设计和实施的，对人员的监督显得尤为重要。纪检监察部门是单位行使行政监察权力，负责党风廉政建设的部门，侧重于对内部控制各个流程和节点中“人”的监督，确保人员在建立和执行内部控制活动中依法依规、行动有效。

通常大中型交通事业单位机构设置中至少配备上述两个监督机构中的一个；在没有设置专门监督机构的情况下，至少应确保设置相应的岗位履行上述监督职责，如内部审计岗或纪检监察岗。

（二）单位主要领导

单位党政主要领导一岗双责，负责内部控制监督工作的总体部署，对内部审计和纪检监察等监督部门进行工作指导，对监督的效率和效果负责。

（三）业务部门

业务部门按不同的职责分工在本部门经济活动中负有对业务活动控制环节的监督职责。业务部门内部不同岗位之间也有相互监督的关系。业务部门的监督活动其实就是内部控制的日常监督，比如财务部门的会计监督，根据《中华人民共和国会计法》第五条“会计机构、会计人员依照本法规定进行会计核算，实行会计监督”，单位财务部门和会计人员应当对资金和国有资产管理的合法合规性，以及会计资料的真实性、完整性进行监督和控制，以维护单位经济秩序，提升单位经济管理水平。

（四）专门的内部控制职能部门

若单位设置专门的内部控制职能部门，监督内部控制体系的运行情况是专门的内部控制职部门工作职责之一。

三、内部控制监督的主要内容

（1）建立健全内部控制监督制度。内部控制监督必须以相关制度为基础，明确监督的组织架构、相关部门与岗位在内部监督中的职责权限、监督的程序和要求、工作方法、信息沟通方式、形成的报告或表格的样式等。

（2）根据本单位实际情况确定内部控制监督的方法、范围和频率。单位内部控制监督部门应根据上级主管部门的要求，结合自身实际情况确定监督的方式、方法、范围和频率，例如内部审计监督常见的方式有审计检查与审计调查，纪检监察部门常见的监督方式有开展某领域专项清理或治理、违纪违法案件线索处置、案件查办、信访举报处理。

（3）单位内部控制监督部门对内部控制建立与实施情况进行内部监督检查，并将检查结果作为内部控制基础性评价。

（4）单位内部控制监督部门对内部控制有效性进行评价。

（5）根据监督发现的内部控制问题总结报告并督促整改。

【案例 13-2】

A 局纪检监察部门建立季度报告的监督机制

A 局纪检监察部门按照单位监督制度的规定，每季度必须以书面专题或综合报告的形式向局党委报告全局纪检工作情况，报告的主要内容有：落实党风廉政建设责任制和推进惩防体系建设的举措和成效；各项规章制度的建立、落实情况及存在的问题；监督过程发现的违纪违规问题及其原因分析、处理意见；查纠行业不正之风，解决群众反映强烈的突出问题的情况；党风廉政建设存在的苗头性、倾向性问题及解决的建议和措施；下一步加强工作的思路；等等。2021 年，某县公路局发生养护站职工上班路上醉驾被交警部门处罚的事件，纪检监察部门在事件发生的当季向局党委进行专题报告，建议加强基层普通干部职工“8小时以外”的教育监督管理，开展廉政下基层活动，领导班子带头到县公路局进行警示教育宣讲；对开车上班的职工实行不定期呼出气体酒精检测，对司机每次出车前均进行酒精检测。上述建议在该局党委会一致讨论后通过，贯彻实施后成效斐然。

第二节
内部控制监督的实施

根据内部监督的范围、内容、频率，内部控制监督实施可以采取日常监督和专项监督两种方式，这两种监督方式既可以单独实施，也可以结合实施。

一、内部控制日常监督

（一）内部控制日常监督的定义与类型

日常监督是指事业单位对内部控制的设计与执行进行连续性和常规性的动态监督检查。日常监督是事业单位内部控制有效执行的重要保证，普遍存在于事业单位日常经济管理活动中，能够随内外环境的变化而做出动态反应，及时甄别、发现缺陷或问题，向领导层或相关职能部门反馈。日常监督包括领导层监督、业务部门业务监督、指定内部监督机构监督和专门内部控制机构监督。

1. 领导层监督

单位领导层可以通过以下几种途径监督日常经济管理活动：办公例会、生产调度会、协调会、推进会等会议形式；获取来自业务部门的各种报告、信息数据；搜集上级主管部门、外部审计反馈的问题；询问本单位或所属单位职工、业务往来单位、供应商意见等。

2. 业务部门业务监督

事业单位各业务部门定期对职责范围内的业务活动进行自我监督并向领导层报告，如A局养护管理科每半年养护公路路况检测，国有资产管理科对后勤中心管理的机关固定资产每年年末进行盘点，财务科每季度抽查所属单位的零余额账户支付情况。

3. 指定内部监督机构监督

事业单位一般会指定某个监督部门作为内部监督机构，该监督机构应从自身业务工作职责出发，运用风险评估、内部控制自我评价等方式，对内部控制设计与执行进行检查测试，分析测试结果，提出意见和建议。

4. 专门内部控制机构监督

专门内部控制监督机构履行日常工作职责，对内部控制体系运行情况进行监督。

（二）内部控制日常监督的实施

实施日常监督通常有以下几种途径。

1. 检查内部控制执行凭据

在日常经济管理活动时，检查必要的相关凭据证明控制系统发挥了效用。这些凭据包括但不限于业务流程审批表，关于控制活动执行情况的报告、记录或信息，自我评价结果，监督检查结果等。

2. 核对内外部信息的一致性

与外部有关方面沟通，将内部控制活动产生的信息与外部信息相互印证，检验是否一致。外部有关方面主要包括单位的上级主管部门、其他监管部门、往来业务单位。根据上级主管部门及其他监管部门信息，判断单位控制活动的合法合规性；根据业务往来单位的反馈，判断往来数据的真实准确性。

【案例 13-3】

A 局利用预算一体化平台加强预算支出监管

随着财政预算管理一体化工作的不断推进，“预算制度+信息技术”的预算管理机制逐级成熟，财政部门和行业主管部门通过信息化手段实现有力的预算约束，强化预算对执行的控制和预算管理规范性控制。自2022 年开始，A 局财务部门每月在财政预算一体化平台上至少抽查一次基层单位的预算支出，通过预算管理一体化平台大数据分析，发现可疑支出后进一步核查。例如，抽查发现某县公路局以不合理的理由从零余额账户向基本账户归垫资金，经财务部门进一步核实后，由财务分管领导对相关责任人进行了约谈。

3. 核对记录与实物

将会计记录的数据与实物资产定期核对，确保账实相符。如果不符，则需查明原因，发现控制活动中存在的问题。

4. 定期考核绩效

对业务部门和人员履行职责和承担的任务完成情况定期进行考核，对考核结果运用一定的奖惩机制以确保内部控制执行的效率和效果。

5. 领导层管理活动

领导层听取内部控制有关人员意见或建议，审阅控制系统产生的数据和报告，督促业务部门认真执行内部控制制度，对执行情况进行检查，对应追责的部门和人员进行处理。

【案例 13-4】

A 局建立重大事项督查督办工作机制

为确保上级和 A 局领导班子的决定、决策和全局性重要工作更好地贯彻落实，A 局建立了督查督办工作机制，主要内容如下：

一、责任科室

二、督查督办组织实施部门为局办公室或党委办公室，其他业务部门协同配合完成。其中，行政事务由办公室负责，党委工作事项由党委办公室负责。

纳入督查督办的事项：上级部门或领导转办和督办的事项；局年度重点工作；党委会、领导班子会、办公会确定的重要决定、决议事项；局领导批办、交办的重要事项；其他重大事项。

三、工作程序

1. 立项。一事一项，重要工作可以一个决策、一个部署进行立项。

2. 交办。对需纳入督查督办的事项，由督办部门填写《督查督办通知单》，报请相关领导同意后，向承办部门（单位）发出督办通知。

3. 承办。有关部门（单位）接受督查任务后，应按照要求迅速组织实施，在督办部门或分管领导批示指定的时限内办理完结。对于时限紧迫、内容重要的上级决定、指示和事项随到随办；对一些涉及面广、时间跨度大、落实难度大的事项，实施不间断的跟踪督查；对未能如期办结的事项，要及时报告原因和进展情况。涉及非本部门（单位）职责范围的督查督办任务，在 3 个工作日内及时报告督办部门。

4. 催办。督办部门对督查督办事项适时加以催办，并在职责范围内负责协调工作。

5. 办结与反馈。承办部门（单位）在事项完成后，以书面形式回复办理情况，及时向批示领导报告。督办部门对回复情况进行检查，不符合交办要求的，退回补办或重办。

6. 归档。事项办结后，督办部门填写督查督办登记台账；各承办部门（单位）将有关材料立卷归档。

四、工作要求

1. 各承办部门（单位）安排专人负责跟踪承办事项的落实工作，确保有部门承办，有人落实，结果有反馈。

2. 督办部门根据不同工作内容运用不同的形式，对被督查部门（单位）的工作进展情况和落实情况进行普遍检查和重点抽查。

3. 定期或不定期在一定范围内进行通报督查督办事项情况。

6. 内部审计活动

内部审计对内部控制的检查与评价：检查、评价内部控制制度的健全性、恰当性及有效性，监督其运行情况，提出改进建议；检查、评价经济活动对于法律法规、规章制度，以及有关主管部门政策、指令和其他规范性要求的遵循情况。

7. 纪检监察执纪

纪检监察部门监督单位领导和干部职工行使权力情况，受理对单位领导和干部职工违纪违规行为的揭发、检举与控告，查处违反党纪、政纪案件，进行行政效能监察。

二、内部控制专项监督

（一）内部控制专项监督的定义和范围

内部控制专项监督是对内部控制某一方面、某一事项或某一过程而进行的有针对性、专门的监督检查，是对日常监督的再监督，其实施范围通常包括以下几种情况：

（1）某项业务控制活动全过程，如政府采购过程；

（2）关键岗位或关键风险点，如出纳的银行账户管理；

（3）经济事项的决策或执行，如对外投资决策；

（4）项目管理情况，如建设工程项目；

（5）会计科目余额形成，如应收账款、应付账款。

（二）需要实施内部控制专项监督的情况

1. 上级主管部门统一部署安排

当前，各级党委和政府坚持以高标准抓行政事业单位的政治监督，强化对贯彻落实党的路线方针政策、党中央和地方党委重大决策部署，践行“两个维护”情况的监督；强化对立足新发展阶段、贯彻新发展理念、构建新发展格局，推动行业高质量发展情况的监督；强化对落实全面从严治党主体责任和监督责任情况的监督，做到真管真严、敢管敢严、长管长严。在这种态势下，事业单位的上级主管部门及其他监管部门必然会多角度、多层次地推动事业单位实施专项监督。

2. 内部控制要素和环境发生重大变化

当事业单位内部控制构成要素和控制环境发生重大变化，譬如单位内设机构及其职能的调整、单位管理体制改革，均可能对控制活动产生较大影响，这些变化对内部控制体系的影响程度如何，现有的内部控制体系能否适应新变化，需要通过专项监督确定。

3. 评估风险较高

内部控制风险评估结果显示，出现了较高风险或高风险的单位层面或业务层面领域，或者虽然风险发生可能性低但是带来的后果较为严重的业务事项，对于这些领域或事项，应当实施专项监督，以确保风险程度控制在可接受的范围内。

4. 出现了较大负面影响的情形

事业单位出现领导权力凌驾于内部控制制度、营私舞弊、渎职或严重失职、不作为或乱作为等现象，造成较大负面影响。这些情形的出现，往往伴随着相关内部控制薄弱甚至缺失、日常监督失效或效果甚微等问题，因此必须对相关业务领域或环节开展专项监督。

5. 内部控制制度设计存在较大缺陷

内部控制制度设计的有效性是内部控制有效性的前提和基础，当内部控制制度设计存在较大缺陷时，为降低和防范可预见的风险，应当对缺陷采取专项监督。

（三）专项监督的实施

专项监督实施一般包括如下四个阶段。

1. 制订计划或方案阶段

实施专项监督通常需要事先拟订计划或方案，经单位主要领导审批，以正式文件下发，主要内容包括：

（1）监督检查的目的、范围和内容；

（2）依据的政策、法律法规、文件或通知；

（3）牵头部门和成立的专项工作组人员构成；

（4）实施方式、方法；

（5）时间或进度安排；

（6）工作要求。

2. 执行阶段

根据经批准的计划或方案，工作组采取一定的方法执行监督检查，如听取汇报、审阅文件资料、审计测试、调查问卷、与相关工作人员谈话等，主要内容包括：

（1）了解监督检查对象基本情况和相关业务流程；

（2）检查内部控制是否覆盖了经济活动全过程，是否符合实际需要；

（3）确认关键风险点是否有恰当的控制措施；

（4）审查往年发现的内部控制缺陷是否得到了有效整改。

3. 记录、整理与报告阶段

整理、记录执行阶段获取的文件资料、调查或检查得到的结果，查找内部控制缺陷、存在的问题或风险，分析缺陷或问题的性质及成因，及时与监督对象沟通确认。对监督对象反馈的不同意见应进行复核和验证，最终如实在书面报告中反映并提出针对性的整改措施。书面报告应提交单位领导班子审议。

4. 整改阶段

事业单位应指定相关业务部门跟踪落实专项监督报告提出的整改措施，并由监督部门汇总落实情况向领导班子报告。如监督检查发现的突出或重大问题造成不良后果，还应当启动问责机制追究责任单位和责任人责任。

三、日常监督与专项监督的区别与联系

(一) 日常监督与专项监督的区别

1. 关注点不同

日常监督关注的是一般业务流程的关键环节和风险点，关注内部控制制度设计的流程是否正确执行，各流程涉及的岗位职责是否由恰当的人员得到了正确的履行，无区别对待所有的控制活动。而专项监督往往关注风险较高或较重要、敏感的业务流程，执行专项监督往往是特定的原因触发的，需要达成特定的监督目的。在专项监督过程中，除非是发现了需要引起关注的问题线索，不被列入监督范围的流程往往被忽略或者执行简便的监督程序。

2. 实施的频率不同

日常监督实施频率在于日常业务流程，渗透于日常的管理行为中，各个环节、各个步骤、各个岗位均有可能触发监督行为的发生，因此日常监督实施频率是经常性的。专项监督实施频率可以定期实施，也可以不定期实施。专项监督实施频率取决于特定情形的需要或内部控制监督制度中的有关规定。

3. 实施的具体目标有所区别

虽然两种监督类型最终目的相同，都是为了确保内部控制建设和实施的有效性，但两者的具体目标还是有所区别的。日常监督的目标在于确保各项经济活动按设计的控制程序执行，而专项监督更多的是问题导向，通过检测特定经济活动的控制程序及其执行情况，来判断是否存在设计缺陷或执行问题，针对这些特定的缺陷或问题研究制定专门的整改措施。

(二) 日常监督与专项监督的联系

1. 日常监督是基础，专项监督是日常监督的补充

日常监督扎根于单位日常、反复发生的经济管理活动，如果日常监督扎实有效，能够迅速随环境变化而变化，那么可以降低专项监督频率，反之就应当提高专项监督频率。

尽管日常监督可以持续地监控内部控制建设和实施的效率和效果，但是也正因为其常规性、连贯性的操作，有时候会引起监督“疲劳”，尤其在容易产

生重大或重要风险的环节和流程，这种“疲劳”可能导致监督失效。这时候针对特定环节和流程的专项监督就成了日常监督的有益补充。

2. *两种类型可以结合运用*

事业单位可基于某种特定需要，经常性开展某专项监督活动，结合运用日常监督和专项监督。

【案例 13-5】

A 局建立财政数字证书（U 盾）和银行预留印鉴章的监督检查机制

近些年，A 局所在地区的少数公路事业单位发生了财务人员利用单位财政数字证书（U 盾）和银行预留印鉴章的管理漏洞贪污、挪用公款的案件。案件起因有的是公路工程项目交工后，领导为图便利将银行印鉴和支票交由项目会计一人保管；有的是财政数字证书（U 盾）保管不当，被涉案财务人员窃取；有的是财务人员以信任代替制度，随意向他人透露自身保管的支付密码。针对这些管理漏洞，A 局开展了对本级及所属单位的财政数字证书（U 盾）和银行预留印鉴章专项督查工作，并将之常态化管理。

具体做法是 A 局本级和所属各单位分别成立由纪检监察、审计等人员组成的检查小组，每季度至少一次不定期地对本单位财政数字证书（U 盾）和银行预留印鉴章的管理和使用情况进行检查，检查的内容包括：每个财务人员专属保险柜配置与使用情况；平时财政数字证书（U 盾）和印鉴的使用与存放情况；不相容岗位财政数字证书（U 盾）和印鉴是否分离；财务人员离岗返岗、离职或退休后财政数字证书（U 盾）与印鉴的移交与交接情况；支付密码的定期更换情况。每季度末，检查小组出具本季度检查报告，报单位财务分管领导审阅。

参 考 文 献

[1] 董丽. 交通事业单位内部控制优化思路及路径 [J]. 交通财会，2022 (7)：71-74.

[2] 蔡锦迎. 交通事业单位改革后内部控制存在的问题及优化路径 [J]. 现代企业文化，2022 (10)：43-45.

[3] 颜绘秋. 交通运输事业单位内部控制存在的问题及对策 [J]. 财会学习，2021 (35)：193-194.

[4] 舒星. 事业单位内部控制问题及优化对策研究：以J交通事业单位为例 [D]. 武汉：中南财经政法大学，2021.

[5] 刘树林，高存利. 新形势下加强交通运输行政事业单位财务内部控制工作的思考 [J]. 交通财会，2021 (4)：59-63.

[6] 张庆龙. 行政事业单位内部控制建设原理与操作实务 [M]. 北京：电子工业出版社，2017.

[7] 赵小刚. 行政事业单位内部控制评价模式研究 [M]. 北京：中国财富出版社，2016.

[8] 徐晓婷. 行政事业单位内部控制评价指标体系的构建与实施：以某交通部门为案例 [D]. 大连：东北财经大学，2015.

[9] 郝建国，陈胜华，王秋红. 行政事业单位内部控制规范实际操作范本 [M]. 北京：中国市场出版社，2016.

[10] 刘永泽，唐大鹏. 行政事业单位内部控制实务操作指南 [M]. 大连：东北财经大学出版社，2016.

[11] 王加灿，徐新华. 内部控制学原理与案例 [M]. 北京：中国财政经济出版社，2019.

[12] 朱效平. 法治视角下行政事业单位内部控制研究 [M]. 济南：山东大学出版社，2019.

[13] 郭玮. 地方财政部门内部控制体制研究 [M]. 北京：中国财政经济出版社，2019.

[14] 郝建国，刘秋霞，郝玮. 行政事业单位内部控制体系建设实操手册 [M]. 北京：中国市场出版社，2019.

[15] 财政部会计司. 行政事业单位内部控制规范讲座 [M]. 北京：经济科学出版社，2013.